U1015972

共建“一带一路”
高质量发展丛书

中国企业共建“一带一路”典型案例

祝继高 孙 玮 王稳华 等◎著

Typical Cases of Chinese Enterprises Jointly Building the Belt and Road

中国人民大学出版社
·北 京·

总 序

2013 年 9 月和 10 月，习近平主席先后在哈萨克斯坦纳扎尔巴耶夫大学和印度尼西亚国会发表演讲，分别提出建设“丝绸之路经济带”和“21 世纪海上丝绸之路”的合作倡议，简称“一带一路”倡议。“一带一路”倡议旨在促进经济要素有序自由流动、资源高效配置和市场深度融合，推动开展更大范围、更高水平、更深层次的区域合作。政策沟通、设施联通、贸易畅通、资金融通和民心相通（简称“五通”）是“一带一路”倡议的合作重点，也是“一带一路”倡议有别于传统自由贸易的集中体现。

“一带一路”倡议提出至今已有十年。十年来，共建“一带一路”取得了举世瞩目的成就。截至 2022 年 8 月底，我国与沿线国家货物贸易额累计约 12 万亿美元，对沿线国家非金融类直接投资超过 1 400 亿美元。截至 2023 年 6 月底，我国已与 152 个国家和 32 个国际组织签署 200 余份共建“一带一路”合作文件。当前，共建“一带一路”已成为深受欢迎的国际公共产品和国际合作平台，也是我国全面推进高水平对外开放、加快构建新发展格局的重要引擎。

随着近年来国际政治经济局势日趋复杂，共建“一带一路”在百年未有之大变局下也面临诸多挑战。在此背景下，探讨如何总结提炼“一带一路”倡议的建设经验和发展成果，防范和应对“一带一路”倡议下的重大风险，不仅是我国有关部门和企业的重大关切，也是我国学者义不容辞的责任。

本丛书的作者团队长期从事金融市场和企业财务管理方面的研究。“一带一路”倡议提出后，作者团队将研究优势与国家顶层设计对接，聚焦“一带一路”风险管理和企业投融资相关问题，积累了较好的研究基础。从 2019 年起，作者团队依托对外经济贸易大学中央高校基本科研业务费专项资金资助“一带一路”研究系列著作项目（批准号：TS4-12）和国家社会科学基金重大项目“‘一带一路’投资安全保障体系研究”（批准号：19ZDA101），开始编著“共建‘一带一路’高质量发展丛书”。作者团队历经四年多的时间，以“一带一路”倡议下的资金融通为切入点，有机融合其他“四通”，对共建“一带一路”高质量发展下的金融风险、市场风险和企业运营进行了系统梳理。通过本丛书，作者团队希望可以为“一带一路”倡议建言献策，深化理论共识，推动“一带一路”高质量发展。

本丛书共包括三本书，分别为：《“一带一路”金融风险与金融监管》《“一带一路”跨境资本运营》《中国企业共建“一带一路”

典型案例》。三本书分别涵盖了共建“一带一路”高质量发展过程中的宏观金融监管、中观资本市场和微观企业运营三个层面。

金融是经济发展的血脉，资金融通是“一带一路”建设的重要支撑，因此，本丛书的第一本——《“一带一路”金融风险与金融监管》以宏观层面的资金融通为切入点，分析了“一带一路”沿线国家金融体系结构和金融监管的主要现状和特征，以及金融风险的内容、成因和传导方式，致力于构建“一带一路”金融风险分析框架和监测预警体系，为未来“一带一路”金融监管合作提供新方向和新思路。该书从国家主权信用风险、金融风险研究与评估、金融合作、金融资本来源和金融基础设施建设五个维度提出了相关的政策建议。

在中观资本市场方面，本丛书的第二本——《“一带一路”跨境资本运营》从境外资本市场的角度分析了我国企业在境外上市、跨境并购与境外收益回流三个方面的理论与实务问题。该书分析总结了我国企业跨境资本运营过程中遇到的各种问题和挑战，并提出了相应的建议。该书认为，我国企业应该将资本运营与企业的长期发展战略紧密配合，全面筹划，客观分析所面临的内外部环境因素，发挥资本运营的优势，带动跨境资本运营成为我国企业国际化成长的重要路径之一。对于进行境外并购的企业，应加强对财务风险预警的制度建设，推动建立我国企业境外并购风险案例库，系统提炼境外并购风险的经验和教训，为今后企业境外并购交易提供理论和经验支持。

在微观企业运营方面，本丛书的第三本——《中国企业共建“一带一路”典型案例》围绕“一带一路”倡议下的“五通”建设，精心挑选了八类我国企业高质量参与“一带一路”建设的典型案例，深入挖掘了这些企业“走出去”所取得的成效和亮点。这些典型案例突出展现了“一带一路”倡议为我国企业境外投资经营带来的重要战略机遇。该书通过全面总结企业参与共建“一带一路”的实践经验和理论启示，为其他参与共建“一带一路”的企业提供了可复制的范式和可实现的路径，有助于推动共建“一带一路”高质量发展。

本丛书从共建“一带一路”高质量发展过程中面临的实际问题对理论的需求出发，以理论研究回应我国高水平对外开放和企业跨国经营中的重要现实问题，具有鲜明的问题导向、需求导向和目标导向；构建了专门针对“一带一路”沿线国家的风险监测预警评价体系，针对我国企业在跨境资本运营中的挑战从不同层面和维度提出了有效的政策建议，并系统梳理和提炼了我国企业成功参与“一带一路”建设的理论路径，在一定程度上突破了现有风险管理、对外投资等研究更多基于西方情境或西方理论的局限，体现了鲜明的“一带一路”特色。

本丛书的研究内容在一定程度上丰富和完善了“一带一路”沿线国家风险管理、对外投资和财务管理相关理论。当然，本丛书也有一定的研究局限和不足之处，恳请各位读者批评指正。期望本丛书能够引发读者对共建“一带一路”高质量发展的深入思考，总结经验、砥砺前行，不断提升我国企业应对复杂国际环境的可持续竞争能力。

祝继高

前言

2013年，习近平主席提出建设“丝绸之路经济带”和“21世纪海上丝绸之路”重大倡议，旨在与沿线国家积极发展经济合作伙伴关系，携手共建政治互信、经济融合、文化包容的利益共同体、命运共同体和责任共同体。2015年，国家发展改革委、外交部和商务部联合发布《推动共建丝绸之路经济带和21世纪海上丝绸之路的愿景与行动》，进一步推动“一带一路”倡议的发展。经过多年耕耘，共建“一带一路”从规划布局、落地生根到精耕细作、持久发展，取得沉甸甸的发展成果。截至2023年6月，中国已与152个国家、32个国际组织签署200多份共建“一带一路”的合作文件，内容涵盖基础设施建设、投资、贸易、金融、科技、社会、人文、民生、海洋等领域。其中，基础设施互联互通硕果累累，经贸合作实现质量效益双提升，多元化投融资体系不断健全，民心民意根基持续夯实。实践一再证明，从“硬联通”“软联通”再到“心联通”，“一带一路”正成为中国与沿线各国实现共同发展繁荣的互利共赢之路。

企业是共建“一带一路”的实施主体和中坚力量。乘着共建“一带一路”的东风，在共商共建共享原则下，我国越来越多的企业纷纷迈开“走出去”的步伐，在贸易、投资、金融、基建等领域，积极加入高质量共建“一带一路”的浪潮中，在沿线各国间的政策沟通、设施联通、贸易畅通、资金融通和民心相通“五通”建设方面发挥着重要作用。自“一带一路”倡议提出以来，一些企业依托自身禀赋优势，利用沿线国家的优势资源，不仅完成了生产要素的全球布局，提升了自身的国际竞争力和国际经营水平，实现了企业的转型升级和高质量发展，而且大力推动沿线国家工业化进程，优化沿线国家的经济布局和产业结构，帮助参与建设各方在“一带一路”倡议下实现互利互惠共赢的局面。但是，由于受到东道国政治、经济和文化等外部风险因素的影响，中国企业在“一带一路”沿线国家的投资也存在诸如“水土不服”、战略目标不清晰和品牌缺失等不可忽视的问题，只有解决这些问题，才能更好地推动中国企业高质量参与“一带一路”建设。因此，总结优秀企业参与“一带一路”建设的成功经验和做法，为其他企业参与“一带一路”建设形成示范和带动作用，对促进高质量共建“一带一路”具有重要的现实意义。

基于此，我们在收集和整理中国企业参与“一带一路”建设基本情况的基础上，结合企业的产权性质和所处行业情况，精心挑选出八类高质量参与“一带一路”建设的典型案例汇总成册。

这些典型案例突出展现了“一带一路”倡议为中国企业海外投资经营带来的重要战略机遇，深入挖掘了这些企业“走出去”所取得的成效和亮点。我们希望通过全面总结企业参与共建“一带一路”的经验，尤其是企业与沿线各国在“五通”建设方面所取得的突破与成果，为参与共建“一带一路”的企业提供参考和经验借鉴，进而助推“一带一路”健康持续发展。

本书采用单案例和多案例研究方法，分析典型企业在“一带一路”倡议的背景下如何“走出去”，如何实现经济效益与社会效益，内容涵盖“五通”建设各方面。本书具体结构如下：

第一章以中国中铁为研究对象，结合绩效反馈理论、内部化理论和乌普萨拉模型，从组织结构变革视角，研究全产业链“走出去”的实现路径。

第二章以中国中车为例，结合域自适应学习理论，主要探讨母国企业合并帮助企业在“一带一路”沿线国家投资获得比较优势的途径机制。

第三章以阿里巴巴并购 Lazada、Daraz、Trendyol 为研究对象，从资源基础观和商业生态系统的视角，分析“一带一路”倡议背景下互联网企业跨国并购中的价值创造机制。

第四章以华大基因作为研究对象，采用“环境—行为—结果”的动态能力分析逻辑，探讨民营企业在 VUCA 环境中实现加速国际化的机制。

第五章以海康威视为例，采用“动因—行为—结果”的分析框架，探究“一带一路”倡议下中国制造业企业的价值链重构路径。

第六章以海尔智家、科达制造和蔚来汽车三家典型企业作为研究对象，从资源基础理论和制度理论视角分析“一带一路”倡议下企业交叉上市对国际化战略的影响。

第七章以中航国际为研究对象，重点分析“一带一路”倡议背景下中国企业履行海外社会责任的思路。

第八章以中国建材为例，主要分析新冠疫情背景下中央企业如何通过在“一带一路”建设中履行和传播海外社会责任提升组织韧性。

我们希望本书中的案例企业高质量参与“一带一路”建设的成功经验能够给其他参与“一带一路”建设的企业提供启示，引导中国企业更好地“走出去”。同时，我们也希望本书从各案例中得到的理论启示能够为后续相关研究和企业实践提供一定的理论支持。

本书的具体分工如下：第一章祝继高、姜彦辰，第二章苏嘉莉，第三章孙玮、李佼，第四章祝继高、朱佳信、龙沐晨，第五章王稳华，第六章祝继高、曲馨怡，第七章孙玮、梁雯静，第八章王谊、张心怡。全书由祝继高、孙玮和王稳华修改定稿。

当然，本书中还存在一些需要改进和完善的地方，恳请各位专家和读者批评赐教，以便我们进一步完善和修订。

目录

第一章
抱团出海：组织结构变革推动全产业链“走出去”

——基于中国中铁的案例分析

摘要：伴随“一带一路”倡议走深走实，集群式“走出去”成为中国企业运营和发展海外业务的重要方向。本章以中国中铁为例，结合绩效反馈理论、内部化理论和乌普萨拉模型，从组织结构变革视角，研究全产业链“走出去”的实现路径。

研究发现，在国际化过程中，组织学习将驱动内部组织结构变革与外部组织结构变革，而组织结构变革的实现又将深化组织学习和降低交易成本，进而不断推动全产业链“走出去”。同时，

“一带一路”倡议通过“五通”建设推动拓展相关企业海外市场规模，通过标准联通引领提升企业海外项目话语权，在实现全产业链“走出去”过程中发挥重要引导与支持作用。本章的研究结论为推动共建“一带一路”高质量发展提供了重要启示。

关键词：组织结构变革、全产业链“走出去”、交易成本、组织学习

一、引言

随着“走出去”战略和“一带一路”倡议的推进，中国企业如何更好地“走出去”成为重要议题。2015 年，《国务院关于推进国际产能和装备制造合作的指导意见》中强调营造基础设施相对完善、法律政策配套的具有集聚和辐射效应的良好区域投资环境，引导国内企业抱团出海、集群式“走出去”。2019 年，伴随“一带一路”倡议不断深化以及企业海外经营投资风险增加，商务部明确表示“鼓励企业相互抱团，优势互补，集群式‘走出去’，提高综合竞争能力”①。产业链企业集群成为中国企业更好“走出去”的重要方式之一。2022 年 6 月 21 日，印度尼西亚雅万高铁

① 商务部：鼓励中国企业集群式“走出去” 不希望安全审查被滥用.（2019-03-09）. https://baijiahao.baidu.com/s?id=1627505389919689319&wfr=spider&for=pc.

全线 13 座隧道全部贯通，标志着中国高铁第一个海外全系统、全要素、全生产链项目顺利完成，是中国企业全产业链“走出去”的典型成功案例。

组织结构变革是组织变革的重要内容。一方面，组织相对绩效、组织间知识共享和技术创新等因素都将驱动组织结构变革；另一方面，组织结构变革又将进一步深化组织学习与创新，进而在该动态过程中不断提升组织绩效。在企业国际化过程中，基于乌普萨拉模型和内部化理论，组织学习、交易成本是其中的关键决策要素（Johanson and Vahlne，1977；Narula et al.，2019），企业也将基于整体决策框架不断推进组织结构变革及其动态演进，例如，使用项目联盟等形式开展海外项目（张宇翔和赵国堂，2020）。那么，企业组织结构变革将如何推动全产业链“走出去”？

基于此，本章以中国中铁股份有限公司（以下简称“中国中铁”）为例，基于绩效反馈理论、内部化理论和乌普萨拉模型，从组织结构变革视角出发，以交易成本、组织学习与组织结构的动态演进为关键要素，探究全产业链“走出去”的实现路径。

研究发现，基于组织学习，企业将通过内部组织结构变革与外部组织结构变革的结合，推动海外业务相关的组织结构变革。而相关的组织结构变革，能够通过进一步深化组织学习、降低组织交易成本进而逐步推动企业实现全产业链“走出去”。同时，“一带一路”倡议的推进，一方面通过“五通”建设内容推动相关企业海外市场规模不断拓展，另一方面通过标准联通牵引企业海外项目话语权不断提升，进而为全产业链“走出去”提供重要的引领与推动力量。

本章的贡献主要体现在以下方面：第一，丰富了企业组织结构变革领域的相关研究。从全产业链“走出去”的视角，将企业国际化理论与组织结构变革相结合，进一步拓展了企业组织结构变革的经济后果及其作用路径。第二，丰富了企业国际化领域的相关研究。从组织结构变革角度，将以绩效反馈理论为核心的公司行为理论融入企业国际化理论，形成了动态演进的以交易成本和组织学习为关键要素的分析框架，为企业如何提升国际化绩效提供了理论机理与实现路径。第三，为企业实现集群式“走出去”提供了借鉴。基于单案例分析方法，在“一带一路”倡议背景下，构建企业全产业链“走出去”实现路径，对推动共建“一带一路”高质量发展具有重要实践意义。

二、文献回顾

（一）组织结构变革

组织结构是一个处理组织内外部各种关系的结构形式，是创造性活动的重要载体（孙锐和赵晨，2016）。组织创新是指在管理组织的方法、程序或常规方面具有新的或显著的改进，能够为企业的业务流程、内外部环境、相关者关系及创新活动提供更丰富的资源和更优化的方法，从而影响创新的性质和结果（Evangelista and Vezzani，2010），它是企业获取可持续竞争优势的主要来源之一（王喜刚，2016），组织结构变革是组织创新的重要组成部分。

现有文献研究了组织结构变革的多种驱动因素。首先，组织的相对优势和劣势是驱动组织结构变革的重要因素。根据权变理论，组织内部特征与其外部环境的一致性是组织结构变革的关键驱动力。但随着管理实践的演进，该一致性会减弱，从而驱动组织结构变革以适应外部环境的变化，进而提升组织绩效。其次，组织内部和组织之间的知识共享将引发组织结构变革。知识共享是两方或多方之间交换潜在有价值的信息，涉及寻求和提供知识。知识共享产生竞争能力，并有助于提升长期绩效。组织知识共享通过人和技术在组织内部和组织之间进行相互作用，在形成知识共享实践过程中驱动和推进组织结构变革。再次，组织技术创新驱动组织结构变革。技术创新可以促进知识共享、触发新的工作实践、影响组织内外沟通等，因此将技术创新嵌入组织具有重要意义（Volkoff et al.，2007），尤其在全球化背景下，组织应更契合技术创新特点，进而促使组织结构变革。最后，组织领导力是驱动组织结构变革的重要因素。员工对变革的抵制被视为变革失败的主要原因（Ford et al.，2008），因而组织的领导力强度是关系到组织变革成功与否的重要因素。

相应地，首先，通过组织结构变革，组织将提高知识整合能力，有效改进和实施知识吸收过程，并将知识整合行为制度化（Atuahene-Gima and Ko，2001），创造新知识并适应市场，形成战略优势（Narayanan et al.，2009）。其次，知识共享是创新的重要组成部分（Gächter et al.，2010），知识共享作为组织学习的基本要素，能够促使企业通过组织创新、市场活动创新等应对外部环境变化，以最低的成本快速响应客户需求（Sher and Lee，2004）。同时，公司更新和使用知识的能力也会影响创新水平。

（二）企业国际化、组织结构与产业链国际化

解释企业国际化的主要理论有乌普萨拉模型（Johanson and Vahlne，1977）和不断演进的内部化理论（Narula et al.，2019）。乌普萨拉模型假设公司通过逐步收购、整合和利用国外市场和知识进行组织学习和变革，完成企业逐步发展的国际化过程（Johanson and Vahlne，1977）。国际化知识包括国外市场进入的特定模式、核心业务、联盟、收购相关知识，以及其他特定类型的国际化经验和网络关系。内部化理论基于交易成本分析框架，融合多种理论概念，形成多种流派解释的企业国际化（Narula et al.，2019）。

Buckley 和 Casson（1976）认为跨境背景下中间产品市场存在各种结构性缺陷，将显著增加交易成本，而跨国公司可以通过其内部层次结构将交易内部化，进而降低交易成本。这也能够为国际合资企业的诞生、公司全球生产网络中的位置选择（Buckley and Hashai，2009）、特定优势和内部控制机制的产生与设置（Buckley and Casson，1998）提供解释。Hennart（1982）通过考虑额外类型的交易成本，例如由于有限理性和机会主义行为产生的衡量和执行成本，对跨国公司理论做出了贡献，并且基于对跨国公司自身海外资产部署的分析，进一步分析跨国公司互补资产的捆绑以及在选择替代组织形式以联合使用这些资产时的权衡（Hennart，1988；Hennart，2009）。随后，Rugman（1981）融合资源基础理论，关注跨国公司专有资产形成的特定优势，为跨国公司总部与子公司的互动和子公司特定优势（Asmussen et al.，2009）、跨国公司区域战略及其金融服务协议（Asmussen，2009）提供了重要理论解释。Dunning（1977）融合企业成长理论、组织形式选择的交易成本理论以及新古典贸易理论构建 OLI 折衷范式，即分别对应所有权优势（O）、区位优势（L）和内部化优势（I），解释跨国公司的对外投资决策与区位选择。

进一步，现有研究表明，公司行为理论（behavioral theory of the firm，BTF）能够在上述国际化理论基础上进一步解释公司行为的动态性与异质性，并适用于已有国际化理论及其延伸出的多种情境，例如企业国际化决策、区位选择、适应国际市场以及总部与子公司的关系（Surdu et al.，2021）。公司行为理论将公司视为关键利益相关者，例如经理、股东、员工和客户等的联盟，每部分利益相关者都具有自身的目标和期望，而这些目标和期望会随时间的推移、公司环境的变化而调整，进而帮助公司建立组织惯例并改变它们的战略行为。绩效反馈理论是公司行为理论的主体逻辑理论，其认为组织是否采取变革行为取决于实际绩效是高于还是低于期望水平。如果企业实际绩效低于期望水平，管理者将会进行问题搜寻，进而实施组织结构变革，致力于提升组织绩效；而如果企业实际绩效高于期望水平，则表明现有决策能够有效实现企业目标，管理者会倾向于维持原有决策（Chen，2008）。

因此，交易成本与组织学习是企业国际化过程中的关键因素，公司行为理论又进一步解释了企业在国际化过程中的组织结构变革。

产业链是不同经济活动单元（供应商、企业合作者和客户等）共同构建的前后顺序关联、横向延伸及纵向有序的经济活动的集合（李平和狄辉，2006）。为提升国际市场竞争地位，全产业链企业将集体拓展海外业务，以达到扩大国际影响力、促进价值链升级的重要目标，进而提高企业价值（侯治平等，2020）。项目联盟是企业国际化过程中采用的组织形式之一，也是产业链国际化的重要形式之一。基于具体项目，项目联盟中的核心企业发挥牵头作用，依据项目资源需求与关键环节分工合作要求，联合利益相关企业，推动构建决策高度统一、团队合作高度融合的临时性组织，以充分实现企业之间的资源互补，扩大联盟企业的相对优势，提高项目绩效，进而提升企业价值（张宇翔和赵国堂，2020）。

（三）研究框架

综合上述文献的梳理，一方面，现有文献研究了组织结构变革的驱动因素与经济后果；另一方面，现有文献将公司行为理论融于企业国际化理论，解释企业在国际化过程中的动态性与异质性。伴随全产业链“走出去”的推进，本章在“一带一路”倡议背景下，基于公司行为理论与企业国际化理论，以交易成本、组织学习与组织的动态演进为关键要素，探究企业组织结构变革推进全产业链“走出去”的实现路径与作用机制。具体的研究框架见图 1-1。

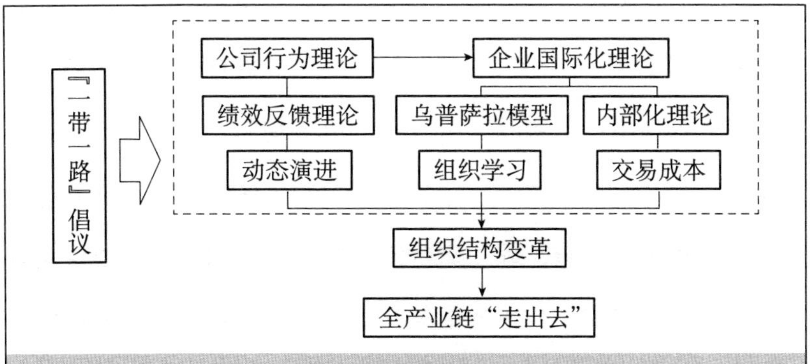

图 1-1　研究框架

三、案例研究设计与案例介绍

（一）案例研究设计

本章使用单案例研究法，主要基于以下原因：一方面，案例研究的目标是回答“如何”（how）和“为什么”（why）的问题（Benbasat et al.，1987），适用于解答问题以及对现象进行考察的经验性研究（Yin，2003）。本章拟在“一带一路”倡议背景下，探究企业组织结构变革推动产业链“走出去”的作用机制，适用案例研究法。另一方面，单案例研究方法将对案例企业进行独立、完整与深入的分析（Bartunek et al.，2006），有利于本章对企业组织结构变革进行更好的剖析，并对企业动态演变过程进行深度分析。

本章选取中国中铁作为研究对象，主要遵循理论抽样原则（Eisenhardt，1989）。第一，中国中铁案例具有典型性。一方面，中国中铁是最早“走出去”的企业之一，其海外业务经历了较长时间的发展与变革，能够呈现较为完整的组织结构变革过程；另一方面，中国中铁作为基础设施建设领域的重要企业，受到“走出去”战略和“一带一路”倡议的重要影响。第二，中国中铁案例具有数据可得性。中国中铁作为上市企业，具有较为丰富的公开资料，能为本章案例研究提供重要参考。

（二）中国中铁案例介绍

1. 内部组织结构演进

（1）公司架构整体市场化。

1989年，中国铁路工程总公司（简称“铁总”）正式成立，成为自主经营、独立核算、自负盈亏、具有法人资格的全民所有制企业，归属铁道部领导。1999年，铁总着力进行人事、劳动、分配等制度改革，初步具备了企业职能，至此公司被推向市场。2000年，铁总与铁道部“脱钩”，改为由中央企业工作委员会管理。为响应党的十五大提出的“建立现代企业制度是国有企业改革的方向”的号召，铁总所属各工程局在2000年前后纷纷进行公司制改造。在此之后，铁总进一步通过市场化方式参与市场竞争，在大力巩固和发展主业的基础上，着力形成“大经营”模式，开展多元化业务，也初步实现了海外业务的拓展与经营。2003年，铁总由国务院国资委履行出资人职责，逐步完成了中国海外工程有限责任公司及22家铁路设计施工企业的并购重组，实现了中铁二院、中铁三院的回归，在此基础上成立了中铁六局到中铁十局5个大的工程建筑集团，以及中铁工程设计咨询集团等单位。

2006年，作为国务院国资委董事会试点中央企业，铁总积极进行公司制改革，初步建立公司治理模式与结构，成为具备现代企业制度的企业。2007年，铁总成立中国中铁股份有限公司（简称

“中国中铁”），使其以原公司的主营业务、企业资质和主要资产为基础，继续开展管理与运营。同年，中国中铁在沪港两地成功整体上市，公司建立和完善了职责明确、协调运转、有效制衡的治理结构。中国中铁公司架构整体市场化进程见图 1–2。

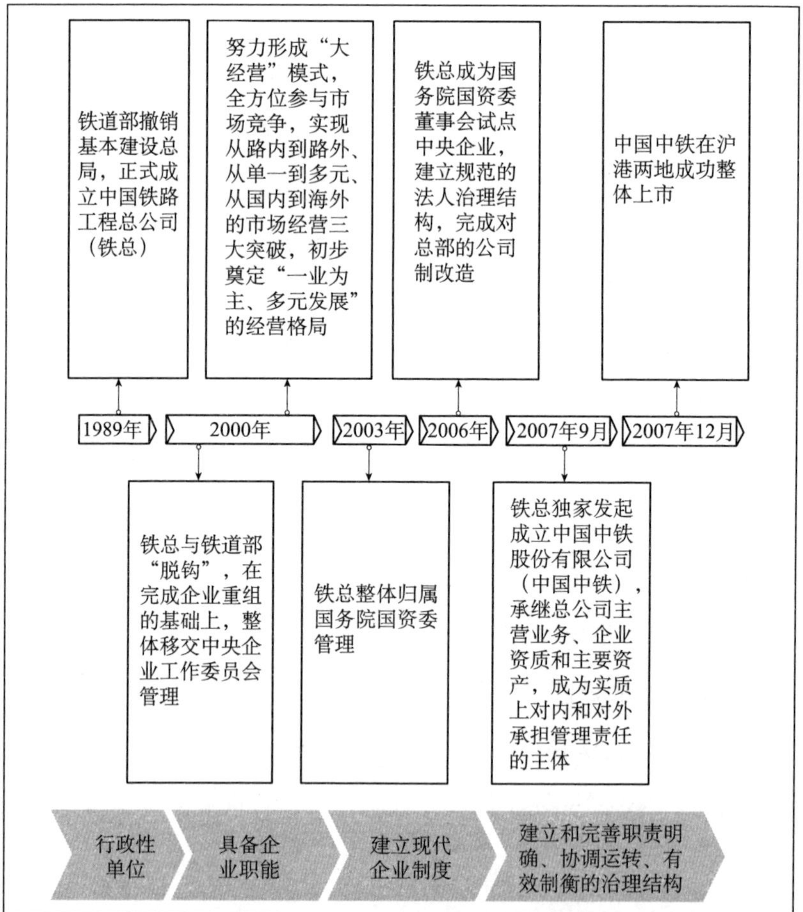

图 1–2　中国中铁公司架构整体市场化进程

资料来源：根据中国中铁公司官网资料整理。

（2）海外项目管理体制逐步优化。

2003年，中国海外工程有限责任公司（简称“中海外”）作为面向海外业务的经营主体，重组成为铁总下属子公司，进一步补充铁总原有海外业务板块，实现二者的资源互补，这有助于铁总在海外市场竞争中更好地发挥技术优势，同时也为公司面向海外市场提供了重要平台与窗口。2008年，基于已有海外业务布局，中国中铁设立另一个海外市场运营平台——中铁国际经济合作有限公司，主要负责在国际市场运用中国中铁品牌，组织实施经济技术合作、工程承包建设和有关投融资项目。2013年，中国中铁第二届董事会第23次会议审议通过决议，决定由中铁国际经济合作有限公司，中国中铁委内瑞拉分公司、东方国际建设分公司（简称“东方国际”）、老挝分公司重组成立中铁国际集团有限公司（简称“中铁国际”），注册资本为10亿元人民币。

2014年，习近平总书记在视察中铁工程装备集团有限公司时首次提出“三个转变”，要求推动中国制造向中国创造转变、中国速度向中国质量转变、中国产品向中国品牌转变。基于此，中国中铁进一步推进海外“双优”战略，即“海外优先发展”“海外优质发展”。在该战略导向下，首先，公司从顶层设计入手，在政策制定与资源分配等制度安排中，给予海外业务优先度，大力支持海外市场规模拓展和海外业务运营发展。在公司制度的支持下，公司不断探索海外经营模式，革新海外经营理念，逐步改变公司以往以输出技术和劳务为主的工程承包模式，而稳步转向以输出标准、资本和管理为核心，为海外项目运营提供解决方案。其次，公司在顶层设计之下建立配套制度。以海外经营理念和方向的改变为指引，公司以管理结构、考核机制等要素为抓手，不断增强公司规章制度体系的科学性和公司业务流程的高效性，提升公司管理制度与海外业务发展的匹配性，以推动海外业务发展的高端定位、高速运行、优质发展。再次，公司积极创新海外业务发展模式。公司以东道国环境为基准，以资本管理为主线，一方面，整合区域资源，统筹区域运营，优化技术、信息等资源的配置与流动；另一方面，采取适应性投资模式，积极开展海外并购与融合，推动海外业务跨越发展。最后，公司注重海外人才引进与培养。公司改变以往人事管理制度，切分海内外工作人员管理制度，以优厚的薪酬待遇和灵活的管理体制，有效吸引国际高端人才；积极构建海外业务人才培养体系，以人才引进与培养为重要抓手，构建具有吸引力的政策高地。

2020 年，中国中铁召开海外工作视频会议，提出以“双优”发展战略、“一体两翼 N 驱”经营格局（见图 1-3）为主要内容的海外业务体系的改革总体方案，对海外业务体制机制进行改革重组。其中，中国中铁为“一体”，由国际事业部（国际工程分公司）总协调，总部各部门发挥专业职能，实现锚定航向、战略引领、全球布局、资源配置、集团管控、统筹协调、高端经营、合规及风险管理、考核评价、外事管理等一体化集中管控。中铁国际和中海外作为平台公司，发挥“两翼”带飞作用，负责管理所属区域总部，对区域内生产、经营、合规、安全、环保、质量等整体工作总负责，聚焦国际化经营商务引领、市场拓展、商务模式创新、市场营销。工程局、设计院、装备制造等二级子集团和22个境外区域总部共同形成“N驱”，协同共进之势为平台公司经营开发提供技术支持和商务配合，负责项目技术管理、工程施工、合同履约等。“两翼”和“N驱”按照市场化的原则确立合作关系，进行利益分配，分别享受项目的商务利润和施工利润。

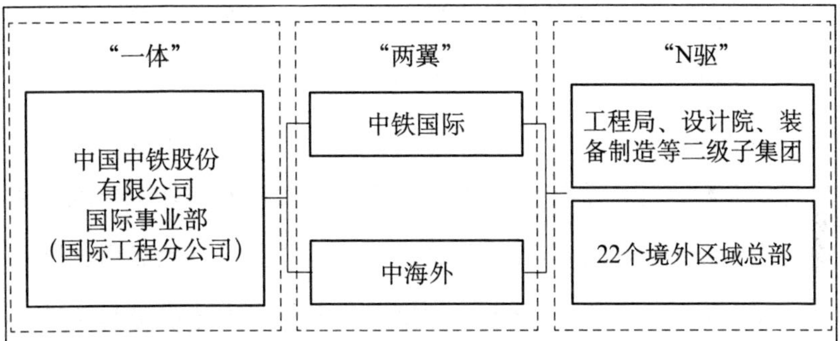

图 1-3 中国中铁“一体两翼N驱”经营格局

资料来源：中国中铁微信公众号 .

中国中铁将“大区 + 国别 + 项目”经营体系作为推进海外业务区域化、属地化、专业化和品牌化发展的关键举措，划分出22个境外区域总部。其中，中国中铁直属管辖境外区域总部3个、中铁国际和中海外代管境外区域总部各9个，东方国际管理境外区域总部1个，如表1-1所示。区域总部的运营遵循“谁管理，谁负责”原则，区域总部是战略管控、商务引领、风险合规管理与过程管控主体，全面负责所辖区域市场经营管理和项目开发运行；国别公司是项目实施管控主体，接受区域总部领导。在设立初期，以模拟法人制依托区域内 1 个优势国别公司进行实体化运行，在区域市场逐步成熟后，再注册实体公司。在实际运营过程中，区域总部可以使用中国中铁品牌或“两翼”“N 驱”自有品牌。其中，中国中铁品牌需要由区域总部统筹协调使用，并履行授权审批程序。

表 1-1　境外区域总部及其管辖主体

管辖主体	境外区域总部
中国中铁直辖	孟加拉国区域
	印度尼西亚区域
	匈牙利区域
中铁国际代管	东亚区域
	南亚区域
	中东区域
	欧亚区域
	西欧区域
	北非区域
	南非区域
	南美南部区域
	中北美洲区域
中海外代管	南太区域
	中西亚区域
	中东欧区域
	西南欧区域

续表

管辖主体	境外区域总部
中海外代管	东非区域
	中非区域
	西非区域
	南美北部区域
	北美区域
东方国际管理	马来西亚区域

资料来源：中国中铁微信公众号 .

2. 外部组织结构演进

（1）子公司及子公司联合体。

1993 年 10 月，铁总取得对外承包和劳务合作经营权，在此基础上，公司逐步扩大海外业务承接范围，布局海外业务板块，以“先小后大、先劳务后承包、先分包后总包，稳步扩大海外市场”的思路逐渐扩大海外市场规模。2000 年中国中铁改制后，进一步获得对外经营自主权，开始全方位走向国际市场。

中国中铁以子公司及子公司联合体的形式承包和开展海外项目，持续拓展海外市场，包括蒙古国第二公路、阿联酋棕榈岛、孟加拉国帕克西大桥等多个重大海外项目①。例如，孟加拉国帕克西大桥是中国中铁下属中铁大桥局集团有限公司（简称“中铁大桥局”）通过国际竞标方式独立承揽的第一个海外工程承包项目，

① 中国中铁董事长李长进：中铁40年成就得益于政策环境+内生动力 .（2018-07-25）.https://baijiahao.baidu.com/s?id=1606955285024662582&wfr=spider&for=pc.

合同金额达到1.26亿美元，该大桥长度为1 786米，是孟加拉国的第二长桥。中铁大桥局从2000年8月开始进行项目施工，兼顾工程建设速度与建设质量，最终仅以3年半的时间圆满完成施工任务，大大提升了中铁大桥局在海外工程承包市场的知名度，为其2006年7月中标孟加拉国拉卡拉夫里大桥建设工程，承建卡纳普里三桥、普达匹亚大桥，承包栋吉至派罗布巴扎尔增建二线铁路上的桥梁工程等项目奠定了基础。

（2）中外公司联合。

随着中国中铁加强本土化运营并进军新市场，中国中铁海外项目寻求海外主体合作，构建中外公司联合体，借助和吸收东道国企业建设与管理经验以及关系网络等，共同参与海外项目竞投标与建设运营。2008年10月，中铁大桥局与土耳其当地公司组成的联营体中标土耳其安卡拉至锡瓦斯新建铁路项目一期工程，中标价约6.45亿美元，其中，中国中铁相关份额为20.4%[①]。

在最初进入部分国家与地区基础设施建设市场时，中国中铁面临与多个国家企业的激烈竞争，同时由于管理机制不成熟不完善且缺乏运营经验，中国中铁在部分项目中存在低价竞争、项目巨额亏损的情形。2009年9月，中海外主导，与中铁隧道局

① 中国中铁2008年10月7日公告《重大工程中标公告》. http://www.cninfo.com.cn/new/disclosure/detail?stockCode=601390&announcementId=43845466&orgId=9900003904&announcementTime=2008-10-07.

集团有限公司、上海建工集团股份有限公司及波兰 DECOMA 设计公司组成联合体，在与众多欧美公司的激烈竞争中成功竞得波兰 A-2 高速公路项目 A 标、C 标段[①]，最终签署总价 4.5 亿美元的总承包合同。然而，中海外在该项目的投标过程中，急于以低价策略进入高端市场而未明晰市场环境，忽略了合同管理、项目组织结构设计、人员管理和风险评估与管理（向鹏成和牛晓晔，2012），最终报价只占波兰政府预算的约 46%。而在项目实施过程中，由于经济环境变化、原材料价格大幅度上涨、劳动力成本高等因素，导致联合体破裂、合同中止，造成系列法律纠纷与经济损失。

随后，中国中铁基于此次积累的经验进一步探索，采用与东道国企业合作的形式投标与建设相关项目。例如，2015 年 5 月，中国中铁下属中铁隧道局集团有限公司以 51% 的份额与以色列 Solel Boneh Infrastructure 公司组成联营体，以联营体形式参与以色列特拉维夫轻轨红线项目 TBM 段西标段的竞标。最终，联营体以 31 亿谢克尔的预算价格中标，约合 49.9 亿元人民币[②]。随后，中铁隧道局集团有限公司与中铁电气化局集团有限公司组成的联

① 中国中铁 2009 年 9 月 1 日公告《重大工程中标公告》. http://www.cninfo.com.cn/new/disclosure/detail?stockCode=601390&announcementId=56686511&orgId=9900003904&announcementTime=2009-09-01.

② 中国中铁 2015 年 5 月 22 日公告《重大海外工程中标公告》. http://www.cninfo.com.cn/new/disclosure/detail?stockCode=601390&announcementId=1201046164&orgId=9900003904&announcementTime=2015-05-22.

营体于 2018 年 2 月中标以色列特拉维夫轻轨红线铺轨及机电系统的设计、供货和施工总承包工程[①]。最终，以色列特拉维夫轻轨红线系统工程于 2021 年 10 月完成首次全面动车调试[②]。再如，匈牙利肖罗克莎尔—克莱比奥铁路升级采购 EPC 项目涵盖从设计到路基、桥涵、轨道、“四电”建设，以及房建、站场与附属工程施工等。2019 年 6 月，为竞标该项目，中国中铁下属中铁九局集团匈牙利有限责任公司、中铁电气化局集团匈牙利有限公司和匈牙利当地公司组成联营体。联营体最终成功竞得该项目，其中，中国中铁下属企业所占施工份额为 50%，约 10.40 亿美元。

（3）产业链公司联合。

伴随产业发展与标准建设，中国中铁逐渐寻求联合产业链上下游企业共同出海，推动标准联通和全产业链“走出去”。根据传统价值链理论，从各环节价值增值角度，可将轨道交通全产业链划分为上游、中游和下游，上游为研发设计、品牌构建环节，中游为整车车辆制造及零部件研发生产环节，下游为维修管理、物流养护等环节（侯治平等，2020）。

亚吉铁路是非洲第一条跨国电气化铁路，也是中国企业在海外建设的首条全产业链中国化铁路，于 2016 年建成通车，2018

① 中国中铁 2018 年 2 月 28 日公告《重大海外工程中标公告》. http://www.cninfo.com.cn/new/disclosure/detail?stockCode=601390&announcementId=1204433911&orgId=9900003904&announcementTime=2018-02-28.

② 中企承建的以色列特拉维夫轻轨红线工程进行首次全面动车调试.（2021-10-22）.https://baijiahao.baidu.com/s?id=1714283389075406066&wfr=spider&for=pc.

年正式开始商业运营[①]。该铁路项目于2012年签署合同，西段（埃塞俄比亚的斯亚贝巴至米埃索）与东段（米埃索至吉布提）分别由中国中铁下属中铁二局集团有限公司（简称“中铁二局”）与中国铁建股份有限公司（简称“中国铁建”）下属中国土木工程集团有限公司（简称“中土集团”）承建。全套的“中国标准”首次在亚吉铁路项目中得到实践应用，即集设计、投融资、装备材料、施工、监理为一体的“全产业链中国化”。亚吉铁路项目采用中国技术标准，以EPC（工程总承包）模式承建，利用出口买方信贷，以中国进出口银行为融资方，中国中铁负责全线勘测设计，与中土集团共同施工建设并负责后期的运营管理[②]，中国中车股份有限公司（简称“中国中车”）提供机车车辆，中国国际工程咨询有限公司及铁道第三勘察设计院组成的联合体为监理方，覆盖产业链各个环节。中国中铁与中国铁建组成的联营体中标6年运营管理权，首次实现了建设、运营一体化。

在亚吉铁路建设的基础上，中国企业深度参与当地经济建设，形成了以铁路项目为“1”，以铁路运营、投资、房地产开发、土地整理改造、物流、工业园区、厂房、设计咨询、工业矿业、国

① 海外首条全产业链中国化铁路：亚吉铁路成功交验并启动商业运营 .（2018-01-13）. https://www.sohu.com/a/216477619_682294.

② 亚吉铁路，拉近非洲腹地与世界距离 .（2017-04-29）.https://www.sohu.com/a/137263339_731021.

际贸易、酒店旅游等多种产业为“N”的“1+N”亚吉模式[①]，带动多重产业及工程“走出去”（如图 1-4 所示）。

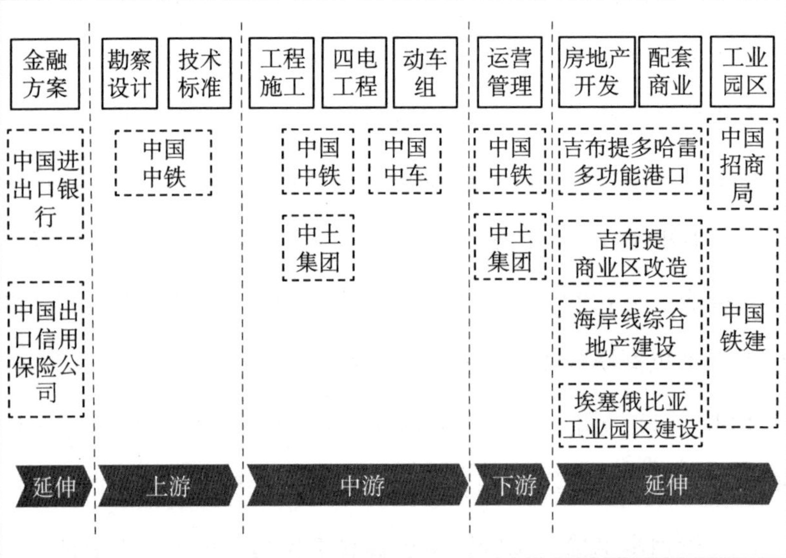

图 1-4　亚吉铁路项目全产业链“走出去”

2015 年 10 月，中国中铁与印度尼西亚 4 家国有企业签署协议，成立合资企业，标志着中国企业最终正式赢得雅加达—万隆高铁项目（简称“雅万高铁”）。雅万高铁是一条连接印度尼西亚首都雅加达市区和西爪哇省的高速铁路，也是中国高铁首次全系统、全要素、全产业链在海外落地的项目[②]。该项目的获取与建设

① 亚吉铁路：中国铁建和中国中铁打造铁路首次全产业链输出 .（2016-10-08）.http://www.sohu.com/a/115593705_499165.

② 采用“中国标准”雅万高铁进入铺轨阶段 .（2022-07-19）.https://news.cctv.com/2022/07/19/ARTIb8huRiFzFwVkWl6kkcVQ220719.shtml.

依托产业链上下游企业合作、海内外企业合作完成。具体地，中方企业联合体以 40% 的股权与印尼企业联合体构成合资公司——中印尼雅万高铁合资公司（Kereta Cepat Indonesia-China，KCIC），由中方和印尼方股东单位推荐人员及社会招聘人员组成。其中，中方主要负责财务与工程建设相关事项，印尼方则主要负责征地拆迁、人力资源、公共交通开发（transit-oriented development，简称“TOD 模式”）法务等相关事项。该联合体承担了雅万高铁项目建设、运营和管理，项目总投资额为 51.35 亿美元。雅万高铁项目承包商联合体由 6 家中方企业和 1 家印尼方企业组成，采用 EPC 模式（张宇翔和赵国堂，2020），由中铁国际主导，中国铁路设计集团有限公司（简称“中铁设计”）负责设计供图，中国中铁、中国水电建设集团国际工程有限公司（简称“中国水电”）以及印尼维卡国有工程建设股份有限公司（简称“WIKA”）负责土建工程，通号建设集团有限公司（简称“通号公司”）和中国中铁负责“四电”工程，中国中车下属中车青岛四方机车车辆股份有限公司负责动车组。与此同时，中国国家开发银行是项目的融资贷款方，中国铁道科学研究院集团有限公司（简称“铁科院”）与印尼 DADELAR 咨询公司组成的联合体担任咨询监理和施工图审核单位。雅万高铁项目组织结构如图 1-5 所示。

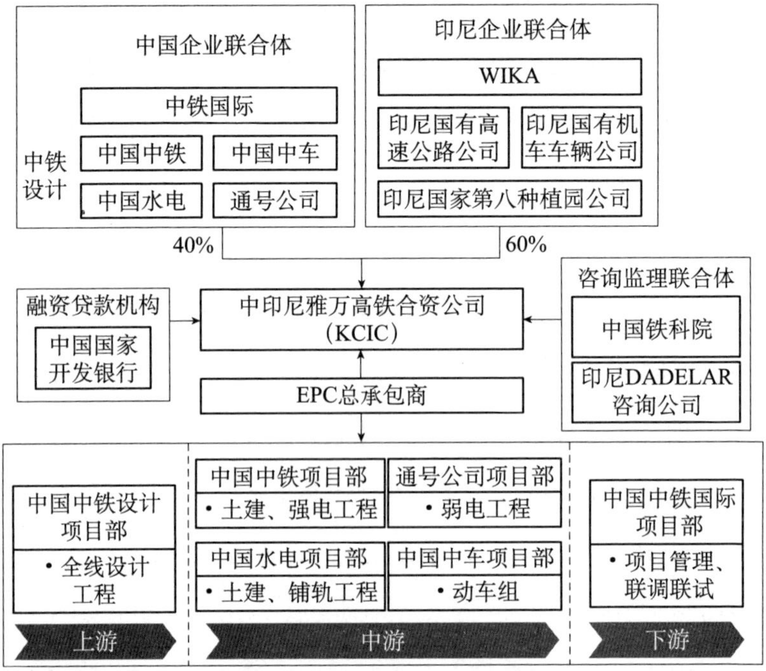

图 1-5 雅万高铁项目组织结构

3. 基础设施产业“走出去”

（1）以政治为导向的对外援建。

20 世纪 60—70 年代，中国海外工程建设多是政治导向下的对外援建。以坦赞铁路项目为例，该项目是一条贯通东非和中南非的交通大干线，东起坦桑尼亚的达累斯萨拉姆，西迄赞比亚中部的卡皮里姆波希。1967 年，中国、坦桑尼亚、赞比亚三国政府在北京签订《关于修建坦桑尼亚—赞比亚铁路的协定》，协定规定中国提供无息、不附带任何条件的贷款 9.88 亿元人民币，并派专家对铁路进行修建、管理、维修，培训技术人员。中国中铁二院自1965年起，派出勘察设计团队前往坦、赞两国开展全线勘探，于1969年12月完成勘探报告。中铁三院自1968年起承担全线的勘测设计及配合施工全过程工作，中国中铁一局、中铁二局、中铁三局、中铁四局、中铁五局、中铁电化局和中铁建工集团的5万余名铁路建设者自1970年10月动工兴建，1975年6月7日坦赞铁路全线铺通，同年10月23日全面建成并试运营。1976年7月14日，项目正式移交给坦、赞两国政府。

（2）海外项目转向市场导向。

伴随中国市场经济发展，党和政府逐渐转变为以“量力而行、尽力而为”为原则的对外援助思路。同时，中国企业基础设施海外项目建设经验日益丰富，相关技术得到革新与发展，中国企业的海外工程建设也开始寻求平等合作、互利共赢、共同发展的市场导向。例如，中国中铁以公司及联合体运营的方式竞标获得波兰A-2高速公路项目（2009年）、栋吉至派罗布·巴扎尔铁路增建二线项目（2011年）、孟加拉国帕德玛大桥铁路连接线项目（2016年）、匈牙利肖罗克莎尔—克莱比奥铁路升级采购EPC项目（2022年）、菲律宾南线铁路长途运输段第一期工程（2022年）等多个重大海外工程建设项目。

（3）以“一带一路”倡议为基础，带动全产业链“走出去”。

2013年，习近平主席先后提出建设丝绸之路经济带和21世纪海上丝绸之路重大倡议，以政策沟通、设施联通、贸易畅通、资金融通、民心相通——“五通”为重要内容。基于此，一方面，中国中铁改变以往“交钥匙”的方式，以工程承包为核心，积极向产业链上下游延伸。向前，逐渐覆盖项目前期环节，包括工程规划、勘探、设计、咨询等；向后，深化对项目后期的运维与关联项目的开发，包括维护运营、旱港建设、酒店服务等。坦赞铁路即为典型的“交钥匙”工程，其交付后的运营一度陷入困境①；而亚吉铁路则为典型的中国中铁持续参与项目后续运维、带动产业链上下游企业海外项目建设的海外重大项目。另一方面，基于中国技术标准发展，中国中铁从参与工程建设的单个环节，已经发展到能够带动输出以中国标准为基础的全产业链产品与服务。亚吉铁路项目即是选择中国技术标准方案，进而带动全产业链“走出去”的重要海外项目工程。

进一步地，“一带一路”倡议政策沟通能够推进基础设施全产业链“走出去”。雅万高铁项目是国际上首个基于国家政策协议、两国企业之间进行合作建设的高铁项目，是全系统、全要素、全生产链走出国门的“第一单”。2014 年 11 月，印度尼西亚总统佐科受邀体验京津城际铁路，中国与印度尼西亚合作建设雅万高速铁路的议程开启。2015 年 3 月 26 日，佐科访问中国，并签订《中

① 坦赞铁路现状：努力维持运营 期待重生 .（2017-05-03）.https://www.sohu.com/a/137918254_114731.

印尼雅加达—万隆高速铁路合作谅解备忘录》；4 月 22 日，习近平主席访问印度尼西亚，并签订《关于开展雅加达—万隆高速铁路项目的框架安排》；8 月 19 日，《雅万高速铁路可行性研究报告（中国版）》提交；9 月 2 日，中国击败日本成功竞标雅万高速铁路项目；10 月 16 日，雅万高速铁路项目正式被中国拿下，中国中铁与 4 家印度尼西亚国有企业签署协议成立合资公司，共同建设和运营雅万高速铁路。

四、案例讨论

（一）交易成本

交易成本被认为是“一种使用价格机制的成本”，主要分为搜寻成本、信息成本、议价成本、决策成本、监督成本和违约成本（Williamson，1975）。

首先，中国中铁通过公司制改革构建市场化体制，以市场导向运营海外业务，改变以往政治导向下派驻大量中国工人进行项目建设的情况，加大在东道国的市场化运营，降低企业在海外项目中的监督成本。

其次，中国中铁通过搭建中海外、中铁国际运营平台，整合海外业务布局，并进一步推进与落实“一体两翼 N 驱”的“双优”战略。一方面，中国中铁海外业务统筹程度逐步增强，企业各个子公司单独进行海外项目搜寻的成本得到控制，多个子公司同时参与某个项目竞标的概率降低，从而使得中国中铁在外部信息搜寻、竞标议价等方面的整体成本得到控制；另一方面，中国中铁通过构建“大区 + 国别 + 项目”经营体系，加强下属集团子公司与区域的适配程度，降低与签订契约内部成本相关的决策成本。

最后，在海外业务竞标与运营过程中，中国中铁进一步联合东道国本土企业，组成联合体，拓宽信息渠道，进一步降低搜寻成本与信息成本。在亚吉铁路全产业链初步“走出去”的过程中，中土集团与中国中铁仍然需要对产业链其他环节企业进行招投标，这个过程会产生交易成本；而在雅万高铁项目中，中国中铁等企业以股权投资形式形成联营体，进一步降低交易成本。

综上所述，中国中铁通过组织结构变革降低公司国际化过程中的搜寻成本、信息成本、议价成本、决策成本和监督成本，推动全产业链“走出去”。

（二）组织学习

组织学习是企业国际化过程中的重要内容。组织学习被划分为探索式学习和利用式学习（March，1991），前者偏向于寻求变异、冒险和实验导向，着重对新模式、新方法的探索；后者偏向于减少变异、稳定和效率导向，着重对新知识的获取与巩固，不断融于组织惯例。在国际化过程中，企业既需要从长远发展着眼，通过实施探索式学习，持续探索新技术、新市场和新业务以保证未来的收益，也需要从企业短期收益着眼，通过利用式学习，巩固和优化现有业务以保证利润空间（许晖等，2013）。企业通过组织变革产生当前活动经验中的知识，以不断产生新的变异并采纳它，进而改变和构建新的组织惯例（Zollo and Winter，2002），以此循环往复（王永伟等，2012）。

首先，中国中铁通过探索式学习，从“交钥匙”模式转向覆盖后期运维等全流程的 EPC 项目模式，并通过利用式学习不断应用与构建项目相关流程。中国中铁从最初坦赞铁路的“交钥匙”模式导致坦赞铁路项目后期运营不佳的项目中学习，注重对项目交接过程中运维技术等的培训，逐渐转向中缅天然气管道工程等项目的 EPC 模式，并进一步整合海外业务，通过利用式学习，推动子公司采用多种联合体形式覆盖项目建设全流程。

其次，中国中铁通过探索式学习寻求新市场，在波兰项目的失败经验中学习欧洲市场运作模式，加强合同管理，通过进一步改进与东道国企业的联合运营模式，推进项目本土化运营，进而逐步通过利用式学习建立知识并予以应用，完成以色列特拉维夫轻轨红线项目中与东道国企业的合作运营。

最后，中国中铁通过探索式学习推进中国标准在亚吉铁路项目中的使用，通过项目承建与进一步招标产业链企业的方式，深化标准联通作用，在雅万高铁项目中通过利用式学习和探索式学习，以中国标准为核心，进一步采用产业链企业联合体方式带动全产业链“走出去”。

（三）依托“一带一路”倡议

“五通”建设是“一带一路”倡议实施的主要内容，包括政策沟通、设施联通、贸易畅通、资金融通、民心相通，对促进企业对外投资具有积极效应（吕越等，2019）。政策沟通是“一带一路”倡议的重要保障，一方面，政策沟通将有助于缓解两国之间的政治紧张关系，推动建立良好的伙伴关系（Mansfield and Pevehouse，2000），进而消除贸易壁垒，减少中国企业在东道国的投资与运营风险；另一方面，政策沟通推动中国与沿线国家签订一系列合作协议，对相关合作行为产生法律约束力，保障和激励中国企业进行对外直接投资。在“一带一路”倡议下，中国与印度尼西亚在国家层面签订《中印尼雅加达—万隆高速铁路合作谅解备忘录》，增强政策沟通，基于此，中国产业链联营体成功竞标雅万高速铁路项目，实现全产业链“走出去”，以进一步推动设施联通。

2019 年 4 月，习近平主席在第二届“一带一路”国际合作高峰论坛开幕式上指出，“要努力实现高标准、惠民生、可持续目标，引入各方普遍支持的规则标准，尊重各国法律法规”。2021 年 11 月，习近平在第三次“一带一路”建设座谈会上提出，“把基础设施‘硬联通’作为重要方向，把规则标准‘软联通’作为重要支撑，把同共建国家人民‘心联通’作为重要基础，推动共建‘一带一路’高质量发展”。基于“一带一路”倡议对标准建设的不断推动，中国中铁等产业链企业积极推动和参与国际标准建设，进而以中国标准为核心，以规则标准“软联通”作为重要支撑，推动全产业链“走出去”。

综合上述，中国中铁依托“一带一路”倡议，通过组织结构变革，以组织学习和交易成本为关键要素，推动全产业链“走出去”，如图 1-6 所示。

五、理论启示

通过对中国中铁组织结构变革的梳理与分析可知，企业将基于组织学习，在组织结构变革过程中，持续降低交易成本并深化组织学习，以不断推动全产业链“走出去”。基于此，本章构建了企业组织结构变革推动全产业链“走出去”的理论模型，如图 1-7 所示。

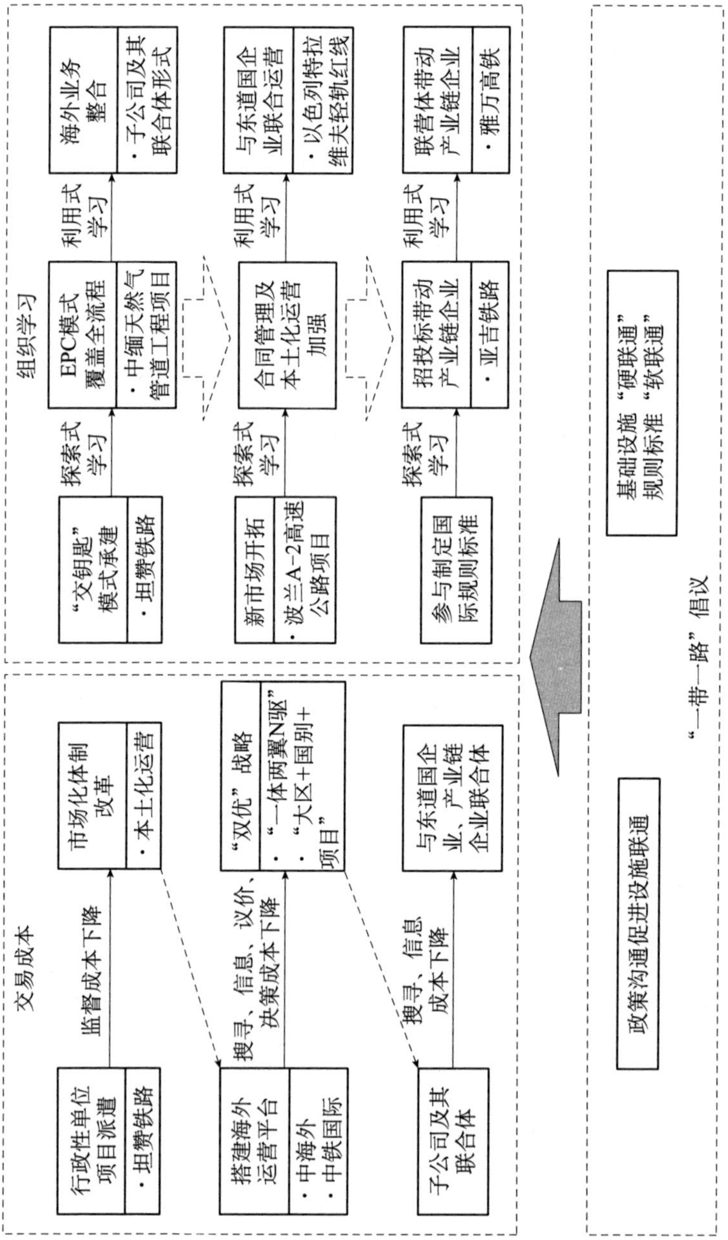

图 1-6 中国中铁组织结构变革推动全产业链“走出去”

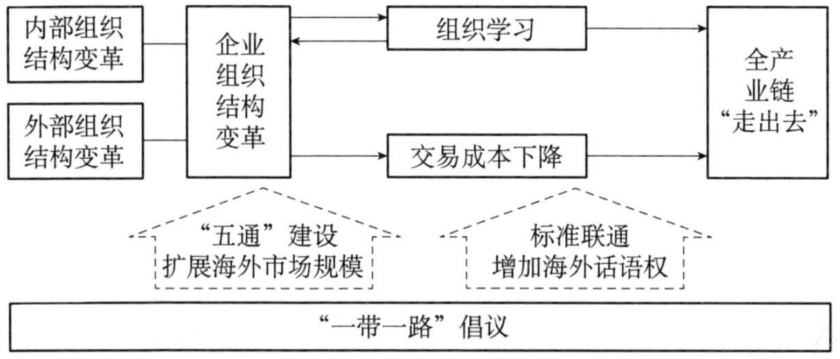

图 1-7　企业组织结构变革推动全产业链“走出去”理论模型

首先，基于乌普萨拉模型，企业对国际化过程中项目建设的经验和知识进行组织学习（Johanson and Vahlne，1977），结合绩效反馈理论，在企业国际化进程的不同阶段，企业将基于内外部环境变化而对相对绩效目标进行不断调整，而企业实际绩效与企业目标绩效之间的不匹配性促使组织变革的发生，建立新的组织惯例（Zollo and Winter，2002）。企业组织结构的变革就是其基于企业国际化情境进行组织学习、产生组织变革的重要形式。

其次，企业组织结构变革诱发组织的探索式学习，而探索式学习的经验将形成新的知识内容，进而推动组织通过利用式学习，巩固和利用新知识，推动组织结构的进一步变革以吸收组织学习产生的内容。基于此，企业将形成组织学习与组织结构变革之间的良性循环（王永伟等，2012），进而不断推动全产业链“走出去”。

与此同时，基于内部化理论，交易成本是企业国际化过程中的另一关键要素（Narula et al.，2019），企业将通过内外部组织变革，内化和降低企业交易成本，进而不断演化为全产业链“走出去”的项目建设形式。

最后，在企业组织结构变革过程中，“一带一路”倡议起到重要的引领与助推作用。一方面，“五通”建设既直接推动基础设施行业企业“走出去”，也通过政策沟通间接推动设施联通，使得相关企业不断扩大海外市场规模和组织学习范围，推动组织结构变革；另一方面，规则标准“软联通”推动企业参与国际标准制定，提升国际项目建设话语权，为全产业链“走出去”提供助力。

六、研究结论与启示

本章基于单案例研究法，以中国中铁为例，结合绩效反馈理论、内部化理论和乌普萨拉模型，以动态演进、交易成本和组织学习为关键要素，研究企业组织结构变革推动全产业链“走出去”的作用机制与理论框架。研究发现，在企业国际化情境下，企业在相对绩效反馈中，通过组织学习推动企业组织结构变革，包括内部组织结构变革和外部组织变革。一方面，企业组织结构变革将进一步深化组织学习，以形成动态演进；另一方面，组织结构变革将不断降低海外业务交易成本。两者相结合，企业在组织结构变革过程中，通过深化组织学习和降低交易成本机制，推动全产业链“走出去”。与此同时，“一带一路”倡议在该过程中具有重要引领与助推作用，既通过“五通”建设内容推动相关企业海外市场规模不断扩大，又通过标准联通促使企业在海外项目中话语权不断增加，进而为全产业链“走出去”提供重要政策支持。

基于此，我们进一步得到政策建议与启示。第一，积极引导企业组织结构变革，使之适应与推动企业海外业务经营发展。其一，通过建设案例共享、先进经验知识交流渠道和平台，充分发挥替代学习机制，引导和深化组织学习，提高企业组织结构变革效率。以组织学习和交易成本作为关键决策要素，实现包括整合海外业务以降低交易成本、切分海外板块以切分风险与主体责任等的内部组织结构变革，切实提高组织结构效率，保障企业海外业务健康长足发展。其二，通过政策引导等方式，充分促进产业链企业合作。提高产业链企业供销产品的标准达标性与标准匹配性，探索和深化产业链企业合作，在持续合作与组织学习过程中构建产业链企业创新网络与合作网络，实现企业外部组织结构变革，以提升企业海外运营效率与效益。

第二，推动“一带一路”建设走深走实，继续推动共建“一带一路”高质量发展。其一，应充分推动“五通”相互联动，既要扩大“一带一路”倡议的影响与辐射范围，持续扩大“一带一路”朋友圈，稳步拓展“一带一路”全球合作新领域，以政策方针要求推动政策沟通、设施联通、贸易畅通、资金融通、民心相通建设的相互融合、共同作用；又要增强典型行业、典型企业、典型项目的示范效应，完善“一带一路”倡议重要成果。其二，应将“硬联通”与“软联通”充分结合，不断推进“一带一路”沿线国家基础设施建设与联通。通过信贷优惠、税收优惠等政策支持，大力推动关键领域行业持续建立全球领先的规则标准，加深对相关领域国际规则标准建立的参与与影响程度。同时，应进一步扩大规则标准的应用与影响范围，推动相关领域标准在“一带一路”沿线国家的应用，不断完善以规则标准为核心的话语权体系，以规则标准联通进一步带动和深化共建“一带一路”高质量发展。

第三，积极推动“抱团出海”、全产业链“走出去”，优化资源配置和产业结构。在全球产业布局不断调整的背景下，伴随“一带一路”倡议的不断推进与落实，中国企业“走出去”是中国参与全球经济治理的重要方式。推动实现全产业链“走出去”是中国企业扩大海外市场规模、提升海外市场竞争地位的重要方式之一，因此，应从政策支持方面积极鼓励企业以项目联盟等多种创新形式，联合产业链企业共同出海，以更充分发挥技术与资源优势，扩大产业优势，开拓海外市场，降低海外风险。进一步地，应进一步优化产业链企业等项目联盟组织形式中的分工合作与资源分配，通过持续创新与改进项目联盟模式，明晰企业主体责任与利益分配，推动全产业链“走出去”过程中各个关键环节的资源互补及融合，不断优化全产业链“走出去”合作模式，提高资源组合配置与利用效率。

参考文献

［1］侯治平，吴艳，杨堃，等．全产业链企业国际化程度、研发投入与企业价值．中国软科学，2020（11）：124-133.

［2］李平，狄辉．产业价值链模块化重构的价值决定研究．中国工业经济，2006（9）：71-77.

［3］吕越，陆毅，吴嵩博，等．“一带一路”倡议的对外投资促进效应：基于2005—2016年中国企业绿地投资的双重差分检验．经济研究，2019，54（9）：187-202.

［4］孙锐，赵晨．战略人力资源管理、组织情绪能力与组织创新：高新技术企业部门心理安全的作用．科学学研究，2016，34（12）：1905-1915.

［5］王喜刚．组织创新、技术创新能力对企业绩效的影响研究．科研管理，2016（2）：107-115.

［6］王永伟，马洁，吴湘繁，等．变革型领导行为、组织学

习倾向与组织惯例更新的关系研究 . 管理世界，2012（9）：110-119.

［7］向鹏成，牛晓晔 . 国际工程总承包项目失败成因及启示：以波兰 A2 高速公路项目为例 . 国际经济合作，2012（5）：24-29.

［8］许晖，许守任，王睿智 . 网络嵌入、组织学习与资源承诺的协同演进：基于 3 家外贸企业转型的案例研究 . 管理世界，2013（10）：142-155.

［9］张宇翔，赵国堂 . 全产业链模式下国际高铁项目联盟绩效影响研究 . 宏观经济研究，2020（8）：156-165.

［10］Asmussen C G. Local, regional, or global? quantifying MNE geographic scope. Journal of International Business Studies, 2009, 40(7): 1192-1205.

［11］Asmussen C G, Pedersen T, Dhanaraj C. Host-country environment and subsidiary competence: extending the diamond network model. Journal of International Business Studies, 2009, 40(1): 42-57.

［12］Kwaku A G, Anthony K. An empirical investigation of the effect of market orientation and entrepreneurship orientation alignment on product innovation. Organization Science, 2001, 12(1): 54-74.

［13］Bartunek J M, Rynes S L, Ireland R D What makes

management research interesting, and why does it matter?.The Academy of Management Journal, 2006, 49(1): 9–15.

［14］Benbasat I, Goldstein D K, Mead M. The case research strategy in studies of information systems. MIS Quarterly, 1987, 11(3): 369–386.

［15］Buckley P J, Casson M C. The future of the multinational enterprise. London: Palgrave Macmillan, 1976.

［16］Buckley P J, Casson M. Models of the multinational enterprise. Journal of International Business Studies, 1998, 29(1): 21–44.

［17］Buckley P J, Hashai N. Formalizing internationalization in the eclectic paradigm. Journal of International Business Studies, 2009, 40(1)：58–70.

［18］Chen W R. Determinants of firms’ backward-and forward-looking R&D search behavior. Organization Science, 2008, 19(4): 609–622.

［19］Dunning J H. Trade, location of economic activity and the MNE: a search for an eclectic approach. London: Palgrave Macmillan, 1977: 395–418.

［20］Eisenhardt K M. Building theories from case study research. Academy of Management Review, 1989, 14: 532–550.

［21］Evangelista R, Vezzani A. The economic impact of

technological and organizational innovations: a firm-level analysis. Research Policy, 2010, 39(10): 1253-1263.

［22］Ford J D, Ford L W, D'Amelio A. Resistance to change: the rest of the story. The Academy of Management Review, 2008, 33(2): 362-377.

［23］Gächter S, von Krogh G, Haefliger S. Initiating private-collective innovation: the fragility of knowledge sharing. Research Policy, 2010, 39(7): 893-906.

［24］Hennart J. A theory of multinational enterprise. Ann Arbor: The University of Michigan Press, 1982.

［25］Hennart J F. A transaction cost theory of equity joint ventures. Strategic Management Journal, 1988, 9(4): 361-374.

［26］Hennart J F. Down with MNE-centric theories! market entry and expansion as the bundling of MNE and local assets. Journal of International Business Studies, 2009, 40(9): 1432-1454.

［27］Johanson J, Vahlne J E. The internationalization process of the firm: a model of knowledge development and increasing foreign market commitments. Journal of International Business Studies, 1977, 8(1): 23-32.

［28］Mansfield E D, Pevehouse J C. Trade blocs, trade flows, and international conflict. International Organization, 2003, 54(4):

775-808.

[29] March J G. Exploration and exploitation in organizational learning. Organization Science, 1991, 2(1): 71-87.

[30] Narayanan V K, Yang Y, Zahra S A. Corporate venturing and value creation: a review and proposed framework. Research Policy, 2009, 38(1): 58-76.

[31] Narula R, Asmussen C G, Chi T, et al. Applying and advancing internalization theory: the multinational enterprise in the twenty-first century. Journal of International Business Studies, 2019, 50(8): 1231-1252.

[32] Rugman A M. Inside the multinationals: the economics of internal markets. New York: Columbia University Press, 1981.

[33] Sher P J, Lee V C. Information technology as a facilitator for enhancing dynamic capabilities through knowledge management. Information & Management, 2004, 41(8): 933-945.

[34] Surdu I, Greve H R, Benito G R G. Back to basics: behavioral theory and internationalization. Journal of International Business Studies, 2021, 52(6): 1047-1068.

[35] Volkoff O, Strong D M, Elmes M B. Technological embeddedness and organizational change. Organization Science, 2007, (5): 832-848.

[36] Williamson O E. Markets and hierarchies: analysis and antitrust implications: a study in the economics of internal organization. New York: Free Press, 1975.

[37] Zollo M, Winter S G. Deliberate learning and the evolution of dynamic capabilities. Organization Science, 2002, 13(3): 339-351.

第二章

域自适应学习：企业获取“一带一路”投资优势的机制分析

——基于中国中车合并的案例分析

摘要：本章以中国南车与中国北车合并为中国中车作为案例研究对象，将机器学习领域的域自适应学习理论运用到跨国投资领域，研究母国企业合并帮助企业在“一带一路”沿线国家投资获得比较优势的途径机制。研究发现，首先，域自适应学习的理论分析框架能够迁移至跨国投资并购分析领域，有效地解决训练样本和测试样本概率分布不一致的学习问题，同时也为中国企业合并“出海”赢得相对优势提供理论基础；其次，企业合并是构建源域的重要方法，搭建资源丰富、场景多样的源域是域自适应学习的重要基础；最后，充分分析“一带一路”沿线国家作为目标域的情况，是域自适应学习的重要步骤。本章的研究结论不仅能够为跨国投资提供新的理论分析视角，还能为中国企业进行“一带一路”投资提供解决思路与实践方法。

关键词：“一带一路”、企业合并、域自适应学习、源域、目标域

一、引言

习近平主席于2013年提出“一带一路”倡议，团结周边各个国家，借助已有合作平台，积极发展与沿线国家的经济合作伙伴关系，共同打造政治互信、经济融合、文化包容的利益共同体、命运共同体和责任共同体。“一带一路”建设秉承共商共建共享原则，首先要遵守联合国宪章的原则和各个国家的法律，其次要遵循市场固有的规律，最后各个国家都要坚持和谐宽容、互相尊重、求同存异。“一带一路”倡议不是只有“一带一路”沿线国家才可以参与，各国、各地、各组织均可参与其中，最终达到共赢的局面。随着“一带一路”合作范围的扩大，参与国家的增多，国与国之间的交往需求也在不断增加。跨国合作不仅为参与双方

带来了实在的利益，也促进了全球一体化进程的发展，为世界贡献了和谐共处、互助双赢的精神和力量。

在新时代，“加快建设世界一流企业”是党的二十大对国有企业改革发展提出的新目标。大型企业的国际化水平、市场化程度和竞争能力代表一个国家的全球经济竞争力。截至 2021 年底，中国 2.86 万家境内投资者在国（境）外设立对外直接投资企业 4.6 万家，在“一带一路”沿线国家设立逾 1.1 万家境外企业，中国的投资已遍布全球 190 个国家（地区）。2021 年末，在对外非金融类直接投资的 24 848 亿美元存量中，国有企业占 51.6%[①]。壮大国有资本、做强做优国有企业，需要在“双循环”下持续发力；整合国际国内两种资源、两个市场，不仅要保障国内市场竞争能力，还要推动企业“走出去”，主动参与国际产业分工。

企业合并是中国企业“走出去”并在国际市场竞争中占据有利地位的重要手段。“高铁出海”已经成为当前中国企业走向世界的名片。2014 年 12 月，中国南车股份有限公司（简称“中国南车”）与中国北车股份有限公司（简称“中国北车”）宣布双方以中国南车换股吸收中国北车的方式进行合并，合并后的新公司更名为中国中车股份有限公司（简称“中国中车”）。中国南车与中国北车合并更有利于加快高铁“走出去”的进程。

---

① 中华人民共和国商务部，国家统计局，国家外汇管理局. 2021 年度中国对外直接投资统计公报 . 北京：中国商务出版社，2022.

现有针对高铁“走出去”战略的研究主要集中于对高铁技术赶超经验的研究，以及获得赶超技术的原因分析。首先，贺俊等（2018）研究发现技术赶超的过程是微观主体在特定的激励结构下持续开展高强度技术学习的过程。其次，现有研究从政府和制度的角度分析了高铁实现技术赶超的原因。吕铁和贺俊（2019）研究发现政府构建的技术机会是中国高铁高强度技术学习的直接驱动力。同时，政府同时扮演装备用户和系统集成者的角色，有助于提高中国高铁技术赶超的效率。黄阳华和吕铁（2020）研究发现中国高铁技术赶超经验的关键在于铁路制度的调整促进了微观主体的技术创新，同时，市场需求升级、产品开发平台创新也发挥了基础性甚至是决定性作用。江鸿和吕铁（2019）将政府和企业视为两类能力主体，政企共同演化是产业技术赶超的基础机制。其中，企业能力的变异方向、选择标准与复制概率受到政府能力的影响，政府能力的选择标准与复制难度又受到企业能力的影响。但是，鲜有文献探讨中国企业出海获得“一带一路”投资比较优势的关键机制。

本章借鉴机器学习领域的域自适应学习理论，立足中国中车合并这一组织变革契机，在“一带一路”倡议背景下，进行深入的案例研究。研究发现：（1）将源域样本迁移到目标域当中，是企业域自适应学习的核心思想。这一理论能够有效解决母国与东道国资源、场景禀赋概率分布不一致的问题，提供基于母国与东道国双向动态跨国投资的分析思路，为中国企业合并“出海”赢得相对优势提供理论基础。（2）企业合并是构建源域的重要方法，搭建资源丰富、场景多样的源域是域自适应学习的重要基础。（3）充分分析“一带一路”沿线国家作为目标域的情况分布，是域自适应学习的重要步骤。

本章的理论研究贡献主要体现在以下方面：首先，基于企业视角，分析了组织变革对企业“出海”投资赢得相对优势的具体机制；其次，在借鉴机器学习域自适应学习理论的基础上，拓展了跨国投资领域的相关研究；最后，为海外并购机制、比较优势理论提供了一个较新的视角，为中国企业提高国际竞争力提供了理论支持。

二、文献回顾

（一）企业并购的相关研究

基于新古典经济理论，当企业发展到一定程度时，便会考虑选择自身扩张或者寻求外部发展。而外部发展一般会采用并购的方式。企业通过并购重组，往往会形成规模效应，交易成本也会随之降低，从而创造超额价值。因此，并购已经成为企业发展壮大的重要途径。

1. 企业并购动机

企业并购的动机首先是发挥协同效应。德国物理学家赫尔曼·哈肯（Hermann Haken）在1977年发表了《协同学导论》，系统地阐述了协同理论。在企业管理领域，协同效应不止包括企业内部的协同效应，如企业自身资源配置的优化以及企业收益情况的增加，还有企业生产、销售、回款这一经营循环产生的整体效益；也包括企业外部的协同效应，如企业市场占有率的提高或者企业在国际上竞争地位的提高。Chatterjee（1986）将协同效应分为经营协同效应、管理协同效应和财务协同效应三种。而并购中的协同效应是指两家企业合并之后产生的效益要大于合并之前的效益总和，即产生“1+1>2”的效果。鲍新中等（2014）研究发现企业通过合并后的资源整合可以获得协同效应。

其次是寻求规模经济。亚当·斯密（Adam Smith）在《国富论》中首次提出规模经济的概念，指出适当地扩大生产规模有利于降低产品的平均成本，从而提高利润水平。当两家企业合并重组之后，企业的市场规模和生产规模都会随之扩大，而企业的发展需要投入大量的研发、营销等费用，也需要投入大量的固定资产，所以只有企业规模达到一定的程度，才有能力分摊这些费用，从而降低产品的单位成本，提升成本优势。陈斌（1996）认为企业合并之后产生了规模经济，可以抵抗国外企业带来的冲击。王守军（2000）通过研究认为寻求规模经济是企业产生并购行为的重要动机。

再次是获得市场势力。市场势力理论认为企业可以通过合并同行业竞争对手来减少竞争对手，增加市场占有率（Comanor，1967）。并购后的企业扩大了自身规模，并对其他想进入该市场的企业构筑了进入壁垒，从而减少了竞争对手，进一步巩固了其在市场上的地位。此外，企业合并后扩大的市场势力又进一步优化企业的品牌形象，有利于吸引更多的消费者，从而提高企业的产品销量和利润，保持竞争优势。Meeks（1977）从宏观的角度认为企业并购不仅能够扩大自身规模，还有利于巩固自身在市场上的地位。刘文炳（2011）从国际角度强调并购重组有利于提高企业国际竞争力。苏利平和何鑫（2014）通过研究百度收购 PPS 的案例，认为企业并购不仅能够给企业创造价值，还能稳固行业地位和扩大市场规模。

最后是降低交易费用。罗纳德·科斯（Ronald H. Coase）1937 年在《企业的性质》一文中首次提出了“交易费用”的概念，指出市场和企业的资源可以相互转换和重新配置。企业在经营过程中不仅有来自企业内部的交易费用，更多的是来自企业外部的交易费用。企业在经过并购之后，可以将一部分的外部交易费用内部化，从而减少较高的外部交易费用。企业合并后，合并双方的寻找客户、签订合同、进行交易等一系列经营活动都可以共享，从而消除市场不确定性带来的成本增加，降低交易费用和市场风险。

2. 企业并购的经济后果

企业并购重组后会对双方企业有着正向影响。Parrino and Harris（1999）研究发现并购能显著改善企业的现金流情况，且当双方主营业务相似程度较高时，改善效果会更加明显。李善民和陈玉罡（2002）对沪深两市众多并购案例进行研究，也得出了相似的结论。肇启伟等（2009）研究发现并购对我国企业绩效的提升作用较强。同时，安然（2015）通过研究 2007—2014 年企业并购的案例得出了相同的结论。黄兴孪和沈维涛（2009）从企业并购和政府干预的角度进行研究，他们认为中央政府干预下的企业并购产生的绩效要高于地方政府干预下的企业并购产生的绩效。

尽管企业并购看起来具有许多利处，但也有弊端。例如，郑和平（2011）认为企业在并购过程中，需要进一步扩大业务规模、进行战略转型等，可能会面临财务风险。颜士梅和王重鸣（2006）指出在企业并购中，控制人力资源整合风险是关键问题。李友田等（2013）发现，能源型企业在进行海外投资时，除了面对经济风险，还面临东道国政府干涉风险、战争风险、法律变动风险、蚕食式征收风险、媒体舆论风险、地缘政治风险、文化差异风险等非经济风险。

（二）跨国投资相关研究

1. 企业进入海外市场的动机

从企业自身角度来考虑，最大区位论认为利润最大的地点就是最佳区位选择。因而企业在寻求海外扩张时首先应保证自己能获得一定的利润，再去寻求其他方面。Makino 等（2002）研究发现跨国投资可以帮助企业获得目标市场的优势资源，处于非发达国家的企业对发达国家的企业进行投资是为了寻求战略资产和优势资源。Dunning（1977）在《贸易、经济活动的区位与跨国企业：折衷理论的探索》一文中提出折衷理论，从不同的角度来解释跨国公司海外投资的原因。Dunning（1977）认为企业在选择跨国投资的方式时应该考虑三种优势：第一是所有权优势，指企业自身拥有的其他竞争对手所没有的资产的使用权；第二是内部化优势，指的是企业能充分运用其所有的资产而带来的优势；第三是区位优势，指企业在选择投资区域时具有的优势。在这三种优势中，内部化优势是核心。所以，企业在进行跨国投资时，一定要充分利用自身优势，不仅要重视企业自身拥有的资源，也要结合国内外相关政策、所处行业的基本情况等，综合来考虑如何进行海外投资。Malhotra 等（2003）通过研究，将 Dunning（1977）的理论更加深化，发现若企业只拥有所有权优势，则采用出口贸易方式进入海外市场；若企业同时拥有所有权优势和内部化优势，则采用合同模式进入海外市场；若企业同时拥有这三种优势，则采用投资模式进入海外市场。Hennart（1991）研究发现企业进入新国家的市场时，由于缺乏在当地经营的经验，在进入自然资源行业或高成长性的行业时，更倾向于选择合资。

Aulakh 和 Kotabe（1997）以及 Madhok（1998）则提出了组织能力理论，聚焦于企业自身拥有的资源，为企业的海外投资模式的选择提供了新思路。该理论包括企业资源理论、核心能力理论和动态能力理论。组织能力理论将企业所拥有的资源分为两种：一种是企业自身拥有的资源，另一种是企业的知识技术资源。企业在进入海外市场时，应该考虑如何合理配置、转移和利用母国企业资源，以获得东道国的市场竞争优势。企业若缺少相应资源，在进行跨国投资时可能会选择并购模式，以便于以最少的时间和精力拥有此项资源；企业若在各个方面都拥有着绝对的资源优势，则会选择新建投资模式，不仅因为新建投资有利于企业自身资源和技术的专业性，也因为并购往往会由于管理或文化方面的冲突而导致失败。

从宏观角度来看，企业在进入海外市场时要充分考虑自身是否具有竞争优势。Porter（1990）指出国家的竞争优势取决于四种本国因素，即生产要素（一个国家所拥有的基本要素，如自然资源、基础建设等）、需求状况（本国市场上对该产品的需求量）、相关及支持产业（相关企业的发展情况）、公司的战略和竞争（公司自身的发展状况），还有两种外部力量，即随机事件（一些不可抗力，如地震、海啸等）、政府情况（政府的相关政策和对企业的相关扶持政策）。这个理论全面分析了一国在国际贸易中想要获得竞争优势所需要拥有的全部因素。该理论同样适用于企业。企业若想在市场上获得竞争优势，则需要充分利用已有的各种资源，如技术、资金、服务等，也要充分了解外部情况，如市场需求、国家政策等。吕铁和贺俊（2019）研究发现政府提供的技术机会是中国高铁高强度技术学习的直接驱动力，政府同时扮演装备用户和系统集成者的角色，有助于提高中国高铁技术赶超的效率。曾萍和杨超然（2021）引入战略三角范式，从资源、产业和制度三个方面来分析企业进入海外市场时是选择跨国并购还是绿地新建。

2. 海外投资的主要模式

传统市场进入模式包括对外直接投资、贸易式进入、契约式进入三大类（Root，1994）。Pan 和 Tse（2000）将企业进入海外市场的模式按控制情况划分为股权方式和非股权方式。贺正楚和刘亚茹（2019）通过研究世界上各家先进轨道交通装备制造企业的合并现象，再结合中国企业的实际情况，认为中国轨道交通装备制造企业应进一步重视跨国投资中的本土化，如采取建立生产基地、设立子公司、培训当地员工等方式。但现有研究较少关注企业并购对跨国投资获得比较优势的具体作用机制，缺少一般化的理论分析。

3. 本土化战略

国际化经营过程中的本土化问题，是国际贸易研究的重要问题（汪旭晖和李飞，2006）。当母国与东道国的差异较大时，跨国公司的投资风险和成本较高，因此，有必要实施本土化战略。本土化战略是指为了适应东道国的政治、经济、文化、宗教等环境，跨国公司的海外分部在生产经营过程中，在人力资源、投融资筹划、运营资金安排、供应链、技术研究等方面淡化跨国公司的母国色彩，使之成为地道的当地公司（张慧智，2005）。Luo（2001）发现，东道国环境不确定性越高，跨国公司越会采取本土化战略；同时，东道国市场竞争越激烈，跨国公司越倾向于实施本土化战略；并且跨国公司的子公司与东道国社会网络成员关系越紧密，其采用本土化战略的可能性越高。在跨国公司海外投资过程中，尤其是中国跨国公司在“一带一路”海外投资的过程中，在本土化战略的基础上，母国还会将自身的资源、经验输送至东道国。然而，目前鲜有理论对以上海外投资策略进行归纳分析。

三、案例研究设计与案例介绍

（一）案例研究设计

本章选择中国中车进行分析，以企业合并改革和中国企业

“走出去”获得比较优势的理论为基础，深度分析研究国企合并对企业国际竞争优势的影响机制。在此基础上，构建基于域自适应学习的理论框架，为中国企业在跨国投资中获得竞争优势的机制途径提供理论支持。

（二）案例介绍

1. 合并前：中国南车与中国北车简介

中国南车于 2007 年 12 月经国务院国有资产监督管理委员会批准进行股份制改革，正式注册成立。2008 年中国南车在沪港上市。它的主要经营范围包括铁路机车、货车、客车、城轨地铁车辆、动车组及重要零部件的研发、制造、销售、修理和租赁，以及轨道交通装备专有技术延伸产业等业务。2014 年，中国南车的营业收入达 1 197.24 亿元人民币，比 2013 年增加了 20 多个百分点。中国南车关注海外市场，2014 年海外收入达 103.45 亿元人民币，比 2013 年增长近 60%。其中，出口到南非的机车订单合同金额创造了我国电力机车整机出口的新纪录，达到 20 多亿美元。

中国北车于 2008 年正式成立，于 2009 年和 2014 年先后在沪港上市。2014 年，中国北车营业收入达 1 042.9 亿元人民币，比 2013 年增加了近 10%。中国北车重点关注中国市场，国内收入占其总收入的近 95%，国际收入占比仅约 5%。

2. 合并进程：中国南车与中国北车合并为中国中车

（1）合并动机。

在中国提出“一带一路”倡议以及优化产业布局、发展高端装备制造业的产业政策背景下，中国南车和中国北车结合自身发展需要，经平等协商做出合并的重大战略选择。

中国南车技术国产化比例较高，CRH280A 型的子系统与零部件均拥有自主知识产权。相比于中国南车，中国北车的 CRH380B 尚未完全实现国产化。“高铁出海”进程中，中国南车凭借技术实力、高铁出口资质，拥有更大的市场份额。因此，采取中国南车吸收合并中国北车的方式进行合并有助于高铁技术发展。同时，由于中国南车与中国北车两家高铁企业产品结构类似，在海外竞价过程中容易互相压价，产生不良后果。在 2011 年竞标土耳其机车项目时，由于中国南车与中国北车互相竞价、压低价格，致使“鹬蚌相争，渔翁得利”，一家韩国企业竞标成功。在 2012 年阿根廷政府向全球招标城轨项目时，中国南车与中国北车更是为了打开南美市场开始竞价。第一轮，中国北车以一辆列车 230 万美元的较低价格竞标，竞标成功的可能性本已较大，不料中国南车竟以接近中国北车报价一半的价格——每辆列车 127 万美元进行竞标。阿根廷方认为我国竞价不合理，暂时中止了与我国签订的订单合同，要求双方进行新一轮的报价。最终中国南车以每辆列车 121 万美元的价格成功竞标，做了个赔本的买卖。同样，在 2014 年美国波士顿地铁的竞标中，虽然中国北车获得了最终的合作机会，拿下了高达 5.76 亿美元的合同，但其报价仅为加拿大庞巴迪公司的一半左右，丧失了大量利润空间[①]。因此，中国南车与中国北车合并有助于提高中国轨道装备制造业“走出去”的效率[②]。

（2）合并进程。

中国南车在 A 股的参考价格为每股 5.63 元人民币，H 股的参考价格为每股 7.32 港元；中国北车在 A 股的参考价格为每股 5.92 元人民币，H 股的参考价格为每股 7.32 港元。再按照历史股价和历史业绩表现等数据综合决定换股比率，最终确定的换股比率为 1∶1.1（A 股和 H 股相同），即 1 股中国北车的股票可置换为 1.1 股中国南车的股票。最终中国南车的换股价格与原市场参考价格一致，即其在 A 股的换股价格为每股 5.63 元人民币，在 H 股的换股价格为每股 7.32 港元；中国北车的换股价格则为原市场参考价格乘上换股比率，即其在 A 股的换股价格为每股 6.19 元人民币，在 H 股的换股价格为每股 8.05 港元。同时，为保护这两家公司原有股东应有的权利，股东可选择是否持有合并后新公司的股票。若不持有则可以出售股权获得相应的现金对价。最终吸收合并完成后，保留中国南车原有的股票代码，中国北车退市，合并后的

① 张璐晶．院士称南北车早该合并：搞恶性竞争致海外买家怀疑中国技术．（2014-11-04）. http://politics.people.com.cn/n/2014/1104/c1001-25968923.html.

② 王璟．为何是南车合并北车：南车拥有话语权．（2014-12-31）. http://caijing.chinadaily.com.cn/2014-12/31/content_19210103.htm.

公司更名为“中国中车”。具体合并时间进程如图 2-1 所示。

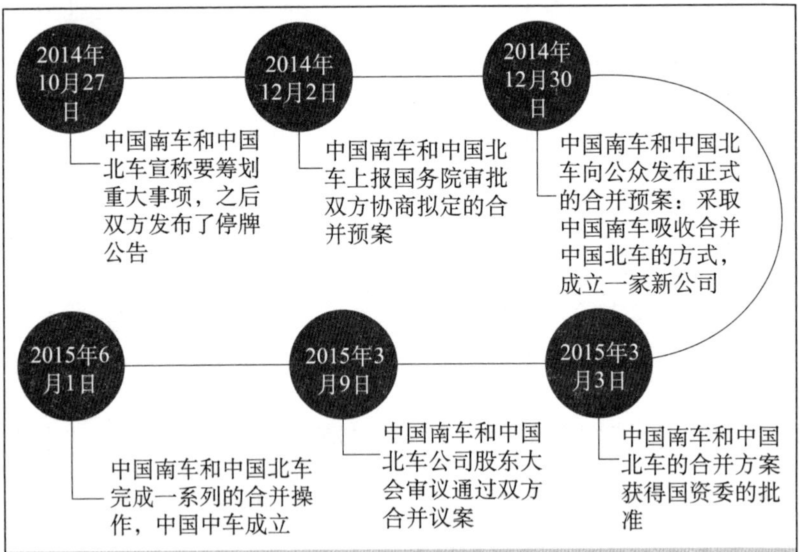

图 2-1　中国南车与中国北车的合并进程

资料来源：由中国中车公开新闻和公告整理而成。

中国中车继承了中国南车和中国北车的所有业务和资源，成为世界上规模最大、技术最先进和产品品种最全的轨道交通装备制造商，是全球铁路行业当之无愧的翘楚。合并后的中国中车在 2015 年的营业收入达到了 2 419.13 亿元人民币，净利润达到了 146.98 亿元人民币，远远高于合并前中国南车和中国北车相加的总和。中国南车和中国北车的合并，重要意义在于形成技术、管理、资源及市场等多方面的合力，助推中国的高铁技术和高端装备产业走向世界，打造中国品牌，为世界市场提供绿色、便捷、舒适的交通产品和技术解决方案。

四、案例讨论

（一）构建源域——母国资源场景分析

企业合并是构建源域的重要方法，搭建资源、场景丰富的源域是域自适应学习的重要基础。

1. 构建资源丰富的源域

（1）财务资源。

合并后中国中车的固定资产投入不断增加，而固定资产的投入可以使企业提升生产效率，形成规模效应，使投入和产能比达到最优。中国南车和中国北车在全国范围内已经有了许多厂房和子公司，合并后的中国中车可使用原有固定资产，节约生产成本，提升生产效率。表 2-1 显示了充足的固定资产投资为源域提供了坚实基础。

表 2-1　中国中车合并前后（2011—2019 年）非流动资产情况

单位：亿元

年份	固定资产	无形资产	在建工程
2011	332.38	128.47	99.46
2012	397.54	135.26	82.75
2013	447.44	148.42	88.50
2014	502.60	157.73	84.32
2015	534.97	180.13	85.77

续表

年份	固定资产	无形资产	在建工程
2016	569.41	175.54	93.28
2017	572.36	177.83	86.43
2018	573.91	166.50	80.98
2019	590.91	160.14	72.44

资料来源：根据中国南车、中国北车和中国中车年报整理而成。

在合并之后，双方生产设备共用，增加了产品产量，还可以将双方的客户资源共享，拓宽了销售渠道，有利于中国中车获得更多的订单和投资项目。

由图 2-2 可知，在合并后中国中车对上游供应商的应付账款增加，预付账款金额与合并前相差不大，占比更小。说明合并后的中国中车对上游供应商的控制力较强。

由图 2-3 可知，在合并后中国中车应收账款和应收票据的金额都在逐年下降。在营业收入逐年提高的同时，中国中车的应收账款、应收票据和预收账款三者之和却在逐年下降，这说明中国中车主营业务收入中的现金回收情况较好，也反映了中国中车对下游客户的议价能力增强。

合并后的中国中车的上下游供应链互补，供应商选择范围更广，能够择优挑选合作方，降低采购成本；公司规模增大，对上游供应商和下游消费者的议价能力更强，业务收入增加；此外，中国中车合并后可以整合销售过程与售后服务，防止销售费用的重复投入，产生了经营协同效应。

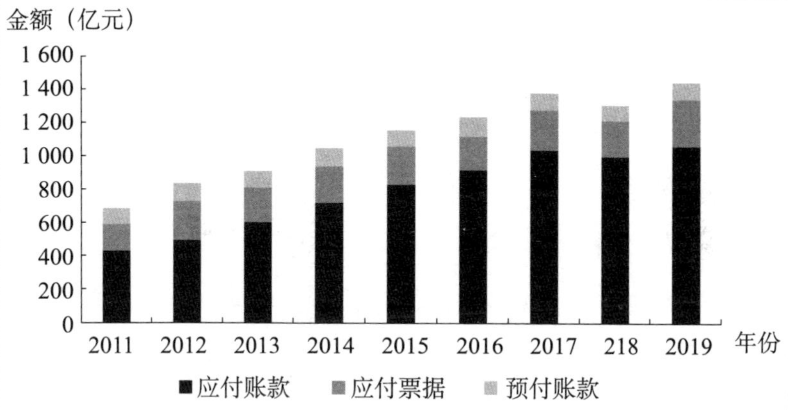

图 2-2 中国中车合并前后（2011—2019 年）应付账款、应付票据和预付账款变化情况

资料来源：根据中国南车、中国北车和中国中车年报整理而成.

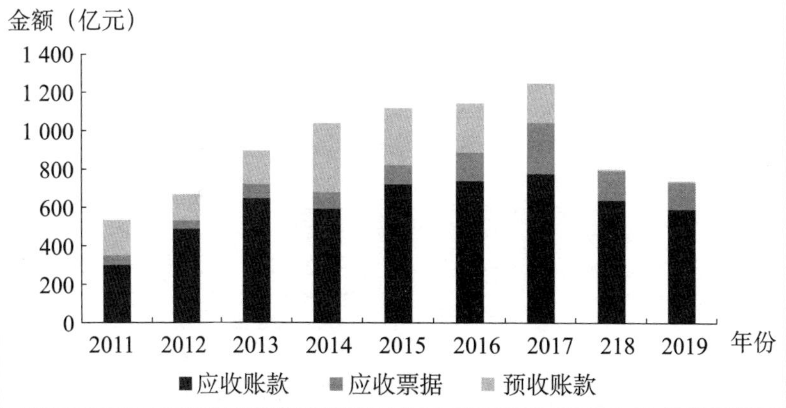

图 2-3 中国中车合并前后（2011—2019 年）应收账款、应收票据和预收账款变化情况

资料来源：根据中国南车、中国北车和中国中车年报整理而成。

（2）技术资源。

企业的 R&D 强度反映了企业对科技创新的支持程度。从图 2-4 可以看出，合并前，中国南车的 R&D 强度要高于中国北车，合并后中国中车的 R&D 强度要高于合并前两者之和。这说明合并后高效率的企业有带动低效率企业的能力，体现出企业合并带来的利处。科技发展关系着企业长久的发展和企业的国际竞争地位，上述变化也反映了合并后中国中车对研发投入的重视，有利于中国中车长远发展。

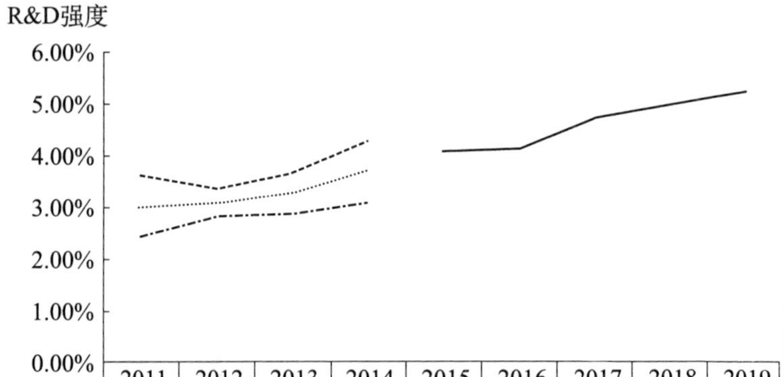

	2011	2012	2013	2014	2015	2016	2017	2018	2019
--- 南车	3.63%	3.36%	3.68%	4.28%					
-·-北车	2.44%	2.81%	2.87%	3.06%					
······ 南车+北车	3.04%	3.09%	3.28%	3.67%					
— 中车					4.08%	4.12%	4.73%	4.97%	5.25%

-------- 南车　-·-·-·- 北车　·········· 南车+北车　—— 中车

图 2-4　中国中车合并前后（2011—2019 年）的 R&D 强度

资料来源：中国南车、中国北车和中国中车年报 .

中国南车和中国北车合并之前，两者都是国家第二批创新型试点企业。根据国家知识产权局发布的数据显示，2013 年全国央企的专利统计数量中，中国南车共申请专利 2 527 项，授权专利为 1 748 项；中国北车申请专利 1 135 项。在中国南车和中国北车合并之后，中国中车的研发投入和研发强度都有所增加，在科技研发领域再创佳绩。2017 年，中国中车已经建成 11 家国家级研发机构、20 家国家级企业技术中心、13 家海外研发中心，具有完全自主知识产权，达到世界先进水平的电力机车组“复兴号”也投入了运营。在 2019 年第二十一届中国专利奖获奖名单中，中国中车获得了 2 项金奖、1 项银奖和 7 项优秀奖，在众多央企中名列金奖数量第一。所以，中国南车与中国北车合并之后在产品的研发创新上投入更多，也更加积极地参与国际竞争项目，不断加快科技创新步伐，提升合并后企业的研发效率。研发能力的提高，让中国中车更有能力适应国外不同国家的产品标准，从单纯出口符合中国标准的产品，到现在可以依据不同国家的自然环境和技术标准因地制宜地研发和生产产品，在当地拥有自己控制的企业。

2. 构建多维度场景的源域

（1）沙漠场景。

塔克拉玛干沙漠位于新疆塔里木盆地中心，是世界第二大流动性沙漠，也是我国最大的沙漠。2021 年 11 月 17 日，环塔克拉玛干沙漠铁路完成最后的铺轨作业，世界首条环沙漠铁路线正式闭合。中车戚墅堰所研制的 YHG-1200Q 型非自行式钢轨闪光焊轨车承担了这条铁路线的焊轨任务，助力实现了全线钢轨无缝链接，形成了“千里一根轨”。[①]

2022 年 7 月 8 日，中车株洲电力机车研究所有限公司（简称“中车株洲所”）面向沙戈荒应用环境的 5MWD195 大叶片沙漠风机，在宁夏中卫风电整机制造基地成功下线。中车株洲所在高海拔、低风速、高风切变等风电细分市场取得了喜人的成绩，拥有丰富的沙戈荒风电机组设计方法及运维经验。5MWD195 大叶片沙戈荒风电机组的叶片前缘涂层有高强抗沙蚀防护，机舱使用抗风沙高密封设计，电气元件及机械部零件设计能够满足高低宽温落差，能够优秀地适应沙戈荒恶劣环境。该风电机组配置超大机群协同控制平台和沙尘暴预警系统，在加大捕风效率的同时，能够精准协同控制机组集群，兼得保障机组安全与提高发电量[②]。

（2）极温场景。

2012 年，中国哈大高铁投入 40 列 CRH380B 型高寒动车组，成为当时国际第一组能够在 −40～40℃极温地区运营的高速动车。

2015 年，中国中车青岛四方机车车辆股份有限公司自主研制的 CRH2G 型高寒动车组经过近 3 年的研制、试验和线路考核后，正式获得国家铁路局颁发的“型号合格证”和“制造许可证”。此

① 中车戚墅堰所助力世界首条沙漠环线铁路闭合 .（2021-11-17）. https://www.crrcgc.cc/sj/g16998/s30989/t326846.aspx.

② 高晓燕 . 中车株洲所 5MWD195 大叶片沙漠风机成功下线 .（2022-07-15）. https://www.zznews.gov.cn/news/2022/0715/396222.shtml.

型号列车攻克了耐高寒、耐高温、适应高海拔、抗风沙、防紫外线老化五大技术难题，能够适应极端气温下的运营环境。“抗风沙”设计是CRH2G型动车的重要技术亮点，与普通动车组相比，它能够在11级大风下平稳顺畅运行，运行的平稳性是普通动车组的两倍。此外，高海拔地区雷电频发、高原地区紫外线辐射强，影响动车组行车安全，CRH2G型动车加装了新型防雷装置，车窗也做了辐射防护，使动车组的绝缘、防雷击和防紫外线辐射能力大大增强，在安全和人性化设计方面下足了功夫[①]。

（二）目标域分析——东道国资源场景分析

充分分析东道国的“一带一路”沿线国家作为目标域的情况，是域自适应学习的重要基础。

1. 资源需求分析

中国轨道交通行业在全球范围得到蓬勃发展，并且随着中国中车自身技术、海外经验的不断积累、创新和发展，中国中车海外业务总体布局已基本形成。通过海外投资，中国中车在美国、德国、英国、澳大利亚、马来西亚、土耳其、南非、印度等国家，通过投资并购企业、组建研发中心、建设制造基地等方式，形成了覆盖全产业链的轨道交通服务体系，持续带动东道国产业发展

---

① 赵晶晶 .“高寒动车”新成员加入科技铁路战队 .（2015-11-12）. http://opinion.people.com.cn/n/2015/1112/c1003-27807653.html.

和就业。与此同时，部分“一带一路”沿线国家缺少相应的原材料、技术、人才、后续维护资源，成为高铁建设的痛点。

2. 场景需求分析

部分“一带一路”沿线国家位于高温、扬沙等极端环境中，而擅长使用通用标准的日本、德国、法国、美国缺少极端环境高铁建设的案例。这导致“一带一路”沿线国家的高铁建设需求难以得到满足。

（三）域自适应学习

将源域样本迁移到目标域当中，是域自适应学习的核心思想。样本自学习是域自适应学习的重要方法，首先将源域中的样本重复采样，使其分布趋近于目标域分布。其次，从源域中找出与目标域最相似的样本，让它们带着高权重加入目标域的数据学习过程中（刘建伟等，2014）。通过学习能够为中国企业合并“出海”赢得相对优势提供理论基础。其中，将域自适应学习理论迁移到跨国投资领域后，资源自适应和场景自适应是两种重要方法。

1. 资源自适应——“五本模式”

在更好地融入“一带一路”沿线国家（或地区）的经济发展，适应部分“一带一路”沿线国家缺少相应的原材料、技术、人才、后续维护资源的现状的过程中，中国中车本土化战略实施效果显著。截至 2021 年，中国中车已在美国、澳大利亚、南非、马来西亚、印度、土耳其等国家建立了先进的本土化制造基地。这些基地通过实行“本土化制造”“本土化采购”“本土化用工”“本土化维保”“本土化管理”的“五本模式”，完善轨道交通产业链，为当地创造就业和税收，造福当地民众。

本土化战略具有国家间的异质性。比如，中国中车在印度推行本土化，侧重于依靠文化融入来拉近与当地民众的心理距离；在马来西亚则从专业能力出发，注重人才的培养与产业链的构建，帮助马来西亚解决供给不足的问题；在南非，技术领域交流为主要本土化措施，同时进行产能合作。本土化战略还具有单向性，即母国企业为了适应东道国环境、降低投资风险，进行当地化策略。

2. 场景自适应——多场景比较优势

（1）扬沙场景。

由于中国幅员辽阔，丰富的西北动车建设经验为中国中车海外市场开拓提供了丰富的场景自适应源域，在此基础上的成功经验形成了竞标比较优势，中国中车在海外新场景中，不断学习适应海外客户需求，完成域自适应学习。因此，域自适应学习在本土化战略基础上的场景迁移，与在跨国投资中获得竞争优势，具有双向性。

2022 年 7 月 3 日，中国企业承建的埃及斋月十日城铁路通车试运行，这是埃及第一条电气化铁路，是连接开罗市区与新行政首都——斋月十日城和东部沿线卫星城的重要纽带，全长约 70 千米。该项目位于埃及首都开罗，是中埃“一带一路”合作的重要标志项目之一。中国中车青岛四方机车车辆股份公司研制的电动车从开罗市驶出，标志着“高铁出海”驶入埃及，该动车的通行，将显著提高埃及首都与各新城之间的链接能力。

斋月十日城铁路全线位于热带沙漠地区，因此，中国中车在设计时充分考虑当地扬沙环境，采取了定制设计，使得动车能够在当地多沙尘、强光照、高温的恶劣沙漠环境中平稳运行。具体来说，斋月十日城电动车组提高了车辆密封等级，采用耐风沙设计，开发主动除沙装置，防止沙尘侵入，保持车内空气清洁。以上设计，中国中车借鉴了其在国内扬沙场景的经验，使得列车在海外极端高温、强紫外线、强沙尘环境中，也能够兼顾安全运行与乘客乘坐的舒适度。

（2）极温场景。

2022 年 7 月 10 日，借助“一带一路”倡议的东风，在卡塔尔首都多哈，中车株洲所研制的国际首创新型城市智能轨道快运系统（简称“智轨”）第一次走向国际，接受极热环境测试。

处于波斯湾临海沙漠地区的卡塔尔，属于热带沙漠气候，7—9 月最高气温达到 60℃，平均气温 45℃，气候炎热潮湿。卡塔尔 7 月份的地表温度能够飙升至 70℃，能在几分钟内煎熟一个生鸡蛋，这对轨道车辆建设与运营来说是一个极大的挑战。经过严谨的技术分析，中车研发团队出具了一套应对高温的解决方案，包括加大空气压缩机的散热功率、更新储能系统的热管理系统、使用耐高温轮胎、增添无轨导向装置散热系统及采用高温液压油、增加车顶防护罩等。

为了服务卡塔尔“2030年国家愿景”的城市快速交通战略，满足2022年多哈世界杯的交通出行需求，卡塔尔交通运输部在全球范围内进行招标，最终选择与中国中车合作，通过引进智轨，提升卡塔尔国家交通运输的出行质量与效率。

“高温天气对于智轨的电池散热、车载电子设备、轮胎以及空调系统等设备的性能都是极大的考验。”中车株洲所城市发展事业部总经理彭忠红介绍，他们有信心有实力挑战极端环境，“为确保试车成功，针对卡塔尔的高温天气，我们对智轨车辆进行了针对性的研发和改造。希望充分展示我们的能力，展示中车智轨高铁般的性能和质量”。①

五、理论启示

域自适应学习理论是机器学习研究范畴的细分领域。它能够

① 刘着之，姜杨敏，陈雅丽．中车智轨首次“出海”试跑 挑战中东极热环境．（2019-07-15）．https://www.chinanews.com.cn/cj/2019/07-15/8894880.shtml.

有效地解决训练样本和测试样本概率分布不一致的学习问题。一般意义上的域自适应学习是根据源域的已标识样例及目标域的先验知识对目标域模型进行学习（刘建伟等，2014）。

在跨国投资领域，同样存在母国与东道国的资源、场景的概率分布不一致的问题。因此，将域自适应学习理论的分析方法迁移到跨国投资领域，不仅能够解决母国与东道国资源、场景禀赋概率分布不一致的问题，还有助于为跨国投资提供一般性的理论分析思路。

域自适应学习理论建立在本土化战略之上，但是与本土化战略具有一定区别。第一，在关系上，域自适应学习理论包含本土化战略、协同效应理论等，域自适应学习的表现之一为本土化战略。第二，在企业变革方向方面，本土化战略是母国企业为了适应东道国环境，进行的当地化策略，具有单向性；域自适应学习一方面是适应东道国，另一方面是根据东道国的场景特点，对母国场景进行筛选、迁移、运用的过程，具有双向性。第三，在目标方面，本土化战略的出发点更倾向于降低海外投资的风险与成本，而域自适应学习的目标不仅在于降低海外投资的风险与成本，还在于通过资源、场景迁移，获得比较优势。

域自适应学习理论为跨国投资获得比较优势提供了一个新的理论基础与机制分析视角。在协同效应形成的丰富资源和场景的基础上，域自适应学习通过构建源域、分析目标域，成功解决了源域与目标域情况不一致的问题。图 2-5 是基于域自适应学习理论的企业获取跨国投资竞争优势的分析框架。首先，分析目标域的样本分布；其次，在源域基础上进行重复采样，寻找与目标域相似的样本；最后，训练源域样本以适应目标域。

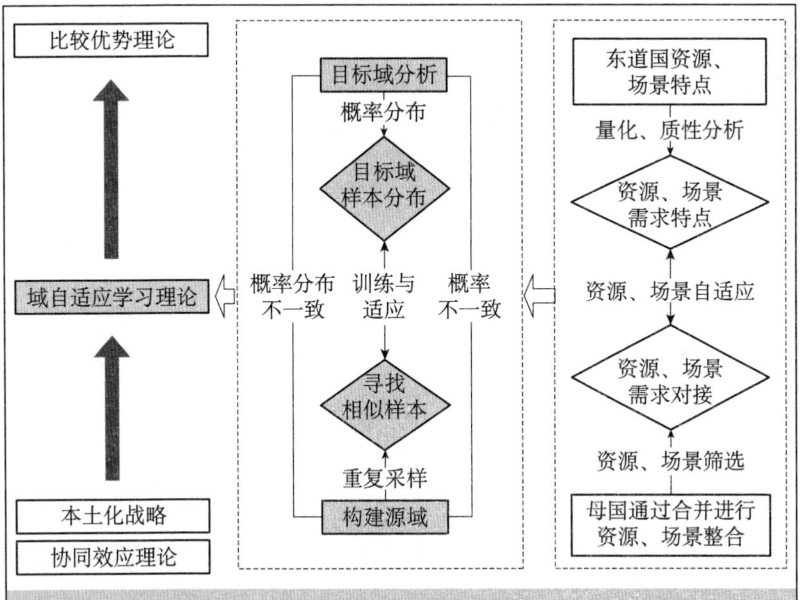

图 2-5 基于域自适应学习理论的企业获取跨国投资竞争优势的分析框架

六、研究结论与启示

本章基于域自适应学习理论，通过对中国南车与中国北车合并为中国中车的案例进行分析，构建了坚实的资源域和丰富的场景域，在充分分析“一带一路”沿线国家目标域的资源和场景需求的基础上，在国际竞争中实现资源自适应与场景自适应的域自适应学习的过程中，揭示了在并购协同效应理论的基础上如何获得国际竞争比较优势的机制途径。我们研究发现，第一，域自适应学习的理论分析框架能够迁移至跨国投资并购分析领域。从源域中找出与目标域最相似的样本，让它们带着高权重加入目标域的学习过程中。这一学习过程能够有效地解决训练样本和测试样本概率分布不一致的学习问题，同时也为中国企业合并“出海”赢得相对优势提供了理论基础。第二，企业合并是构建源域的重要方法，搭建资源丰富、场景多样的源域是域自适应学习的重要基础。第三，充分分析“一带一路”沿线国家作为目标域的情况，是域自适应学习的重要步骤。

本章结论有助于为国企并购、中国企业“走出去”提供理论支持。具体来说，首先，跨国投资必然面临母国与东道国资源、场景概率分布不一致的情况，可以通过对源域进行重复采样，寻找相似样本，同时赋予相似样本以更高权重，训练源域样本以适应目标域；其次，构建基于母国丰富资源、多维度场景的源域，能够为企业跨国投资并购提供样本池；最后，对目标域进行资源与场景需求的精准分析，归纳目标域资源与场景的概率分布，有助于确定训练目标，提高跨国投资效率。

参考文献

［1］安然．并购绩效与信息不对称：基于中国上市公司的实证研究．北京工商大学学报（社会科学版），2015，30（6）：86-95.

［2］鲍新中，陶秋燕，盛晓娟．企业并购后整合对创新影响的实证研究：基于资源整合产生协同效应角度的分析．华东经济管理，2014，28（8）：101-106.

［3］陈斌．试论规模经济与企业合并．吉林省经济管理干部学院学报，1996，1（1）：6-9.

［4］贺俊，吕铁，黄阳华，等．技术赶超的激励结构与能力积累：中国高铁经验及其政策启示．管理世界，2018（10）：191-207.

［5］贺正楚，刘亚茹．集群创新网络、核心企业与轨道交通装备制造业的发展．湖南科技大学学报（社会科学版），2019（1）：162-174.

［6］黄兴李，沈维涛．政府干预、内部人控制与上市公司并购绩效．经济管理，2009（6）：70-76.

［7］黄阳华，吕铁．深化体制改革中的产业创新体系演进：

以中国高铁技术赶超为例 . 中国社会科学，2020（5）：65-85.

［8］江鸿，吕铁 . 政企能力共演化与复杂产品系统集成能力提升：中国高速列车产业技术追赶的纵向案例研究 . 管理世界，2019，35（5）：106-125.

［9］李善民，陈玉罡 . 上市公司兼并与收购的财富效应 . 经济研究，2002（11）：27-35.

［10］李友田，李润国，翟玉胜 . 中国能源型企业海外投资的非经济风险问题研究 . 管理世界，2013（5）：1-11.

［11］刘建伟，孙正康，罗雄麟 . 域自适应学习研究进展 . 自动化学报，2014，40（8）：1576-1600.

［12］刘文炳 . 中央企业国际竞争力研究：并购重组的视角 . 北京：中国经济出版社，2011.

［13］吕铁，贺俊 . 政府干预何以有效：对中国高铁技术赶超的调查研究 . 管理世界，2019（9）：152-163.

［14］苏利平，何鑫 . 基于价值创造的横向并购：对百度收购 PPS 的思考 . 科技经济市场，2014（10）：48-49.

［15］王守军 . 企业并购动机的经济学分析 . 山西财经大学学报，2000，14（2）：42-43.

［16］汪旭晖，李飞 . 跨国零售商在华战略及本土零售商的应对 . 中国工业经济，2006，215（2）：21-29.

［17］颜士梅，王重鸣 . 并购式内创业中人力资源整合风险的

控制策略：案例研究．管理世界，2006（6）：119-129.

［18］肇启伟，唐英凯，杨安华．中国上市公司并购长期价值效应分析．四川大学学报（哲学社会科学版），2009（2）：99-102.

［19］张慧智．海外直接投资成果因素分析：以在华韩资制造业企业为中心．管理世界，2005（5）：55-64.

［20］郑和平．企业并购的财务风险及其防控．财会研究，2011（10）：47-49.

［21］曾萍，杨超然．中国企业海外投资为何选择绿地新建．华南理工大学学报（社会科学版），2021，23（1）：35-47.

［22］Aulakh P S, Kotabe M. Antecedents and performance implications of channel integration in foreign markets. Journal of International Business Studies, 1997, 28(1): 145-175.

［23］Chatterjee S. Types of synergy and economic value: the impact of acquisitions on merging and rival firms. Strategic Management Journal, 1986, 7(2): 119-139.

［24］Comanor W S. Market structure, product differentiation, and industrial research. The Quarterly Journal of Economics, 1967, 81(4): 639-657.

［25］Haken H. Synergetics. Berlin: Springer-Verlag, 1977.

［26］Hennart J F. The transaction costs theory of joint ventures:

an empirical study of Japanese subsidiaries in the United States. Management Science, 1991, 37(4): 483-497.

[27] Luo Y. Determinants of local responsiveness: perspectives from foreign subsidiaries in an emerging market. Journal of Management, 2001, 27(4): 451-477.

[28] Madhok A. The nature of multinational firm boundaries: transaction costs, firm capabilities and foreign market entry mode. International Business Review, 1998, 7(3): 259-290.

[29] Makino S, Lau C M, Yeh R S. Asset-exploitation versus asset-seeking: implications for location choice of foreign direct investment from newly industrialized economies. Journal of International Business Studies, 2002, 33(3): 403-421.

[30] Malhotra N K, Agarwal J, Ulgado F M. Internationalization and entry modes: a multitheoretical framework and research propositions. Journal of International Marketing, 2003, 11(4): 1-31.

[31] Meeks G. Disappointing marriage: a study of the gains from merge. NewYork: CUP, 1977.

[32] Pan Y, Tse D K. The hierarchical model of market entry modes. Journal of International Business Studies, 2000, 31(4): 535-554.

[33] Parrino J D, Harris R S. Takeovers, management

replacement, and post-acquisition operating performance: some evidence from the 1980s. Journal of Applied Corporate Finance, 1999, 11(4): 88-96.

[34] Porter M. The competitive advantage of nations. Havard Bussiness Review, 1990, 68(2):73-93.

[36] Root F R. Entry strategies for international markets. New York: Lexington Books, 1994.

第三章
"一带一路"倡议下互联网企业跨国并购中的价值创造机制研究

——基于阿里巴巴并购 Lazada、Daraz、Trendyol 的多案例分析

摘要：本章以阿里巴巴跨国并购三家企业——Lazada、Daraz、Trendyol 为研究对象，分析"一带一路"倡议背景下互联网企业跨国并购中的价值创造机制，并且从资源基础观和商业生态系统的视角进行解释。研究发现，为了促进并购后的协同效应，实现价值创造，互联网企业不仅需要关注并购中新资源的获取，而且要重视新资源与已有资源的结合，从商业生态系统的整体角度进

行资源整合，结合“一带一路”倡议的政策红利，实现整个生态系统的资源匹配和共同发展。本章的研究结论对互联网企业“走出去”，落实全球化战略，实现价值创造具有重要的启示。

关键词：“一带一路”倡议、互联网企业、跨国并购、案例研究

一、引言

我国互联网行业发展迅猛，根据中国信息通信研究院统计，截至 2023 年 3 月底，我国上市互联网企业总市值达 11.1 万亿元人民币，全球上市互联网企业 30 强中有 10 家是中国互联网公司，总市值达 1.2 万亿美元[①]。大量中国互联网企业作为发起者，逐渐形成以平台为中心的生态系统。商业生态系统的核心特点是由价值提供转变为价值创造（Adner and Kapoor，2010）。许多互联网企业借助其平台发展战略，让企业搭建的“生态圈”迅速扩张（陈威如和王节祥，2021），带动了整体的产业升级。近些年，国内互联网巨头之间的竞争日益激烈，国内市场日趋饱和，获客成本逐渐攀升（黄金灿，2019）。在此情况下，许多中国互联网企业开始国际化之路，通过跨国并购寻找新市场。

① 中国信息通信研究院 . 2023 年一季度我国互联网上市企业运行情况 . http://www.caict.ac.cn/kxyj/qwfb/qwsj/202305/P020230529621205022414.pdf.

中国企业在国际化过程中常常面临东道国的制度压力、经验欠缺、资源整合等多重挑战（Parente et al.，2019），面临一定的外来者劣势以及将外来者劣势转化为优势的压力（祝继高等，2021）。但是，互联网企业是否面临不一样的情况？多年来，我国许多互联网头部企业通过内部研究、开发和收购发达国家先进技术服务，其核心商业技术服务在国内获得极大成功，而后通过跨国战略并购实现国际化发展。

我国互联网企业发展处于世界前列，在技术经验和商业发展方面都处于领先地位。在 2019 年《福布斯》杂志发布的“全球数字经济百强企业榜单”中，世界最领先的前 100 家科技公司中有 14 家来自中国，在“2022 年的全球企业 2 000 强榜单”中，通过销售、利润、资产和市值四个维度统计了世界规模最大的 2 000 家公司，其中，阿里巴巴位列第 33 名。同时，我国的数字经济发展位于全球领先水平，创新应用水平处于全球第一梯队。[①] 因此，当我国互联网行业领导者“走出去”时拥有相对优势，并且其并购过程和结果与传统行业企业也有所不同，因此，互联网企业跨国并购问题值得深入分析。

在“一带一路”倡议的推动下，我国企业积极响应国家“走出去”战略，纷纷布局国际化业务，这也为互联网企业跨国并购

① 我国数字经济发展进入快车道 . (2022-01-21). http://www.gov.cn/xinwen/2022-01/21/content_5669809.htm.

带来了新的机遇。2019 年我国对外直接投资流量蝉联全球第二[①]，2020 年面对新冠疫情的冲击，在党中央、国务院的决策部署下，中国对外直接投资实现了平稳健康有序发展，对外直接投资流量规模首次位居全球第一，其中对“一带一路”沿线国家的投资稳步增长。2013—2020 年中国对沿线国家累计直接投资 1 398.5 亿美元，2020 年中国在沿线国家实现直接投资 225.4 亿美元[②]。2022 年前 6 个月中国企业在“一带一路”沿线国家非金融类直接投资达到 100.3 亿美元，主要投向新加坡、印度尼西亚、巴基斯坦、马来西亚、越南、阿拉伯联合酋长国、泰国、柬埔寨、老挝和孟加拉国等国家[③]。现有研究发现，“一带一路”倡议既能促进企业进行海外投资，又能在海外并购中发挥“稳定器”作用（李俊成和李建军，2022），还可以降低中国企业海外并购支付的溢价，提升海外并购完成率，深化双边文化交流，降低并购风险，增加海外经营收入，从而实现协同效应（刘霞等，2021；韦东明等，2021）。在“一带一路”倡议背景下，现有研究将国家制度和资源基础观结合起来，提出了制度和资源基础观相融合的分析角度，发现跨国并购和对外直接投资更适合金融生态环境欠佳的东道国，

① 商务部等部门联合发布《2019 年度中国对外直接投资统计公报》.（2020-09-16）. http://hzs.mofcom.gov.cn/article/date/202009/20200903001523.shtml.

② 商务部、国家统计局和国家外汇管理局联合发布《2020 年度中国对外直接投资统计公报》.（2021-09-29）.http://www.gov.cn/xinwen/2021-09/29/content_5639984.htm.

③ 2022 年 1—6 月我国对“一带一路”沿线国家投资合作情况.（2022-08-01）. http://hzs.mofcom.gov.cn/article/date/202208/20220803337573.shtml.

并购绩效不仅取决于企业的资源禀赋和资源运用能力，而且受到政策的影响（陈立敏和王小瑕，2016；余珮和彭思凯，2021），而这恰好和一些沿线国家的现有金融发展程度以及我国企业积极“走出去”的国情相匹配。因此，互联网企业如何在“一带一路”倡议背景下进行跨国并购，如何充分利用自身的行业龙头地位进行资源整合，实现价值创造，对于驱动我国互联网行业发展具有一定的实践意义。

本章选取的案例研究对象是：阿里巴巴并购 Lazada、Daraz、Trendyol 三家企业。阿里巴巴是我国互联网行业的龙头企业，被收购的三家企业均是海外区域性电子商务公司的典型代表，具备企业在跨国并购中实现价值创造的完整研究要素。因此，剖析阿里巴巴并购这三家企业的案例能够较为全面、立体地展示我国互联网企业通过跨国并购实现价值创造的机制和路径。

通过案例研究发现：（1）通过跨国并购实现价值创造，互联网企业不仅要关注获得的资源，而且要重视资源的重组和互补，调动整个商业生态系统中所有参与者的合作热情。（2）为促进并购过程中整个商业生态系统的繁荣共生，互联网企业应注重各参与者之间的商业价值主张共享、参与者的多边特征和参与者的匹配结构。（3）在互联网企业跨国并购的过程中，“一带一路”倡议既能提供宝贵的资源，又可以促进各资源的整合，对企业的全球化发展具有积极作用。

本章的研究贡献主要体现在以下方面：首先，从商业生态系统的视角研究了互联网企业如何在跨国并购中实现价值创造，强调企业要以整个商业生态系统为出发点，着眼于每个参与者的协作和生态系统的资源整合，丰富了企业跨国并购的相关研究。其次，从资源基础观的角度分析了互联网企业在跨国并购中获取的资源，以及各参与者之间通过资源互补进行合作的过程，拓展了互联网企业国际化发展的研究。最后，“一带一路”倡议为我国互联网企业“走出去”带来了契机，本章从把握政策红利以及政策促进资源整合的角度，解释了企业如何通过“一带一路”倡议完善价值创造机制，对中国互联网企业推进全球化战略有一定的参考价值。

二、文献回顾

（一）基于资源基础观的并购价值创造

资源基础观认为，企业的竞争优势来自异质性资源（Wernerfelt，1984；Peteraf，1993），即有价、稀缺、不可替代和难以复制的资源（Barney，1991），企业通过进行研发以及国际化来获得这些资源（Ahuja and Katila，2004）。资源基础观强调，不同的资源导致不同企业之间绩效的差异，企业的绩效取决于其是否有可利用的优良资源禀赋。

面对非连续的技术变革，当内部资源无法支撑企业的核心竞争力时，企业需要从外部获得资源，如与其他企业建立战略联盟（Lambe and Spekman，1997）。Wernerfelt（1984）指出，并购提供资源获取的途径，收购方往往将搜寻范围限定于满足特定标准的目标上。

基于资源基础观的并购策略着眼于两方面，一是补充已有资源，二是获得与已有资源有效结合的新资源 (Salter and Weinhold, 1980)。王节祥等（2021）明确指出互补性资产的概念与互补性是一体两面，前者强调价值获取，后者强调价值创造。

针对跨国并购，黄嫚丽等（2017）指出，企业跨国并购的经验构成异质性资源，是价值创造的来源之一。基于资源基础观，拥有跨国并购经验的公司不仅易于获得合法性，适应各市场环境，而且还可以发挥经验指导作用，与合作方分享商业网络，提高学习速度，降低交易成本（杜晓君等，2014；黄嫚丽等，2017；吴小节和马美婷，2022）。综合考虑各种因素后，资源基础观认为，企业并购能否取得较好的绩效，取决于能否整合与吸收优良资源（黄速建和令狐谙，2003）。系统性整合能否顺利形成可持续的竞争优势，与禀赋适配性密切相关（林毅夫和张鹏飞，2006），适配性高的资源可以产生“1+1>2”的效果。

（二）商业生态系统的价值创造

商业生态系统概念由 Moore（1996）提出，他认为现代企业竞争应放眼于所有利益相关者组成的动态系统，将竞争从个体企业层面延伸至商业生态系统层面，强调系统中各成员合作的协同效应，实现价值创造。企业是有限资源的集合，通过商业生态系统，企业可以突破有限资源的限制，通过协作来实现彼此的资源（Barney et al，2001）。商业生态系统通过资源聚合与各成员的合作实现更多的价值创造，是重要的异质性资源和竞争力来源。陈威如和王节祥（2021）指出，从生态参与者视角分析生态系统如何创造价值，其本质是考察互补性（Jacobides et al.，2018），互补性资产对于企业创新至关重要（Teece，1996）。

生态系统的核心特点是互补性，生态系统通过对参与者的各项资源进行系统性整合，使得系统内的各企业不是单一地满足用户需求，而是通过平台的网络通道与其他参与者一起为用户提供服务（Adner，2017；Jacobides et al.，2018；王节祥等，2021）。依托商业生态系统的发展，强调商业生态系统中所有参与者共同为价值创造作出贡献，强调系统内参与者之间的匹配，高效的匹配结构可以更好地发挥生态系统中的资源赋能效力（Amit and Han, 2017；蔡文婧等，2022），实现生态系统更高的价值创造。

韩炜和邓渝（2020）指出，从价值视角出发的商业生态系统有三个主要特征，即参与者之间的匹配、参与者的多方特征，以及核心价值观的商业化。首先，参与者之间的匹配是指参与成员彼此就其在系统中的位置和所实施的行动达成共识的程度（Adner，2017），参与者不是隶属于位于生态系统核心的企业，而是有自己的目标，参与者对其位置的满意度对整个系统的绩效至关重要。其次，多边参与者强调每个成员的多边结构及交互关联性，不局限于双边关系的集合。最后，商业生态系统中的每个参与者应接受商业生态系统的价值主张，并为实现价值主张而努力。

三、案例研究设计与案例介绍

（一）案例研究设计

本章选取阿里巴巴并购 Lazada、Daraz、Trendyol 的案例，分析“一带一路”倡议下互联网企业跨国并购中的价值创造。选取阿里巴巴并购 Lazada、Daraz、Trendyol 为研究案例的主要原因是：首先，由于数据限制和企业面临复杂多变的情况，很难用实证的方法系统分析互联网企业跨国并购中价值创造的机制，而案例研究则可以较为准确清晰地探究互联网企业在跨国并购中的具体过程和结果，因此案例研究方法更加可行。其次，多案例研究可以探究互联网企业在不同跨国并购交易中的共同之处和区别之处，便于多角度地分析企业并购行为，形成理论框架。最后，不同于单案例研究，多案例研究有更高的普适性，有利于案例间的比较和结果的推广。

（二）阿里巴巴并购 Lazada

1. 并购方介绍

（1）阿里巴巴业务概况。

阿里巴巴网络技术有限公司（简称“阿里巴巴”）成立于 1999 年，利用电子商务技术服务中小企业。为了实现“让天下没有难做的生意”的使命，阿里巴巴围绕着平台与业务，建立了一个涵盖消费者、商家、品牌、零售商、第三方服务提供商、战略合作伙伴及其他企业的生态体系。截至 2022 年 3 月 31 日，阿里巴巴全球年度活跃消费者达到 13.1 亿，其中，约 10 亿消费者来自中国。如图 3-1 所示，随着业务不断扩展，阿里巴巴已经形成了一个以消费者为中心，众多销售方、服务商、合作伙伴等共同组成的商业生态系统。

（2）阿里巴巴商业生态系统的发展进程。

成立之初，阿里巴巴发展 B2B 平台，包括全球 B2B 平台（现称“阿里巴巴国际站”）和国内 B2B 平台（现称“1688”），一方面促进中国供应商走向海外市场，另一方面服务于国内小企业的

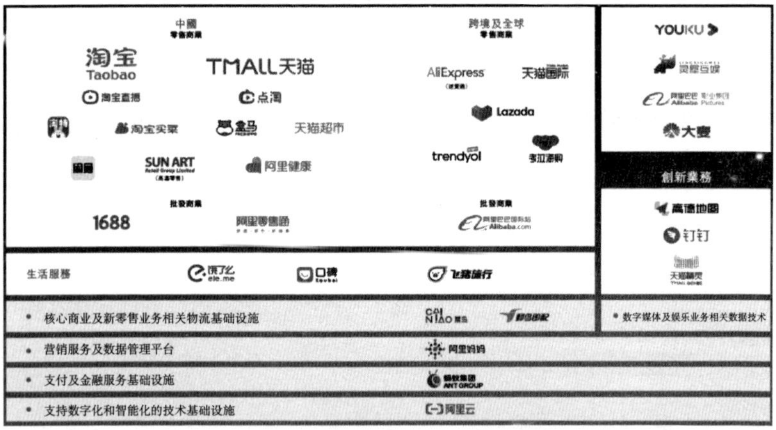

图 3-1　阿里巴巴的商业生态系统

资料来源：阿里巴巴官网及财务报告 .

批发贸易。2000—2005 年，软件银行集团联合雅虎、新加坡政府科技发展基金（TDF）等分别向阿里巴巴进行三轮投资，总计约 11 亿美元。在此期间，阿里巴巴首先推出诚信通，为企业建立商业诚信体系，实现全年正现金流入。接着，成立购物网站淘宝商城（现称“淘宝网”），以免费的商业模式成功吸引众多中小卖家入驻商城，获取了 C2C 市场份额。然后，推出支付宝第三方担保服务，打通买卖双方之间的信任屏障，增加在线业务。此后，阿里巴巴又陆续推出淘宝大学、口碑网、阿里软件等业务，为客户提供电子商务培训服务、本地社区服务和中小企业软件服务，围绕核心业务开展一系列满足买卖双方需求的服务，优化和提升了服务内容和质量。

通过对这些商业核心业务的布局，阿里巴巴的业务逐渐从B2B模式扩展至C2C模式，商业生态系统初具雏形。2007年11月，阿里巴巴在香港交易所上市，同期大力发展B2C模式，宣布启动“大淘宝”战略，走出搭建商业生态系统的第一步。“大淘宝”战略在买卖双方信息平台的基础上，接入第三方开发者，将各技术开发商纳入自己的平台，组成了消费者、商家、第三方相融合的生态系统，传统行业商家可以通过这个平台迅速高效地进入电子商务领域。第三方既可以提供多样的服务，补充阿里巴巴自身服务范围的缺口，又可以联合众多技术开发商，共同提供整体解决方案，以实现客户价值最大化。这一升级使阿里巴巴不仅自身提供服务，而且成为生态系统中的基础设施服务提供商，为其他增值服务提供土壤，形成以消费者为核心、融合多方服务的商业生态系统。在此期间，阿里巴巴推出天猫，邀请官方品牌入驻，满足消费者对高品质商品的需求。此后又相继推出阿里云、聚划算、一淘网，迅速占领网络商品团购和营销市场，并且将业务拓展至全网搜索比价及优惠导购。随着手机淘宝App上线，阿里巴巴又开始为增长势头迅猛的移动互联网用户提供网购服务，获得巨大成功。

2011年，阿里巴巴提出了“大阿里”战略，进一步将网购生态系统升级为覆盖整个电子商务的商业系统。2013年，阿里巴巴和合作伙伴组建菜鸟网络，投资千亿建设覆盖全国的智慧物流体系，完善了物流服务，并对平台内各生态圈业务提供服务支持。

阿里巴巴围绕电子商务业务成功构建自己的商业平台，梳理并整合了电子商务产业链中电商、技术、服务、金融、营销和物流等几个关键环节，逐渐完善了电商闭环中的信息流和资金流环节，构成了阿里巴巴的核心商业体系。

近十年来，阿里巴巴不断延伸生态系统的边界，先后推出国际品牌 B2C 平台“天猫国际”、二手交易平台“闲鱼”、移动办公平台“钉钉”、旅游出行服务平台“飞猪”、天猫奢侈品平台“Luxury Pavilion”以及线下超市新零售业务“盒马鲜生”。依托阿里巴巴的大数据和云计算等技术，各子系统围绕核心电商业务向外辐射，进行多元化发展，形成以数据为核心的多元化大生态系统，共同为顾客、企业以及生态系统的合作者创造价值（彭若弘等，2020）。生态系统参与者在发展壮大的同时，也带动阿里巴巴的业务收入和利润不断增加，共同促进了整个生态系统的繁荣发展。

2. 被并购方 Lazada 介绍

Lazada 成立于 2012 年，由创业孵化器公司 Rocket Internet 投资成立，是东南亚领先的电子商务平台，业务涉及印度尼西亚、马来西亚、菲律宾、新加坡、泰国和越南六国市场。Lazada 的业务模式包括自营 B2C、平台商城 B2C、C2C、自建交付物流以及在线电子支付服务。自营与开放平台接入第三方卖家使得 Lazada

拥有类别丰富的产品。2016 年 Lazada 成立 4 周年时，已经提供了 1 600 多万种本地和国际商品，交易总额达到 13 亿美元。

3. 并购实施

2016 年初，阿里巴巴开始与 Lazada 洽谈并购事项，于同年 4 月 12 日宣布并购，以约 66.07 亿元人民币现金对价取得 Lazada 54% 的股权，交易完成后 Lazada 成为阿里巴巴的子公司。

表 3-1 显示了并购时支付对价的分摊情况。可以看到，此次并购对价中对“用户群及客户关系”定了高价，且并购时产生了较高的商誉。阿里巴巴认为并购后 Lazada 与阿里巴巴业务整合，汇聚的人才及 Lazada 在东南亚电商业务方面的知识和经验会带来协同效应，Lazada 将成为拓展东南亚消费市场的主体，也有助于将中国商户和国际品牌介绍给东南亚消费者。

表 3-1 阿里巴巴并购 Lazada 支付对价

单位：百万元人民币

项目	金额
所取得的净资产	2 874
有限摊销年限的无形资产	
用户群及客户关系	2 014
不竞争协议	959
商业名称、商标及域名	292
已开发技术及专利	79
商誉	5 216

续表

项目	金额
递延所得税资产	616
递延所得税负债	(1 027)
非控制性权益	(4 416)
总计	6 607

资料来源：阿里巴巴 2017 财年年度报告 .

Lazada 为商家和品牌提供一站式市场解决方案，也在平台上直接销售产品。此外，它拥有内部物流运营，由高度可扩展的仓库管理系统支持，以确保订单履行快速可靠。

此外，阿里巴巴多次对 Lazada 进行投资，如表 3-2 所示，2018 年 3 月 31 日和 2019 年 3 月 31 日，阿里巴巴分别向 Lazada 注资了 4.83 亿美元（约 31.24 亿元人民币[①]）和 7.7 亿美元（约 52.22 亿元人民币）。同时，阿里巴巴还收购了 Lazada 部分管理人员和员工持有的额外股权，总计同期对价分别为 8 700 万美元（约 5.78 亿元人民币）和 2 000 万美元（约 1.33 亿元人民币）。交易完成后，阿里巴巴持有 Lazada 约 92% 的股权。2019 年 4 月和 2019 年 6 月，阿里巴巴追加投资 3 亿美元，持股数额继续增加。到 2020 年 6 月，阿里巴巴几乎持有 Lazada 全部股份。

① 此部分数据按实时汇率计算得出，本章同。

表 3-2 阿里巴巴对 Lazada 的历次投资情况

时间	投资额	股份	方式
2016 年 4 月 12 日	10.2 亿美元（约 66.07 亿元人民币）	约 54%	购买 5 亿美元新发行的股份和 5 亿美元其他大股东股份
2017 年 6 月 28 日	10.16 亿美元（约 68.77 亿元人民币）	约 83%	收购少数股东的股份
2018 年 3 月 31 日	4.83 亿美元（约 31.24 亿元人民币）	约 91%	注资
2018 年 3 月 31 日	0.87 亿美元（约 5.78 亿元人民币）	约 91%	收购管理层和员工持有股份
2019 年 3 月 31 日	0.2 亿美元（约 1.33 亿元人民币）	约 91%	收购管理层及员工持有股份
2019 年 3 月 31 日	7.7 亿美元（约 52.22 亿元人民币）	约 92%	注资
2020 年 3 月 31 日	20.56 亿美元（约 143.68 亿元人民币）	几乎 100%	注资、收购少数股东的股份
2020 年 6 月	2.5 亿美元（约 16.78 亿元人民币）	几乎 100%	注资

资料来源：阿里巴巴财务报告和招股说明书 .

（三）阿里巴巴并购 Daraz

1. 被并购方 Daraz 介绍

（1）Daraz 业务概况。

Daraz 成立于 2012 年，现已成长为巴基斯坦、孟加拉国、斯里兰卡、缅甸和尼泊尔等国的领先电子商务公司，是南亚最大的电子商务平台。Daraz 的产品涵盖消费电子产品、家居用品、美妆、时装、运动器材和日用品。Daraz 拥有超过 4.6 亿客户群，月活跃用户 4 000 万，其中，60% 是年龄在 35 岁以下的消费者。目前，Daraz 为用户提供约 100 个类别的 5 000 万种产品，合作卖方超过 10 万家，为中小企业提供平台和业务，形成综合电子商务系统。

（2）Daraz 的发展进程。

如表 3-3 所示，Daraz 于 2012 年由电商孵化器 Rocket Internet 投资创立，2015 年转型成为通用电子商务平台。2016 年，Daraz 在“黑色星期五”促销活动中创下了巴基斯坦第一个 10 亿卢比的销售额纪录。2017 年，促销活动升级并改名为“大星期五”，订单数超过上一年的 4 倍，收入达到 30 亿卢比。

表 3-3　Daraz 的发展进程大事记

时间	大事记
2012 年	由 Rocket Internet 投资创立
2015 年	获得来自 CDC 和 Ooredoo 的 B 轮融资 0.5 亿欧元，转型为通用电子商务平台，进军孟加拉国市场
2016 年	收购竞争对手 Kaymu，进军斯里兰卡和尼泊尔市场
2018 年	被阿里巴巴收购，全面融合阿里科技，成立 Daraz Express 物流公司
2019 年	成立 Daraz Wallet
2020 年	物流技术转型，成立 Daraz Mall
2021 年	收购孟加拉国竞争者 HungryNaki，成立先购买后付费的 Koko 平台
2022 年	进行 Daraz 的新品牌定位

2. 并购实施

2018 年 5 月，阿里巴巴以 1.94 亿美元现金收购了 Daraz 100% 的股权，这项投资反映了阿里巴巴对实施全球化计划的持续关注。

并购完成后，Daraz 正式加入阿里巴巴平台，继续保持原品牌运营。公司营销总监表示，Daraz 被收购后并不会进行重组或裁员，而是雇佣更多员工，利用阿里巴巴平台的先进技术改善消费者的体验，并更加关注移动应用程序和个性化业务。与此同时，Daraz 将充分利用阿里巴巴在技术、电子商务、移动支付和物流方面的领先优势和经验，推动南亚市场份额的进一步增长。

Daraz 的联合 CEO Jonathan Doerr 表示，通过此次并购，Daraz 在阿里巴巴大家庭中找到了自己的天然家园，履行“让天下没有难做的生意”的使命，并且公司将与阿里巴巴一起为本地区的企业家赋能，坚持“在高度便利性的基础上，为客户提供最佳产品选择”的承诺。阿里巴巴的技术和经验为 Daraz 已有的平台注入了新的活力，提供了更大的发展空间。

（四）阿里巴巴并购 Trendyol

1. 被并购方 Trendyol 介绍

（1）Trendyol 业务概况。

Trendyol 于 2010 年创立，现已成为土耳其最大的电子商务公司，为超过 1 600 万客户提供服务，土耳其使用网络购物的女性客户群体中有 70% 曾在 Trendyol 下单。在土耳其的电子商务发展浪潮中，Trendyol 的业务量迅速增加，2013—2018 年公司实现了 22% 的增长率，而且 Trendyol 仍有较大的发展空间。目前，土耳其零售业务仅有 2% 来自线上平台，即公司有广阔的市场份额发展空间，而且公司逾七成的销售额来自大都市地区以外，其都市地区客户群体的购买潜力有待开发。

（2）Trendyol 的发展进程。

Trendyol 由 Demet Mutlu 于 2010 年创立，6 个月后获得 Tiger Global Management 的投资。在接下来的几年里，Trendyol 继续快速增长，并受到国际顶级风险投资者（如 Tiger Global Management, Kleiner Perkins Caufield & Byers, the European Reconstruction and Development Fund）的青睐。截至 2020 年，Trendyol 已在欧洲市场为意大利、西班牙和英国等 27 个国家的消费者提供服务。2022 年，Trendyol 计划通过进驻德国进一步打开欧洲市场，迄今 Trendyol App 在德国的下载量已达到 100 万次。

凭借优秀的区域性平台，Trendyol 成为众品牌的首选合作伙伴。本土知名度较低的品牌往往无法建立自己的电子商务业务，而 Trendyol 为其提供了展示和销售产品的平台。对于国际品牌来说，Trendyol 成为其在土耳其推广品牌的首选平台。

2. 并购实施

2018 年 6 月，阿里巴巴集团和 Trendyol 联合发表声明，阿里巴巴将入股 Trendyol，这笔交易是土耳其迄今为止规模最大的互联网交易。2018 年 7 月，阿里巴巴以 7.28 亿美元（约 49.8 亿元人民币）的现金收购了 Trendyol 约 85% 的股权，并与 Trendyol 的创始人达成协议，允许创始人在未来出售或购买股权。2018 年 12 月，阿里巴巴以 200 万美元（约 1 600 万元人民币）的现金对价购买了 Trendyol 的额外股权，此项交易导致非控制性权益减少 1 400 万元人民币。2020 年 4 月及 2021 年 3 月，阿里巴巴分别以 1.25 亿美元（约 8.84 亿元人民币）和 3.5 亿美元（约 22.79 亿元人民币）的现金对价收购了 Trendyol 的额外股权。此项交易导致非控制性权益增加 4.02 亿元人民币，使阿里巴巴持有 Trendyol 约 86% 的股权。

表 3-4 是阿里巴巴并购 Trendyol 的财务数据。从表中可以看出，本次并购产生了近 40 亿元人民币的商誉，“用户群及客户关系”的估价达到近 4 亿元人民币，商誉归属于阿里巴巴和 Trendyol 产生的协同效应、聚集的员工队伍以及他们在电子商务方面的知识和经验。

表 3-4 阿里巴巴收购 Trendyol 的财务数据

单位：百万元人民币

项目	金额
所取得的净资产	1 009
有限摊销年限的无形资产	

续表

项目	金额
商业名称、商标及域名	660
用户群及客户关系	388
已开发技术及专利	30
商誉	3 938
递延所得税负债	（228）
非控制性权益	（817）
总计	4 980

资料来源：阿里巴巴 2019 财年年度报告 .

并购双方都非常看好此次合作以及未来的发展。阿里巴巴集团总裁 Michael Evans 表示：“Trendyol 的创始人将留任并继续领导公司，我们将继续支持土耳其品牌、商家和制造商实现真正的全球化。”Trendyol 的创始人兼首席执行官 Demet Mutlu 认为：“两家公司有着非常相似的文化、价值观，并且都对数字经济抱有巨大的雄心，我们对这种伙伴关系感到非常兴奋。特别是，与阿里巴巴合作将帮助土耳其品牌、商家和制造商接触全球数亿购物者，我们将继续为客户服务，为土耳其及更广泛地区的数字经济发展做出贡献。”

并购后，Trendyol 利用阿里巴巴在技术、电子商务、移动支付和物流方面的能力，在不断增长的电子商务市场中发挥作用。并购双方看到，一方面，Trendyol 有很大的机会可以促进该地区零售基础设施的转型；另一方面，该地区 300 万家中小型企业可以推动阿里巴巴在该地区未来的增长。

四、案例讨论

（一）搜寻资源——商业价值主张共享

企业寻求跨国并购目标时，首先要筛选与自己共享价值主张的企业，这样才能发挥核心商业价值观的作用，推动各行动者一致认可自身在商业生态系统中的位置以及商业生态系统的使命，并使得各行动者为之付出努力。阿里巴巴在中国市场日渐壮大、市场份额日趋饱和后，选择跨国并购，则必须考虑目标企业的价值主张是否与自身价值主张相契合。价值主张的共享，既体现在商业目标的价值共享，又表现为公司文化的契合。

在商业目标价值共享方面，阿里巴巴与三家区域性领先的电子商务平台的合作受益于双方共同的业务范畴。在并购前，Lazada、Daraz、Trendyol 是区域性领先的电子商务平台，为区域中的中小商家提供电子商务服务，这与阿里巴巴的商业目标不谋而合。在深耕各自市场的电子商务业务的过程中，三家公司的核心业务均涉及为中小商家提供销售、物流、售后等多项服务。自成立之初，阿里巴巴就利用电子商务技术服务中小企业，致力于“让天下没有难做的生意”的使命，建立涵盖消费者、商家、品牌、零售商、第三方服务提供商、战略合作伙伴及其他企业的生态体系。并购双方的核心业务相同，不仅使得任何一方都不必为满足对方的业务发展而牺牲自身的业务单元，而且降低了双方

“软资源”（如经验）的迁移难度，便于在同行业合作者中汲取知识、互利互助，从而实现共赢。

在公司文化契合方面，并购双方在文化方面的匹配程度，也是价值主张共享的重要组成部分。Lazada 总部位于新加坡，是东南亚市场领先的电子商务平台。Daraz 位于巴基斯坦，是南亚最大的电子商务平台。Trendyol 位于土耳其，是西亚电子商务市场中的明星企业。一方面，三家公司均位于亚洲，深受中国历史和文化的影响。因此，当阿里巴巴通过并购的方式进入上述区域性市场时，可以较轻松地将自身文化价值元素和当地的文化价值元素相融合（Torelli and Cheng，2011），受到“文化混搭”的压力较小（刘英为等，2020），有利于双方合作和协同价值的实现。

另一方面，并购双方的公司文化和使命相似，使得共享价值主张更加轻松。Trendyol 的 CEO 表示，Trendyol 和阿里巴巴有着非常相似的文化和价值观，并且都重视数字经济，因此十分看好此次合作关系的未来发展。Daraz 对客户的承诺是提供高度便利的最佳服务，这与阿里巴巴“让天下没有难做的生意”的公司使命不谋而合，双方的公司文化均着眼于客户体验，这种共通之处为后续合作提供了优渥的土壤，使得 Daraz 在阿里巴巴大家庭中找到了自己的天然家园。由此可见，共享价值主张的企业之间可以更轻松地整合资源，减少适应和摩擦成本，产生协同效应。

（二）开拓资源——参与者多边特征

Lazada、Daraz 和 Trendyol 在被并购前，都深耕各自的区域性电子商务平台业务，在经营过程中积累了适合当地电商市场的特有资源，构成了其核心竞争力。通过并购，阿里巴巴迅速获得其异质性资源，快速打开当地电商市场，获得在东道国经营的竞争优势，也能有机会发挥其自身的优势。

1. 市场规模及增长潜力

Lazada 是东南亚领先的电子商务平台，业务覆盖印度尼西亚、马来西亚、菲律宾、新加坡、泰国和越南。Lazada 在被并购以前已经深耕这 6 个国家的电子商务市场 4 年之久，拥有着保持竞争优势的特有资源。

Daraz 服务于南亚市场，是巴基斯坦、孟加拉国、斯里兰卡、缅甸和尼泊尔等国的领先电子商务公司。Daraz 覆盖 4.6 亿人口的市场，消费者结构年轻化（约 60% 消费者年龄在 35 岁以下）。电子商务在南亚市场中发展快速、竞争小，有巨大的互联网红利。巴基斯坦的电子商务市场尚处于起步阶段，价值尚未超过 10 亿美元，大多数门户网站都以货到付款的方式进行销售。在短时间内，Daraz 成功在南亚地区建立了强大的电子商务网络，同期互联网和智能手机在南亚的渗透率不断提高，电子商务的发展蕴含巨大潜能。阿里巴巴称，之所以收购 Daraz，是因为看好南亚市场的发展前景，认为南亚市场是公司全球化发展战略的重要方向。并购后阿里巴巴用技术赋能 Daraz，逐步将技术、电子商务、移动支付和物流方面的领先优势和经验输送给 Daraz，扩大其在南亚的市场份额和影响力。

Trendyol 是土耳其领先的电子商务公司，在进入欧洲市场后，为意大利、西班牙和英国等 27 个国家提供服务。土耳其的电子商务约占零售业 3.5%，电子商务市场发展空间较大。目前，土耳其电子商务用户约为 1 500 万且 35 岁以下年轻消费者比例较高，这将成为土耳其电子商务市场发展的重要推动力。土耳其被全球电子商务参与者认为是具有巨大增长潜力的地区。阿里巴巴集团总裁 Michael Evans 也认为，在全球数字经济发展的大背景下，土耳其是令人兴奋的重要市场。

阿里巴巴不仅通过并购迅速进入当地市场，而且打通了三个公司目标市场之间的竞争通道，对区域内的碎片化市场进行整合，扩大了每一个业务单元的市场边界，共同为阿里巴巴提供更加广阔的市场。

2. “一带一路”倡议的政策红利

三个被并购公司均位于“一带一路”沿线国家，国家层面的深入合作关系使得阿里巴巴在系统性全球化布局的战略中更加顺畅。阿里巴巴在“一带一路”沿线国家的并购交易不仅直接带来数亿区域性用户的增加，而且使得阿里巴巴的全球消费生态环境更加完善。

以 Daraz 所在国巴基斯坦为例，阿里巴巴与巴基斯坦贸易发展局签署合作备忘录，阿里巴巴和巴基斯坦贸易发展署携手增强对中小企业电商发展及金融服务的支持，推动巴基斯坦中小企业发展。

2017 年，巴基斯坦总理谢里夫表示：“与阿里巴巴签署的协议，将为巴基斯坦的中小企业带来积极的改变，希望此次合作促进本国企业发展至新的高度，并引领它们迈入电子商务平台领域。”与之对应的是，阿里巴巴将提供培训计划，协助中小企业登陆阿里巴巴平台，通过电子商务优化出口业务。此外，阿里巴巴还将针对巴基斯坦优化金融服务，包括移动和线上支付服务以及云计算等领域。

随着“中巴经济走廊”“孟中印缅经济走廊”的建设，“一带一路”倡议将持续为亚洲“一带一路”沿线国家带来积极的变化，为地区商业发展注入新鲜血液。在物流和基础网络设施均大幅升级的背景下，阿里巴巴把握进入新市场的有利时机，发展跨境电商业务，将市场潜力转化为价值创造。张洪胜和潘钢健（2021）研究发现，跨境电子商务在中国与发展中经济体之间的贸易成本降低效应更强，更能体现跨境电商的普惠贸易特征，这契合了沿线国家的国情以及案例中并购双方的发展情况，有利于阿里巴巴获取资源。

（三）重组资源——参与者匹配结构

阿里巴巴通过科技赋能和平台资源共享的方式，实现了资源互补，生态系统内的各个参与者都是受益方。Lazada 依托阿里巴巴的国际物流平台菜鸟网络，建立了不断增长的物流业务和合作伙伴网络，专注于研究跨境配送解决方案，以支持阿里巴巴的国际商业零售业务。在阿里巴巴的生态系统中，加强菜鸟网络与 Lazada 的整合协作，可以实现购物和物流的高效配合，帮助东南亚消费者更快地收到来自中国的产品。

在阿里巴巴先进科技的支持下，Lazada 在印度尼西亚市场持续实行创新的消费者互动策略，Lazada 在印度尼西亚的商业交易总额高速增长。借助阿里巴巴的科技赋能，Lazada 帮助东南亚的商家进行数字化转型，并通过直播和其他平台功能扩大它们的客户群，逐步增加自身的影响力。2019 年 11 月，Lazada 举办“超级秀”并融入中国的购物元素，丰富了消费者的体验。Lazada 还将在中国流行的直播元素与当地的时尚元素融合，举办了直播时装秀，不仅拉进了和客户的距离，而且开辟了直播购物的新渠道，有助于吸收中国成熟的直播经验，促使其在直播方面占据领先地位，获取业务红利，进而实现快速增长。

土耳其消费者对现代化的支付方式接受程度较高，新型高效的支付手段在土耳其有较大的发展空间。2013 年，电子钱包等第三方支付方式在土耳其逐渐兴起，但目前未成为主流，部分原因可能是土耳其有要求第三方支付公司获得支付牌照的规则。不过，随着第三方支付方式的发展，跨境电商获得了良好的交易环境，特别是阿里巴巴可以将支付宝的相关资源迁移到Trendyol，在遵守当地法律法规的基础上，致力于打破当地第三方支付的屏障。支付宝和Trendyol都是阿里巴巴商业生态系统中的参与者，通过系统内资源整合，将第三方支付的相关技术、经验与Trendyol重组在一起，可以实现第三方支付业务的需求缺口和实力资源的匹配，促进协同效应的产生。图3-2展示了阿里巴巴并购Lazada、

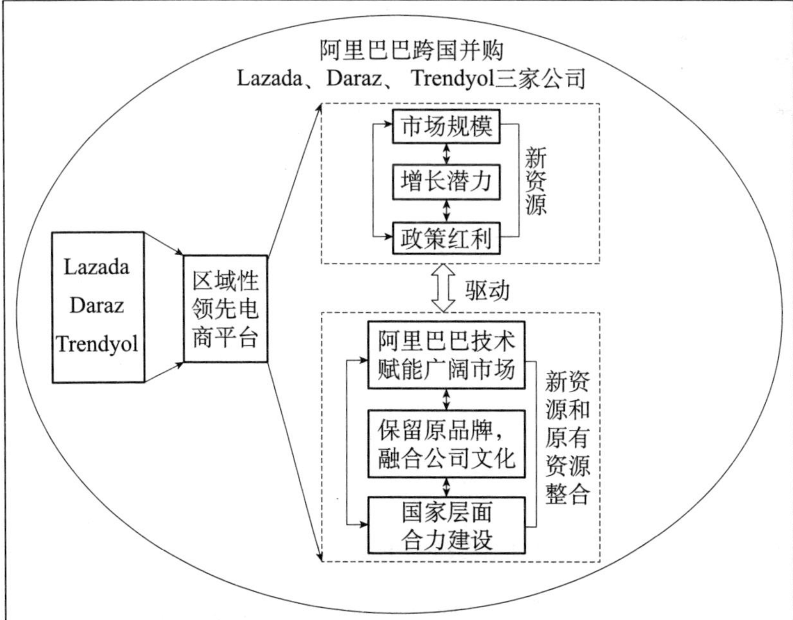

图3-2 阿里巴巴跨国并购Lazada、Daraz、Trendyol实现价值创造的机制

Daraz、Trendyol实现价值创造的机制。图3-3展示了“一带一路”倡议下互联网企业跨国并购价值创造的机制。从图中可以看到，在“一带一路”倡议下，互联网企业通过商业价值主张共享、参与者多边特征和参与者匹配结构实现跨国并购的价值创造。

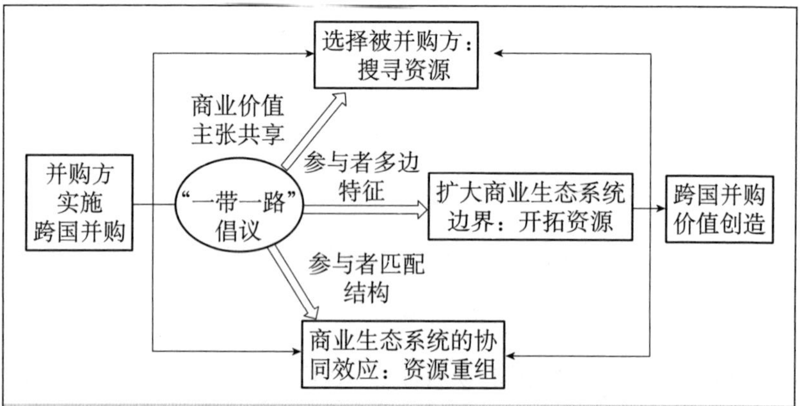

图3-3 互联网企业跨国并购价值创造的机制

五、研究结论与启示

（一）研究结论

本章通过对阿里巴巴并购Lazada、Daraz、Trendyol的案例进行分析，研究了中国互联网企业在国际化过程中实现价值创造的机制。截至2018年，阿里巴巴并购Lazada、Daraz、Trendyol的交易均基本完成。虽然后续阿里巴巴又收购了少量股份，但其规模均较小，总体上不影响阿里巴巴在子公司中的持股份额。并购完成后，借助更加庞大的商业生态系统，阿里巴巴的业绩持续攀升，在全球市场和海外市场都获得了较好的成绩，实现了价值创造。

对于国际商业零售业务板块，2019 年阿里巴巴的收入约为 29.14 亿美元，同比增长 38%，收入增长主要来自 Lazada 的收入增加、合并 Trendyol 的收入增加，以及全球速买通的收入增加。这表明阿里巴巴的跨国并购交易成功为其国际业务创造了价值。截至 2021 年 3 月，阿里巴巴生态体系的商业交易总额超过 1.2 万亿美元，全球年度活跃用户达到 11.3 亿，其中，约 2.4 亿年度活跃用户来自海外。截止到 2022 年 3 月，阿里巴巴全球年度活跃用户达到约 13.1 亿，中国市场有超过 10 亿用户，有 3.05 亿用户来自海外。

伴随 Lazada 和 Trendyol 在东南亚以及土耳其的高速发展，阿里巴巴的全球化战略的影响力正在逐步扩大。在并购的海外公司中，Lazada 为消费者提供了丰富多样的产品，年度活跃用户超过 1 亿。通过菜鸟网络和 Lazada 的资源互补，Lazada 的物流水平迅速提高，增强了其在东南亚市场的竞争力，阿里巴巴可以更快地将中国产品送到东南亚消费者手中，扩大了市场份额，实现了整个生态系统的共赢。目前，Lazada82% 的包裹经由自营物流设施或负责从商家门店和仓库取件并送至 Lazada 分拣中心的“首公里”物流团队处理。2022 年 3 月，Lazada 实现了每月销售额突破100万月活跃卖家数量的里程碑，预付订单同比增长60%。同时，Trendyol和Daraz电商平台都助力公司的全球化布局。2022年，Trendyol的业务迅速增长，订单量比2021年增加68%，商业交易总额同比增长80%。受益于Lazada和Trendyol的收入增长，2021年，阿里巴巴的跨境及全球零售商业收入为344.55亿元人民币，相较2020年增长了42%。

（二）研究启示

1. 选择共享价值主张的合作企业

从“外来者”到“局内人”的身份转化，是中国企业在跨国并购中面临的挑战（李德辉和范黎波，2022）。面对国家文化和公司文化的多样性，并购方可以有选择地进行筛选，选择价值主张与自身相似的目标进行合作洽谈。如果参与者的国家文化深受中国影响，且参与者自身的公司文化与并购方的公司文化有共通之处，那么并购方面临的文化摩擦压力就较小。并购双方熟悉对方的文化和公司理念，有利于并购后高效合作。

同时，在案例中，阿里巴巴完成对三家企业的并购后，均保留了其品牌和原有团队，这也有利于并购方最大限度地利用子公司在当地多年积累的影响力，以及缓解子公司中员工的抵触情绪。这一举措既避免了跨国并购中常见的文化和情绪的抵触，有助于阿里巴巴和子公司的文化相融合。通过保留原品牌、原团队，雇佣更多的新人扩大团队规模，并购方保留了子公司在当地多年积累的品牌、营销和融资实力，在保留原市场份额的基础上，通过技术和知识赋能来最大化市场占有量，拓宽了异质性资源的边界。

2. 重视资源整合，实现“1+1>2”的效果

并购带来的新资源有目共睹，而新资源与已有资源的结合对并购的价值创造至关重要。如果二者不能高度匹配，不仅可能造成资源的浪费，而且会使得生态系统中的各参与者难以相互支持，无法发挥生态系统中资源互补的作用，造成各方之间合作失调，难以实现协同效应。

在案例中，三个并购交易完成后，阿里巴巴均以自身的先进技术和经验对子公司进行科技赋能，使得子公司迅速获得跨越性的技术进步，迅速增强其在目标市场上的竞争力。阿里巴巴从多方面提供技术辅助支持，例如率先在当地开拓第三方电子支付业务，占据领先的业务发展生态位，多角度地服务于区域性电子商务业务。2021 年，Lazada 通过“阿波罗项目”升级物流能力，以全新的物流系统高效整合物流能力和电商业务，更智能地分配运输资源和规划线路，为消费者提供更好的购物体验，提升自身的竞争力。

资源整合不仅意味着并购方向合作方输送资源，而且意味着合作方向并购方提供新资源，通过多通道的双向合作，反哺并购方的业务规模，形成多方面共同合作的价值网络，而非仅是单向二元的价值链条的集合。当阿里巴巴在中国市场占据较大市场份额，发展增幅渐缓时，在海外并购三个领先的区域性电子商务公司不仅高效地打开了新市场，而且完善了自身的生态系统，获得了来自南亚和东南亚的合作伙伴支持，形成了更加多维异质且富有韧性的商业生态系统。子公司通过菜鸟网络实现了自身的物流系统升级，而阿里巴巴借此将商品更快地送到当地消费者手中，获得新市场的同时提高了自身的竞争力。

3. 开拓“一带一路”沿线国家市场

2013 年我国提出“一带一路”倡议，积极发展与沿线国家的经济合作伙伴关系。阿里巴巴在政策红利之下开始深化全球化布局。2014 年将全球化定为基本战略，此后不断将战略具体化，提升商业生态系统的国际服务能力，希望到 2036 年服务全球 20 亿消费者。

在并购初期，“一带一路”倡议为中国企业在沿线国家的营商环境中发展奠定了坚实的基础。“一带一路”的亚洲沿线国家人口众多，市场发展潜力大，距离近，受到中国文化和经济影响更大，同时相应的国家政策促进了企业间的合作共赢。众多沿线国家积极响应“一带一路”倡议号召，主动寻求或十分欢迎来自中国的投资及合作机会。因此，在企业层面的商业交易中，并购方可以获得友善的营商环境和积极的合作者，有利于降低适应和交易成本，并购后真正形成利益共同体，促成实现协同效应。

参考文献

［1］蔡文婧，姜彦辰，苏嘉莉，等．基于生态价值网框架的企业风险投资时机选择研究：以阿里巴巴和腾讯投资哔哩哔哩的案例为例．会计研究，2022（5）：105-117.

［2］陈立敏，王小瑕．中国企业并购绩效的影响因素研究：基于资源基础观与制度基础观的实证分析．浙江大学学报（人文社会科学版），2016（6）：162-174.

［3］陈威如，王节祥．依附式升级：平台生态系统中参与者的数字化转型战略．管理世界，2021（10）：195-214.

［4］杜晓君，蔡灵莎，史艳华．外来者劣势与国际并购绩效研究．管理科学，2014，27（2）：48-59.

［5］黄金灿．电商巨头获客成本压力愈加明显 京东变现能力改善 阿里转型仍承压．（2019-05-26）. https://baijiahao.baidu.com/s?id=1634560893208830290&wfr=spider&for=pc.

［6］黄速建，令狐谙．并购后整合：企业并购成败的关键因素．经济管理，2003（15）：6-13.

［7］黄嫚丽，张慧如，刘朔．中国企业并购经验与跨国并购股权的关系研究．管理学报，2017，14（8）：1134-1142.

［8］李德辉，范黎波．从“外来者”到“局内人”：中国企业跨国并购中的文化摩擦．南开管理评论，2022，25（3）：35-50.

［9］李俊成，李建军．“一带一路”倡议对企业海外投资的增进效应．金融论坛，2022（4）：31-41.

［10］林毅夫，张鹏飞．适宜技术、技术选择和发展中国家的经济增长．经济学（季刊），2006（4）：985-1006.

［11］刘霞，王谊，祝继高．“一带一路”倡议与企业海外经营收入：影响效果及作用机制研究．经济管理，2021（3）：80-97.

［12］刘英为，汪涛，聂春艳，等．如何应用国家文化原型实现品牌的国际化传播：基于中国品牌海外社交媒体广告的多案例研究．管理世界，2020，36（1）：88-104.

［13］彭若弘，刘晓宇，崔藤予．“生态网”投资战略的价值共创机理研究：以阿里巴巴为例．财会通讯，2020（20）：167-172.

［14］王节祥，陈威如，江诗松，等．平台生态系统中的参与者战略：互补与依赖关系的解耦．管理世界，2021，37（2）：126-147.

［15］韦东明，顾乃华，徐扬．“一带一路”倡议与中国企业海外并购：来自准自然实验的证据．世界经济研究，2021（12）：116-129.

［16］吴小节，马美婷．制度距离对海外并购绩效的影响机制：并购经验与政治关联的调节作用．国际商务研究，2022，43（2）：13-24.

［17］余珮，彭思凯．“一带一路”沿线国家金融生态环境与中国 OFDI 企业“走下去”：基于资源基础观和制度基础观相结合的视角．技术经济，2021（1）：70-81.

［18］张洪胜，潘钢健．跨境电子商务与双边贸易成本：基于跨境电商政策的经验研究．经济研究，2021（9）：141-157.

［19］祝继高，龙沐晨，朱佳信．“一带一路”倡议下外来者劣势如何转化为优势？：基于社会网络视角的案例分析．财经研究，2021（11）：139-153.

［20］Adner R. Ecosystem as structure: an actionable construct for strategy. Journal of Management, 2016, 43(1): 39-58.

［21］Adner R, Kapoor R. Value creation in innovation ecosystems: how the structure of technological interdependence affects firm performance in new technology generations. Strategic Management Journal, 2010, 31(3): 306-333.

［22］Ahuja G, Katila R. Where do resources come from? the role of idiosyncratic situations. Strategic Management Journal, 2004, 25(8-9): 887-907.

［23］Amit R, Han X. Value creation through novel resource

configurations in a digitally enabled world. Strategic Entrepreneurship Journal, 2017, 11(3): 228–242.

[24] Barney J, Wright M, Ketchen Jr D J. The resource-based view of the firm: ten years after 1991. Journal of Management, 2001, 27(6): 625–641.

[25] Barney J. Firm resources and sustained competitive advantage. Journal of Management, 1991, 17(1): 99–120.

[26] Jacobides M G, Cennamo C, Gawer A. Towards a theory of ecosystems. Strategic Management Journal, 2018, 39(8): 2255–2276.

[27] Lambe C J, Spekman R E. Alliances, external technology acquisition, and discontinuous technological change. Journal of Product Innovation Management, 1997, 14(2): 102–116.

[28] Moore J F. The death of competition：leadership and strategy in the age of business ecosystems. New York: Wiley, 1996.

[29] Peteraf M A. The cornerstones of competitive advantage: a resource - based view. Strategic Management Journal, 1993, 14(3): 179–191.

[30] Parente R, Rong K, Geleilate J M G, et al. Adapting and sustaining operations in weak institutional environments: a business ecosystem assessment of a chinese MNE in central africa. Journal of International Business Studies, 2019, 50(2): 275–291.

[31] Salter M, Weinhold W. Diversification and acquisition: strategies for creating economic value. New York: Free Press,1980.

[32] Teece D J. Firm organization, industrial structure, and technological innovation. Journal of Economic Behavior & Organization, 1996, 31(2): 193–224.

[33] Torelli C, Cheng S. Cultural meanings of brands and consumption: a window into the cultural psychology of globalization. Social and Personality Psychology Compass, 2011, 5(5): 251–262.

[34] Wernerfelt B. A resourcebased view of the firm. Strategic Management Journal, 1984, 5(2): 171–180.

第四章
化危为机：民营企业在 VUCA 环境中如何实现加速国际化？

——基于华大基因的案例分析

摘要：在易变、不确定、复杂、模糊的 VUCA 环境中，中国企业如何成功实现加速国际化？本章选取华大基因作为案例，依托其出口代销—平台输出—海外设厂的国际化过程，采用“环境—行为—结果”的动态能力分析逻辑。研究发现：（1）民营企业处于经济供求易变、双边政策不确定、行业技术复杂和东道国社会文化模糊的 VUCA 环境中。（2）国际环境洞察、组织身份认知、技术柔性、产品复制以及产业链对接能力构成加速国际化的动态能力。（3）民营企业有效认知国际化企业身份和洞察国际环境能够促使其提高技术柔性能力，并在 VUCA 环境的触发下激活产品复制和产业链对接能力，实现自渐进国际化至加速国际化的跃迁。本章深化了新兴市场企业加速国际化理论，对中国企业在 VUCA 环境中“走出去”有积极的启示作用。

关键词：VUCA、民营企业、加速国际化、华大基因

一、引言

全球经济与政治格局呈现出 VUCA（易变、不确定、复杂和模糊）特征，要求跨国企业的国际化动态能力做出重构（Petricevic and Teece，2019）。自“一带一路”倡议提出以来，中国民营企业的国际化水平不断提高。如图 4-1 所示，从对外直接投资的角度看，2006 年，国有企业在中国对外直接投资中占据主导地位，非国有企业在对外直接投资存量中的占比仅有 19.00%，而在 2014—2019 年，非国有企业已经占到对外直接投资存量的 50% 左右。民营企业成为中国对外投资的主力军。相比于国有企业，民营企业表现出不同的国际化特征。例如，组织响应速度较快，国际化行动受到母国制度环境的影响较小（Ren et al.，2019）。民营企业对外直接投资呈现出加速、跳跃、高风险等特点

（柴忠东和张子源，2013）。因此，我们有必要研究民营企业能否在 VUCA 环境中，成功实现加速国际化跃迁，如果能实现加速国际化，其内在的影响机制又是什么。

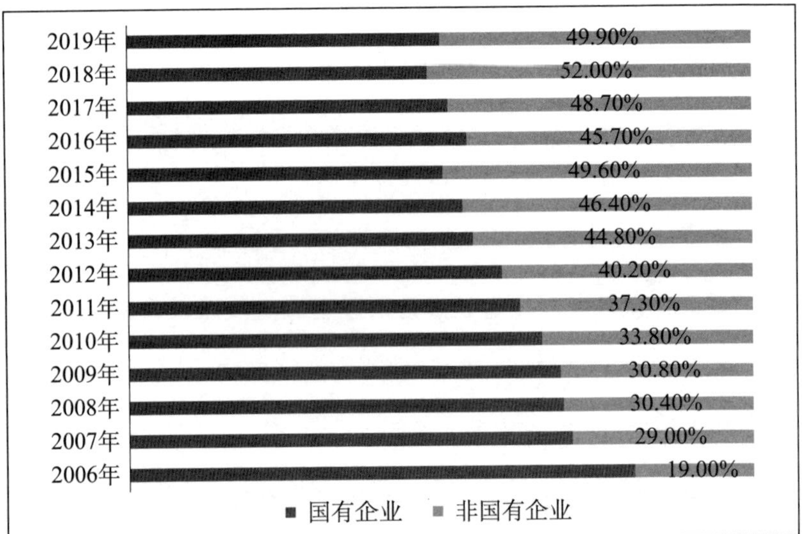

图 4-1　2006—2019 年中国企业非金融行业对外直接投资存量变化

资料来源：根据《中国对外直接投资统计公报》整理。

遵循案例具有代表性的抽样原则，本章选取深圳华大基因股份有限公司（简称“华大基因”）作为案例企业。新冠疫情暴发以来，华大基因在全球范围内大规模推出火眼实验室一体化综合解决方案，并在 2021 年启动“前店后厂”战略，于埃塞俄比亚、沙特阿拉伯建立体外诊断（IVD）工厂，海外收入在总收入中的占比由 2019 年的 16.57% 增至 2021 年的 57.37%。可以说，在疫情和后疫情的 VUCA 环境中，华大基因迅速化危为机，实现了出口代销—平台输出—海外设厂的加速国际化进程，我们有必要总结华大基因的加速国际化转型经验，为中国民营企业国际化提供一定的管理启示。

基于案例企业，本章采用“环境—行为—结果”的动态能力分析逻辑，研究中国民营企业国际化过程中所处的 VUCA 环境，以及总结民营企业加速国际化的动态过程和动态能力。研究发现：（1）在国际化进程中，民营企业处在经济供求易变、双边政策不确定、行业技术复杂和东道国社会文化模糊的 VUCA 环境中。（2）民营企业的国际化进程分为渐进期和加速期，渐进期表现为国际化企业身份认知和国际通用技术积累，海外收入水平较低；加速期表现为国际产品和产业链的快速扩张，海外收入水平较高。（3）本章提取出五种跨国企业加速国际化的能力，分别是环境洞察能力、组织身份认知能力、技术柔性能力、产品复制能力以及产业链对接能力。（4）我们发现，民营企业有效认知国际化企业身份和洞察国际环境是基本能力，可以促使其构建技术柔性能力。同时，一旦洞察到 VUCA 环境蕴含的机会，民营企业可以快速激活产品复制和产业链对接能力，由渐进国际化成功跃迁至加速国际化。

本章的研究贡献主要体现在以下方面：首先，拓展了新兴市场跨国企业的加速国际化理论。我们研究了中国民营企业的加速国际化过程，发现新兴市场跨国企业加速国际化之前，仍然需要经历渐进国际化过程。其次，深化了动态能力理论解释跨国企业国际化的相关研究。伴随 VUCA 特征成为全球经济与政治格局的新常态，我们依托中国企业的国际化过程，研究了中国企业在 VUCA 环境中的动态能力重构要求，尤其是要构建国际环境洞察和国际组织身份认知的能力。最后，"一带一路"倡议为中国企业国际化提供了契机，本章对民营企业案例的理论分析，对中国民营企业实现国际化具有一定的借鉴意义。

二、文献回顾

（一）企业国际化速度的相关研究

长期以来，国际化理论对企业为什么（why）、何地（where）以及如何（how）开展国际化进行了大量研究。例如在 19 世纪初，李嘉图从比较优势角度，系统解释了企业为什么以及应该选择哪些东道国进行国际化。理论界对于国际化时间（when）的研究则出现较晚（Eden，2009）。Vernon 等（1997）率先提出国际产品生命周期理论，将企业产品分为导入期、成长期、成熟期和衰退期四个阶段，认为企业应该在导入期后再进行国际化，并且企业在成长期可以采用出口方式，在衰退期可以对发展中国家直接投资。20 世纪 70 年代后期，乌普萨拉学派（Uppsala School）提出了系统的企业国际化速度理论，通过对瑞士企业的实证研究，他们发现大多数瑞士企业的国际化是渐进的、阶段式的，强调在经验积累和知识学习的过程中逐渐提升国际化水平（Johanson and Vahlne，1977）。

以乌普萨拉学派为代表的传统渐进阶段式理论虽然承认国际化是一个动态过程，却倾向于采用静态、截面式的分析范式探讨企业国际化进程，忽略了企业国际化进程并非都为渐进式。21 世纪以来，许多新兴市场国家的企业将国际化作为跳板，通过连续跨国并购来快速获得市场交易难以企及的战略资源（Luo and Tung，2007）。与此同时，“国际新创企业”以及“天生全球化企业”等概念被提出，用来表示自成立开始就立即快速国际化的企业（Oviatt and McDougall，2005；Musteen et al.，2010），其目的在于突破传统渐进式国际化的局限。近年来，已有文献发现新兴市场跨国企业大都背离了循序渐进的国际化原则，普遍呈现出“跳跃的”“跨越式”“不断加速的国际化”等特点（柴忠东和张子源，2013），尤其是有关中国企业国际化现象的争论和探讨，大多与国际化速度相关。鉴于此，王益民等（2017）提出基于全过程视角的理论模型，认为国际化全过程的速度包含初始速度和进入后速度两部分。已有文献主要通过国际创业视角解释初始速度形成机理（Oviatt and McDougall，2005），同时基于战略管理主流范式分析企业进入后的成长性，并以进入后速度反映企业动态能力的构建过程。

现有理论研究发现中国企业的国际化进程，一方面呈现出乌普萨拉模型（Uppsala Model）所描述的逐渐积累式的国际化特点。比如，通过出口等传统方式积累国际化经验后，再通过收购、设立海外子公司展开国际化。另一方面，许多企业的国际化进程也呈现出加速和跳跃式发展特征。例如，吕蕊和邹媛春（2015）的实证分析显示，国有企业的国际化进程较符合渐进式进入模式，民营企业的国际化进程具有跳跃式特点。这也说明随着“一带一路”倡议的深入发展，越来越多的中国民营企业开始积极谋划和开拓海外市场，并且国际化速度相较于国有企业更快。Lyles 等（2014）的研究进一步发现，根据中国民营企业对外直接投资（OFDI）的调查数据，200 家从事对外直接投资的民营企业中，大约有 50% 的企业遵循渐进式乌普萨拉模型进行对外直接投资，其余 50% 的企业则采取更具风险的对外直接投资方式。中国民营企业独特的跨越式发展路径呈现出与传统国有企业分阶段式国际化路径截然不同的风格，同时，民营企业在资金实力和海外经验等方面与国有企业相比都存在先天不足（徐炜等，2020），这种不利影响可能同时对企业国际化初始速度和进入后速度两个方面产生影响。因此，深入考察民营企业参与国际竞争的进程和特征，能够为更多民营企业国际化过程的路径优化提供有益思路。

（二）VUCA 环境与企业路径选择的相关研究

中国跨国企业正在面临复杂的国际背景，正在适应着易变、不确定、复杂和模糊（VUCA）的新型国际商务环境（Bennett and Lemoine，2014；Schoemaker et al.，2018；Van Tulder et al.，2020）。

易变（volatility）是由全球系统性变化的频率和幅度所决定的，当前世界经济秩序重塑正以去全球化趋势的形式对跨国公司和发展中国家产生重大影响；不确定（uncertainty）是指全球法治受到侵蚀，加上技术、地缘政治和意识形态的转变，现阶段全球政治经济环境的不确定性正在增加；复杂（complexity）描述了市场环境中存在大量相互关联的变量，而市场主体难以处理其中的可用信息的数量，无法判断不同变量的内在关系；模糊（ambiguity）意味着在具有错综复杂联系的环境中，行为活动的因果关系无法明确（Bennett and Lemoine，2014；Petricevic and Teece，2019；Ozawa，2019）。VUCA 环境下的新兴市场，一方面由于正处于社会经济发展的转型期，制度变革频率更高、波及范围更广（Li and Fleury，2020），造成社会与经济发展的不平衡；另一方面，由于经济快速发展，其巨大的市场潜力也吸引着各国企业的目光（张超敏等，2022），因此兼具风险和机遇。中国市场规模的加速扩大以及独特的政府角色很大程度上背离了传统环境分析理论框架和实证结果。

因此，中国企业能否更好地适应 VUCA 环境，同时平衡其面临的机遇与风险，逐渐成为业界和学界关注的重点。

对于如何更好地适应企业外部环境 VUCA 特点的研究，已有研究主要结合创业、权变、认知、组织韧性等理论展开讨论。例如，一些研究将 VUCA 环境与创业研究相结合，强调依托中国情境采用“机会 - 资源”一体化的响应机制，并基于适配观点为新创企业的创新和绩效改善提出新路径（董保宝和罗均梅，2018）。持“权变”观点的学者主张企业应该根据特定环境来设计商业模式或调整主导行为等来缩小组织和环境之间的差距（许晖等，2017；Zott and Amit，2008）。持“认知”观点的学者，如张超敏等（2022）从组织注意力角度，通过对特变电工股份有限公司多家海外子公司开展多案例研究，探讨了中国跨国企业在新兴市场所面临的环境不确定性及其应对的路径选择。此外，单宇等（2021）提出组织韧性是在 VUCA 环境特征日益明显的新常态下应对意外变化的重要因素，并探讨了危机情境下组织韧性的形成过程以及数字化对组织韧性形成的作用机制。

虽然 VUCA 环境特征逐渐受到越来越多的关注，但是现有文献对其带来风险和机遇的平衡路径关注不足，难以诠释企业通过主观能动性，从快速变化的国际环境中提取信息并利用自身资源和能力实现成长的全过程。动态能力理论为研究跨国公司如何适应 VUCA 环境并实现进化提供了可行的分析视角（Schoemaker et al.，2018；Petricevic and Teece，2019）。动态能力理论旨在概述组织资源、决策过程和管理行动可以支持企业在各种环境中的进化。国际化进程的动态能力观指出，企业需要动态能力来更好地利用决定企业进入市场选择的资源。动态能力是公司整合、构建和重新配置自身资源以匹配不断变化的商业环境的能力，管理者通过动态能力可以改变他们的资源配置，进而影响企业的国际化绩效（Teece et al.，1997；Teece，2007；Prange and Verdier，2011）。

综上所述，现有国际化速度的研究较为丰富，但在叠加 VUCA 环境特征条件下的研究仍然较少，尤其缺少依托于中国“一带一路”倡议情境的民营企业的研究。具体来说：一方面，中国企业的国际化现状要求超越国际化理论中“渐进—激进”的二元划分，本章基于“环境—行为—结果”的分析框架，对初始速度和进入后速度进行全过程讨论，有利于完善和拓展基于全过程视角的国际化过程分析模型。另一方面，在自然灾害、国际战争、重大公共卫生事件等频发的全球背景下，将 VUCA 环境纳入企业加速国际化分析框架更贴合时代背景与现实要求。针对上述研究缺口，本章拟选取中国民营企业展开纵向案例研究，依托中国情境和“天然国际化”过程，采用“环境—行为—结果”的动态能力分析范式。如图 4-2 所示，本章系统分析了中国民营企业加速国际化面临的 VUCA 环境，探讨了民营企业加速国际化的动态过程和动态能力，不仅深化了新兴市场企业加速国际化理论，还对中国民营企业在 VUCA 环境中“走出去”具有积极的作用。

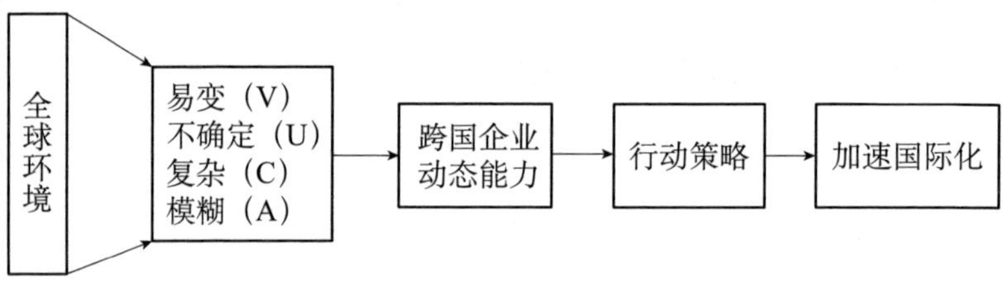

图 4-2　本章研究框架

三、案例研究设计与案例介绍

（一）案例研究设计

本章采用单案例研究方法，选择华大基因作为案例企业，主要是基于以下三个方面的考虑：第一，本章研究的问题是探讨中国民营企业如何在 VUCA 环境中成功实现加速国际化，属于“为什么”（how）的研究范畴，适合采用案例研究方法。并且，本章从动态能力视角分析问题，需要考察案例企业的国际化进程，单案例研究方法适合研究动态过程问题，这是本章采用单案例研究方法的主要原因。第二，案例抽样遵循了代表性和极端性原则，华大基因在短期内成功实现了加速国际化。如图 4-3 所示，2019—2021 年华大基因海外业务收入占比分别为 16.57%、66.67%、57.37%，尤其是在新冠疫情带来巨大震荡的 2020 年里实现了同比增速 3488.80%。其在至暗时刻转危为机的实践为跨国企业在极端环境中实现加速国际化提供了宝贵的经验，同时有助于解释天生国际化企业[①]的加速机制。第三，案例抽样还遵循了启发性原则，新冠疫情的暴发破坏了跨国企业既有的国际化路径与商业模式，而华大基因作为天然面临更大时间约束和资源约束的民营企业，通过 2020—2021 年的两次战略变革接连实现跳跃式国际化以及可持续性国际化，彰显了民营企业的情境嵌入差异性以及动态能力独特性。

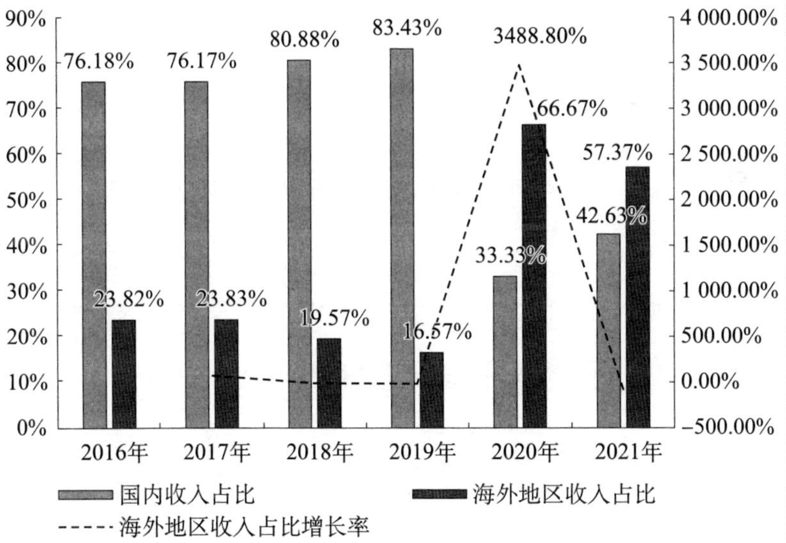

图 4-3　华大基因海外业务收入概况

资料来源：华大基因 2016—2021 年年度报告 .

① 天生国际化企业是指自成立始即把国际化作为战略目标，从而快速国际化的企业（Oviatt and McDougall，2005；Musteen et al.，2010）。

如表 4-1 所示，本章关于案例企业的数据主要来源于外部资料和参与式观察，通过在数据收集与分析和文献回顾与评论之间反复穿梭比较，不断完善数据和理论，直至形成稳健的理论框架。

表 4-1　案例研究的数据来源

数据来源	目录	类别	数量
外部资料	企业预警通评级报告、Wind 研究报告	行业报告	5
	知网、维普数据库收录期刊或硕博论文等	案例论文	3
	《生命·觉者》纪录片等各类对话和访谈视频，华大基因 CEO 尹烨的投稿等	视频访谈	28
	华大基因官网、公众号官方账号、今日头条官方账号	新闻资讯	66
	《生命密码》（华大基因 CEO 尹烨著）	书籍	3
	深圳证券交易所“互动易”投资者问答平台，华大基因 2016—2021 年年度报告、招股说明书	文档	12
参与式观察	火眼实验室图示、海外科研项目展等	观察	4

（二）案例企业加速国际化进程

深圳华大基因股份有限公司（简称“华大基因”）前身是北京华大基因研究中心，成立于 1999 年。2010 年 7 月，深圳华大基因股份有限公司正式成立，公司总部设在中国深圳。2017 年 7 月，华大基因在深圳证券交易所上市（股票代码 300676）。通过梳理华大基因的国际化进程，可以将其划分为以下 4 个阶段，具体如图 4-4 所示。

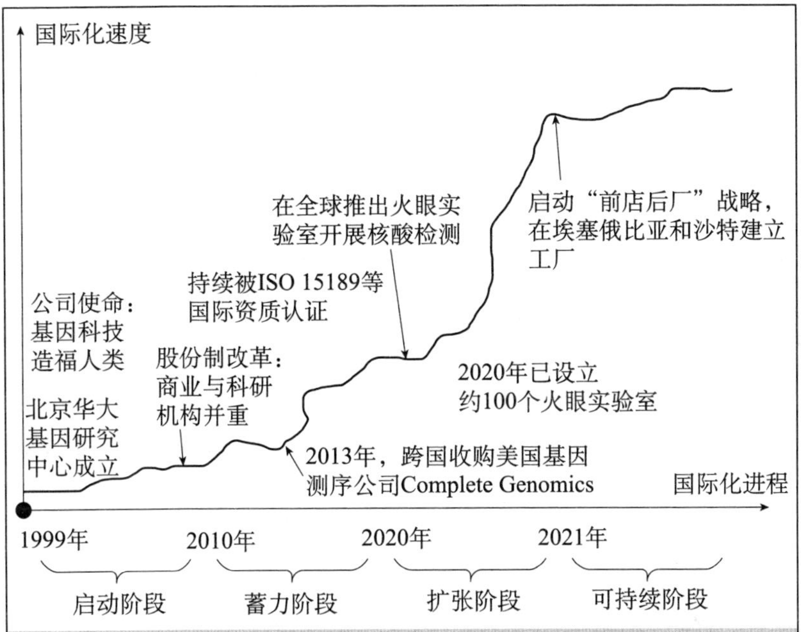

图 4-4　华大基因国际化进程概览

1. 国际化启动阶段（1999—2009 年）：天生国际化定位

华大基因成立之初，公司就设定了“基因科技造福人类”的使命。华大基因提出，在其 20 多年的成长历程中，造福人类的核心大目标没有改变，这意味着公司不是单单考虑中国，还考虑了世界其他国家和地区，所以华大基因是天生国际化企业。

1999 年，北京华大基因研究中心成立，正值中国人类基因组计划（HGP）项目启动，其先后完成了国际人类基因组计划中国部分（1%）、国际人类基因组单体型图计划（10%）、水稻基因组计划等多项具有国际先进水平的科研工作。随着机构运作能力不断增强，华大基因在科研创新的赛道上逐渐崭露头角。2003 年，华大基因在深圳市政府的支持下完成了第一个亚洲人基因组谱图，并同 7 个国家 11 个研究所开展“构建人体肠道菌群”的合作研究。随后，华大基因还参与到 SARS 诊断试剂盒的研究和捐赠、汶川地震及印度海啸等灾难遇难人员 DNA 识别的无偿公益活动中，并推动中国走到国际基因工程科学前列。自此，华大基因除了开展科学研究，也开始在 SARS 病毒、禽流感病毒等基因序列检测领域尝试商业化运作。公司逐渐形成了以科研为核心的个性化商业运作模式，并为国内外科研机构和制药企业提供测序服务。1999—2009 年，凭借对于行业发展的敏锐洞察，华大基因成为中国在基因组学科领域的领头羊以及国际公益活动的代言人，并根据时代需求不断向自身组织身份注入国际化属性，坚定地将“基因科技造福人类”作为公司使命。

2. 国际化蓄力阶段（2010—2019 年）：技术标准布局

2010 年，深圳华大基因股份有限公司的成立标志着公司突破了国际化科研机构的单一组织身份，具有了商业运作与科学研究全方面融合的特点。

鉴于基因组科学的快速发展，行业需要更大通量、更低成本的新测序技术，华大基因凭借自身多年学术沉淀在基因组学领域方面形成的行业洞见，瞄准基因测序风口，在核心技术资源尚不够丰富的情况下，通过市场交易和跨国并购的方式寻求技术和知识资源。公司先后购买了全球基因测序仪巨头 Illumina 公司 128 台测序仪，收购了拥有核心测序技术的美国基因测序公司 Complete Genomics，一举成为全球测序通量最大的基因组中心，并拥有了有自主知识产权的 DNA 测序仪产品，实现了基因组学的初步技术布局。自成立以来，华大基因一直拥有国际资质认证，在成长初期便以高于大多数传统跨国企业的国际化速度进军基因测序等多个全球前沿生物基因细分产业。2013 年后，华大基因不断推出自主研发生产的基因测序仪产品，主要通过第三方代销方式在海外开展国际化业务，并在欧洲、美洲、亚太地区等地设立海外分公司和搭建核心实验室，逐步形成"覆盖全国、辐射全球"的业务和技术网络布局。

同期，华大基因在科研方面的国际化不断助力公司的商务发展，公司在 2010—2020 年间的学术科研成果不断，完成了"癌症基因组研究"等多个重大专项，连续举办国际性的基因组学会议，并创办了专业生物学期刊 *GigaScience*，在全球范围内与众多学术机构和研发企业建立了广泛的合作关系。华大基因还与美国昂飞公司（Affymetrix）合作推出了基因芯片，同时还开展了数十项其他商业化项目。根据年报披露的信息，2018 年和 2019 年华大基因的研发费用占营业收入的比例分别为 11.32% 和 10.29%，研发投入始终保持在行业前列。

在这一阶段，跨国并购和研发投入为华大基因获取优势资产、扩大技术布局产生了显著的促进作用。尽管技术获取与创新可以有效助力华大基因国际化的进入模式升级和渐进增速，然而，企业运营和销售模式没有进行相应的转变，各类国际化指标在该阶段内并没有发生跳跃式增长。

3. 国际化扩张阶段（2020—2021 年）：产品一体化复制

2020 年新冠疫情的全球性蔓延是引起华大基因国际化速度跳跃式增长的契机，在之前阶段技术布局的基础上，公司在这一阶段迅速转变运营模式，国际化战略发生质变。

面对 2020 年初全球疫情的严峻形势，华大基因利用稀缺的基因测序技术资源以及对病毒检测需求的迅速响应，快速研制出新冠病毒检测试剂盒，并在检测设备、检测方法和检测通量提升上不断取得进展。随着全球各地新冠病毒检测的缺口增大，华大基因开创性地推出了火眼实验室一体化综合解决方案，为拥有火眼实验室的地区输出检测技术和设备，并为当地实验室工作人员提供培训和技术支持等服务。火眼实验室在全球各地批量建成后，有效助力了当地疫情防控工作。截至 2020 年底，华大基因新冠检测产品服务的国家和地区超过 180 个，在海外运营火眼实验室超过 80 个。华大基因的基因检测等基础技术通过多项国际标准的认证，全球大部分国家认可了华大基因的产品。2020 年，华大基因在海外快速复制，形成典型的规模化、标准化、信息化的海外平台输出模式，公司全年实现营业收入 83.97 亿元，同比增长

199.86%，其中，海外业务收入占比 66.67%，同比增长 3 488.8%，各方面指标呈现出跳跃式增长。

与此同时，华大基因还与喜马拉雅、今日头条等合作推出了新冠疫情专题直播节目，内容包括探访火眼实验室，示范采样流程及试剂盒使用方法，解析病毒特性及结构、机理等，帮助公众正确认识疫情，树立公司的科普形象及获得群体认同感。此外，2020 年华大基因根据不同的业务需求和岗位安排，对内开展了分层次、多角度、针对性强的各类培训，包括公司战略传达学习、公司人才梯队盘点赋能、“超级干细胞”及“飞鹰”高潜项目、火眼项目新人上岗赋能、国际医学团队出海能力提升等培训项目，培训有线上直播、面授分享、视频学习、以考促学、岗位实践等多种形式。华大基因通过实施多样化的培训进一步提高了员工的专业素养和工作效率，满足了公司业务开展和战略发展的需求。

然而，机遇总是伴随着威胁出现，国际政治经济环境严峻复杂，不确定因素明显增加，公司面临着贸易摩擦和制度差异带来的风险。一方面，美国频繁利用出口管制实体清单进行贸易限制。2020 年华大基因子公司北京六合华大基因科技有限公司（简称“北京六合”）被列入“实体清单”（被列入“实体清单”的企业，采购受美国出口管制条例（EAR）管制的物项，需要出售方事先向美国商务部申请出口许可证）。因此，北京六合可能有部分物项或全部物项都受 EAR 管制，进而导致未来业务受限。另一方面，由于中美贸易摩擦，存在对基因组学应用行业的相关产品提高关税或进一步增加产业链相关上下游企业进入“实体清单”的可能性，而华大基因大多数产品的原材料都来源于海外厂商，这可能通过产业链传导给华大基因带来潜在的不利影响。

针对上述风险，华大基因应通过增加对海外业务所涉地区的法律法规以及政治、经济环境的了解，制定差异化的国际业务策略，坚持海外业务风险分级管理机制，完善海外业务的应急预案，努力降低海外市场的运营风险。对于子公司被美国商务部列入“实体清单”的情形，公司应与美国商务部及相关部门保持沟通，尽最大努力消除不利影响。此外，公司在供应链管理方面，应积极加强与上游供应商的沟通合作并及时关注上游主要原材料供应变化情况，同时努力推进多平台、多产品的梯次化布局，完善不同技术平台产品的替代方案，以应对上游主要原材料和设备供应波动带来的经营风险。

这一阶段，华大基因通过产品服务快速扩张和快速响应环境需求，火眼实验室作为华大基因的战略质变驱动和国际化加速器，促进了华大基因在全球范围内的技术布局、业务布局和产业布局，以及人力资源和社会责任等全方位的提升。

4. 国际化可持续阶段（2021 年至今）：产业链对接

华大基因在海外业务大幅增加后，并没有满足于新冠防控产品及检测服务带来的短期效益，而是锐意进取，迅速开展战略转型，探索如何在国际竞争中实现可持续发展，打造有中国特色的国际品牌。

新冠业务方面，2021 年海内外抗疫形势依然严峻，全球各国常态化新冠防控产品及检测服务需求尚存，但市场呈现出需求下降和供应竞争加剧的趋势。2021 年华大基因核酸检测业务承压，公司全年营业收入为 67.66 亿元，同比减少 19.42%。2022 年第一季度营业收入为 14.3 亿元，同比减少 8.52%。与此同时，华大基因已累计在海外启动火眼实验室近 100 个。新冠疫情对各国公共卫生防控具有警示作用，促使各国意识到公共卫生产业发展的必要性，进而加大对公共卫生本地化能力建设的投入。鉴于此，华大基因意识到可以把“技术赋能＋产业拓展”应用到国际化场景中，并与多个国家政府、跨国公司、基金会、非政府组织建立直接合作关系，逐步从新冠业务延伸至常规业务，致力于提供区域性的公共卫生价值闭环服务。

在常规业务方面，华大基因适时开展“前店后厂”战略转型，以公共卫生项目为切入点，通过直接投资与项目合作形式建立本地化闭环价值链，涵盖共建实验室、IVD（体外诊断产品）工厂、临床数据中心等环节，通过自身国际化平台建设实现国际化业务的可持续发展。具体而言，华大基因依托火眼实验室在国外的认可度，已进行海外建厂。火眼实验室还将在生育健康、传染疾病、肿瘤等方面的大规模人群检测上继续发挥优势，成为各地医疗卫生体系改造升级中的“标配”，助力公司在海内外地区生育健康类服务、肿瘤防控类服务、病原感染类服务、多组学大数据与合成业务、精准医学检测综合解决方案等业务板块布局，向着多元化、可持续的国际化目标稳步迈进。

经过前几个阶段国际化加速，华大基因已经形成了一定规模的产业链布局，在 VUCA 环境中抓住机遇，防范风险，跻身基因组学领域前列，搭建区域网络平台，进行多元化发展，拥有了可持续国际化的基本要素。

四、案例讨论

（一）民营企业国际化的动态过程

结合华大基因的案例，天生国际化企业的加速国际化并非一蹴而就，而是在早期沉淀、外部环境触动以及战略行为响应的共同作用下完成的。具体而言，华大基因的国际化过程分别经历了国际化渐进期和国际化加速期，其中国际化渐进期包含 1999—2009 年的启动阶段和 2010—2019 年的蓄力阶段，国际化加速期包含 2020—2021 年的扩张阶段以及 2021 年至今的可持续阶段。

1. 国际化渐进期

在国际化渐进期，同传统跨国企业渐进式国际化具有一定相似性，华大基因的战略重点在动态能力的获取、积累和开发上。在国际化启动和蓄力阶段，受益于创始人的先见之明和行业洞察，华大基因在成立之初便确立了天生国际化的组织身份导向，因而具备一定的国际化速度。随后，在外部环境的技术复杂性和社会文化模糊性的冲击下，华大基因意识到自己在“走出去”过程中缺乏核心专业技术和东道国市场信息。

一方面，华大基因决定先通过市场交易手段以较低成本获取基因测序行业巨头之一 Illumina 的测序仪。随后公司凭借测序仪的收益增加了海外业务，提高了公司的知名度，并以此为跳板，跨国收购具备核心测序技术的 Complete Genomics 公司，实现了技术资源的获取和国际化初始速度的大幅提升。与此同时，华大基因始终重视科研投入，研发费用占营业收入的比重持续保持在 10% 以上，并在全球各地设立海外分公司和搭建核心实验室，进行“覆盖全国、辐射全球”的技术网络布局，逐步实现专业知识和技术资源的积累。另一方面，华大基因积极寻求利益相关者的支持，在国际化业务开展上采用传统跨国企业早期惯用的第三方代销方式，初步应对东道国环境中存在的社会文化模糊性特征。进一步地，公司又基于这一阶段布局的海外分公司和核心实验室网络，不断加强对业务所涉地区的政治经济环境的了解，开发出了对东道国社会文化“去模糊性”的信息搜寻系统。

华大基因虽然在国际化渐进期技术和业务布局战略卓有成效，

企业国际化渐进速度呈现渐进加速特征，但是企业的运营和销售模式并没有随着业务扩张和技术升级得到变革性转型，因此，其国际化过程没有出现跳跃式或激进式加速，公司的海外业务占比稳定在20%～30%也很好地说明了这一点。

2. 国际化加速期

随着跨国企业各方面动态能力增强并达到一定程度，在外部环境驱动下，企业的战略变革会自然而然地发生，并导致国际化速度产生质变。事实上，外部环境中的经济易变性和政策不确定性反而是华大基因产生两次战略变革和国际化加速的契机。

新冠疫情席卷全球后，各国对病毒检测材料、设备、健康服务和知识普及等系列产品的需求极大。华大基因抓住了这一机遇并充分激活已有和潜在的动态能力，迅速推出火眼实验室创新战略，并通过对火眼实验室一体化综合解决方案的快速复制和变现实现跳跃式国际化加速。火眼实验室战略促成了华大基因规模化、标准化、信息化的海外平台输出模式，同时也引发了企业内部人力资源和外部社会形象的变革性提升。可以说，标准化的火眼实验室是国际化进程中的一个断裂变化事件（王益民等，2017）。同时，由于中美贸易摩擦不断加剧，华大基因面临北京六合子公司被列入美国出口管制“实体清单”导致的物项采购受限威胁，以及未来其他上下游企业可能被拉入该“实体清单”的供应链断裂风险。政策不确定性对华大基因的不利影响将会继续存在，可能成为当前和未来掣肘华大基因国际化加速的政治负面因素之一。

考虑到经济易变性带来的需求波动和政策不确定性带来的供应不稳，华大基因通过推出第二次战略变革带动企业进行新一轮国际化加速。截至 2021 年底，华大基因已在海外形成了一定规模的火眼实验室网络。基于此，华大基因推出“前店后厂”战略，致力于提供区域性的公共卫生价值闭环服务。公司首先开拓海外地区的国家政府、跨国公司、基金会、非政府组织合作关系网络，实现社会文化去模糊性和抑制政策不确定性，然后与火眼实验室网络联结，在海外建厂并构建产业园，实现从新冠业务延伸至常规业务的多元布局，从而分散了需求易变性以及供应不确定性带来的风险，在 VUCA 环境中实现“化危为机”，具备了可持续国际化的资质。

（二）民营企业国际化过程中的 VUCA 特征

1. 经济易变性

跨国企业面临较大的经济易变性，在案例中具体表现为新冠疫情影响消费需求和产业投资变动。一方面，新冠疫情从 2019 年底全球暴发到 2021 年持续反复到如今常态化防控，引起新冠疫情防控产品和检测服务的全球市场从需求激增以及供不应求，到如今需求稳定和供应商竞争加剧，市场发展形势以及海外各国家和地区防控政策的不可预测性都给华大基因带来了较大的易变性；另一方面，新冠疫情导致的需求和生产易变性也促使华大基因重视对其常规业务板块的建设和开展多元化产业投资，未来将依托新冠疫情下布局的火眼实验室拓展衍生服务和国际化产品。

2. 政策不确定性

尽管“一带一路”建设的深入发展为华大基因提供了来自母国的发展机遇以及稳健支持，但由于东道国政策存在不同程度的不确定性，公司仍然面临一定的供应链断裂风险。例如，华大基因的扩张期恰逢中美贸易摩擦，美国出台出口管制“实体清单”导致华大基因子公司采购受限，从短期来看该政策波动可能进一步导致公司原材料供应全面受缚，长期来看“实体清单”的扩大或其他变动可能波及产业链上下游企业，从而对公司构成潜在威胁。

3. 技术复杂性

华大基因所属的基因组学应用行业属于新兴高新技术行业，具有技术复杂、专业性高和知识更新快的特点，因此其研发投入具有成本高、周期长、变化快和资质申报难等特点。公司的管理政策、研发团队、技术路线选择都会影响产品研发，如果公司在进行大量研发投入后未获得具有商业价值和符合市场需求的产品，公司盈利能力会受到较大影响。此外，华大基因处于基因组学应用行业产业链的中游，其上游为基因测序仪与试剂供应商，产业链上游竞争激烈并且存在国外少数行业巨头的垄断。近年来，产业链上游频频爆发的专利侵权诉讼难免波及中游基因测序仪与试剂使用企业，并有可能造成供给不畅。

4. 社会文化模糊性

模糊性是对现实判断的模糊不清，也是误解产生的根本原因。由于不同国家、地区的文化、风俗习惯、宗教等社会环境存在一定差异，跨国公司在进入不同东道国和制定差异化国际业务策略时会面临社会文化模糊性带来的风险。华大基因从海外代销战略到火眼实验室布局再到“前店后厂”战略模式，其国际化战略不断升级迭代，在加速国际化过程中面临的地理距离、文化差异和制度差异等造成的外来者劣势也随之增加。

五、理论启示

（一）民营企业加速国际化的动态能力类型

目前，已有的动态能力框架强调了多种行为能力，通过梳理相关文献并结合华大基因的国际化实践，本章提取出五种行为能力并将其纳入“VUCA—动态能力—加速国际化”的跨国企业分析框架中。

1. 环境洞察能力

跨国企业对环境的洞察需要公司深入了解自身所在行业的发展运行规律，同时敏锐捕捉到可能的变化趋势（李兴旺，2006），更重要的是能够认识并分析环境变化对企业产生的影响（焦豪等，

2008）。本案例中，环境洞察能力是华大基因对 VUCA 环境具体特征的扫描、识别、解读和回应，是发展其他动态能力的重要基础以及形成战略变革的关键传导。

2. 组织身份认知能力

组织身份回答了企业是什么的根本性问题。由于组织身份对组织行为具有重要导向作用，而企业的组织身份往往会随外部环境的变化而变化，因此企业选择、构建、调整自身的组织身份以增强适应性、实现可持续发展是一种动态的管理变革能力（Li et al.，2012；尹剑锋等，2017）。在所有权层面上，华大基因作为一家民营企业，其面临的时间和资源约束更多，需要其他更强大的动态能力对该身份的缺陷进行突破；在业务范围上，华大基因在创立伊始就已经明确自己是一家天生国际化企业，其对自身组织身份的笃定和践行，赋予了其加速国际化以更大驱动力。

3. 技术柔性能力

企业必须具备有关自身业务的技术知识基础并将其运用到产品中去（Collis，1994）。Hendenson 和 Cockburn（1994）以医药行业为研究对象，发现技术研发与新药开发生产率之间存在积极联系。华大基因以市场交易、跨国并购和搭建实验室网络等国际化方式形成的技术能力和知识存量为基础，不断改进产品设计和业务布局。依托较强的技术柔性能力，华大基因在为市场提供更及时、更优质、更充裕的产品服务的同时，还能够在国际化标准体系中快速得到各国认可。

4. 产品复制能力

企业先前的活动、惯例和商业实践可以成为企业发展其资源和能力的路径的一部分，对其的复制、改进和执行又反过来决定企业实施未来活动的能力（Teece et al.，1997；Ray et al.，2004）。在本案例中，华大基因的产品复制能力具体表现为对战略抓手火眼实验室的执行力。这种能力的形成源于对其以往方案执行经验的复刻和拓展，是加速国际化的基本动态能力之一。

5. 产业链对接能力

Koka 和 Prescott（2008）提出，目前一种普遍的看法是产业联盟网络结构会影响企业国际化绩效，而且这种影响往往是积极的。产业链网络能力和战略性路径结盟能力作为一种动态能力有利于中小企业占据优势创业地位，而天生国际化企业和民营企业大多为中小企业（Borch and Madsen，2007）。华大基因正是通过在国际化加速期最后一个阶段适时开启“前店后厂”模式，整合东道国当地资源以及建设产业园等方式形成联盟网络，从而顺势延伸产业链和实现可持续国际化。

（二）VUCA 环境中民营企业加速国际化的理论框架

1. 动态能力的构建过程

Eisenhardt 和 Martin（2000）指出，动态能力的重要表现形式为内部资源的组织、重构、获取和释放，从而使得企业竞争力与外部竞争环境变化的要求吻合。我们发现，民营企业要在 VUCA 环境中实现加速国际化，应该具备两种基本动态能力：一是国际化组织身份认知能力，只有立足于国际化企业的身份认知，才会构建和培育国际技术柔性能力；二是国际环境洞察能力，在外界环境驱动下，国际环境洞察能力会激发出产品复制和产业链对接能力。

回归到案例企业，华大基因对自身动态能力系统性构建的逻辑链表现为：首先，创始人和高管层等核心利益相关者在国际化渐进期保持对环境变化的洞察，优先确立公司在基因组学赛道上天生国际化这一组织身份导向，并认识到对这一组织身份的强化存在技术核心资源的缺位。其次，公司通过在该赛道技术领域展开研发投入、市场交易、跨国并购和网络布局，实现国际技术柔性动态能力上的领先优势，从而在国际化渐进期末构筑出“组织身份—环境洞察—技术柔性”的稳定三角，具备对之后国际化加速期新冠疫情和中美贸易摩擦快速反应的基础。再次，依靠环境洞察能力和技术柔性能力循环发展，华大基因在新冠疫情暴发期间激活了自身的产品复制能力，通过这种能力形成的火眼实验室网络资源又增强了其对自身组织身份的认同。最后，在后疫情时代，中美贸易摩擦加剧以及区域公共卫生建设需求增加，公司利用组织身份认知、国际环境洞察和技术柔性能力组织、重构、获取并释放了火眼实验室涉及的技术和社会网络资源，在“前店后厂”战略中形成自身产业链对接的动态能力，综合运用各类动态能力对公司用于国际化加速的可持续化的内外部资源进行深度整合。

2. VUCA 环境与动态能力

我们发现，VUCA 环境对企业对于机会和威胁的洞察能力有着极高要求。企业的环境洞察能力在微观上可以囊括以下两个方面：以企业家为代表的中高层管理者和技术专家的市场经验、人文底蕴、商业洞察和机遇把握（焦豪等，2008）以及企业的组织情报系统（Lawson and Samson，2001）。如前文所述，华大基因所处的 VUCA 环境具体表现为经济易变性、政策不确定性、技术复杂性、社会文化模糊性 4 个子维度。经济易变性和技术复杂性要求华大基因的中高层管理者充分发挥企业家精神和专业能力，深入了解基因组学的发展规律，精准预判基因测序市场的变化趋势，并塑造相应的组织身份、社会形象、使命愿景以及核心技术竞争力等。政策不确定性要求企业对母国和东道国之间的政治关系保持高度敏感，社会文化模糊性则需要企业采取措施消除两国之间地理距离、文化差异和制度差异等带来的不利影响，二者都对企业的情报系统和信息网络提出了较高的要求。

此外，我们还发现，VUCA 特征在国际化过程中的深化与企业其他动态能力的发展是循环进行的。例如，单宇等（2021）发现企业可以通过非线性的方式在认知维度、资源维度和制度维度分别进行重构以适应危机情境的变化。本案例中，华大基因的环境洞察能力是在企业认知维度上的重构，随后通过组织身份认知和技术柔性能力重构资源维度，最后通过组织身份认知、产品复制能力和产业链对接能力重构制度维度以及资源维度，而资源维度和制度维度的重构又反过来促进了企业环境洞察能力在认知维度上的重构，并在外部VUCA特征触发下形成新一轮螺旋上升的循环。

3. 动态能力与加速国际化进程

华大基因的国际化实践说明，在国际化渐进期，身份认知能力和技术柔性能力奠定了企业国际化初始速度的基础，尽管这一时期国际化程度较低，国际化速度较慢。一旦外部环境出现机遇，在环境洞察能力的驱动下，跨国企业可以快速激活产品复制与产业链对接能力，通过标准化产品等实现加速国际化跃迁，由渐进期迈入加速期，维持较高的国际化程度。乌普萨拉模型（Johanson and Vahlne，1977）对于华大基因的国际化渐进期也有一定的解释能力，进入国际市场后，在环境洞察、技术柔性和组织身份洞察能力的共同作用下，企业资源综合利用效率和资源承诺水平不断提高，企业国际化速度在启动阶段逐步提高。随着企业采取并购、标准化产品、产业园搭建等国际化加速手段（柴忠东和张子源，2013），以及出现“断裂变化事件”形成企业战略质变，企业国际化速度不再只是阶段式渐进提高，而是呈现出跨越发展的特征，企业丰富的国际化经验积累、资源承诺水平投入在推动跨国经营发展的同时，也促进了企业国际化加速。这一点拓展了激进式国际化速度理论中对全过程动态分析模型的讨论（王益民等，2017），启示着天生国际化企业这一类初创企业利用动态能力工具对国际化加速进行驱动、监控以及调节。图 4-5 展示了 VUCA 环境中民营企业加速国际化的理论框架。

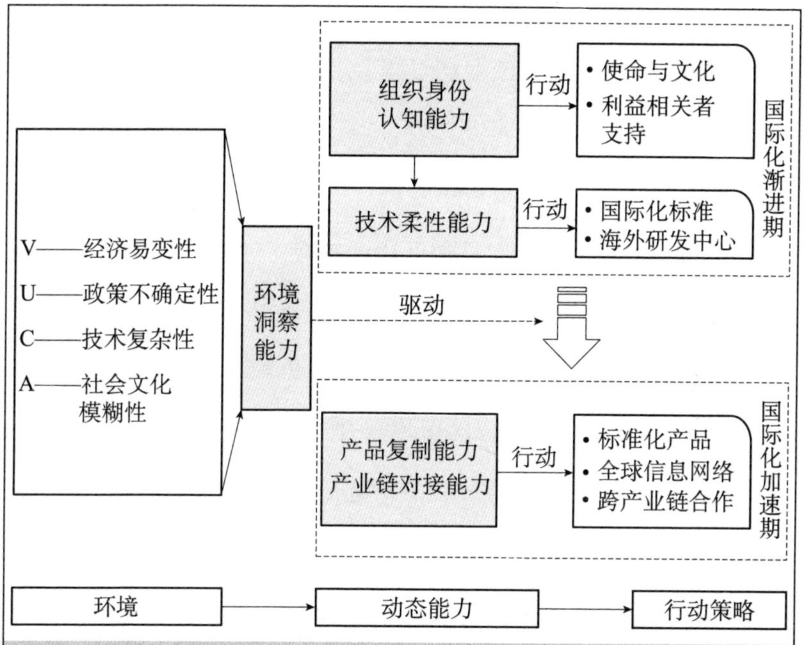

图 4-5　VUCA 环境中民营企业加速国际化的理论框架

六、研究结论与启示

本章通过对华大基因案例的分析，系统研究了中国民营企业的国际化行动策略、面临的 VUCA 环境以及加速国际化的动态能力构建过程。我们发现：首先，在国际化行动策略方面，为了实现高水平的可持续国际化，民营企业的行动策略可以分为国际化渐进期和国际化加速期。在国际化渐进期，民营企业确定了跨国企业的组织身份，并且得到投资者、员工等利益相关者的认可支持，驱动着企业通过国际通用标准认证和设立海外研发中心；在国际化加速期，民营企业依托标准化产品、信息网络和产业链合作，迅速实现海外收入增长。其次，国际化过程面临的 VUCA 环境包括经济易变性、政策不确定性、技术复杂性和社会文化模糊性。具体来说，受限于国际投资保护和重大突发事件，企业国际经营面临原材料供给和产品服务需求量的骤变；全球各国制度文化迥然，企业在东道国会面临政策不确定和社会文化模糊的情况。最后，在加速国际化的动态能力构建过程方面，环境洞察、组织身份认知、技术柔性、产品复制以及产业链对接能力构成了加速国际化的动态能力。民营企业有效认知国际化企业身份和洞察国际环境是基本能力，在此基础上企业进一步构建了技术柔性能力；一旦洞察到 VUCA 环境蕴含的机会，民营企业可以快速激活产品复制和产业链对接能力，由渐进国际化成功跃迁至加速国际化，维持较高的国际化水平。

本章的研究具有一定的启示作用：首先，为了实现加速国际化，民营企业需要历经国际化渐进期的沉淀和积累。一是在资金成本相对欠缺的情况下，民营企业更要尽早定位企业身份，加强员工、投资者的互动交流，获得利益相关者的支持。二是民营企业积极进行技术、产品等的国际标准的认证，及时将先进科技创新成果融入标准化体系，紧跟新技术、新工艺产权保护的步伐。三是强化民营企业国际知识产权意识，完善国家知识产权公共服务平台建设，加快形成国际知识产权风险预警和应急机制，适时为中小企业国际知识产权纠纷提供支持。

其次，要实现加速国际化的驱动，民营企业需要构建及时响应的环境洞察能力。VUCA 环境特征成为全球经济与政治格局的新常态，对中国企业国际环境洞察能力提出全新的要求。一方面企业需把握数字化转型契机，依托国家中小企业数字化赋能专项行动，提高国际环境洞察能力，提升信息获取、解读和回应水平；另一方面国家要建好、用好“走出去”公共服务平台，定期编制国别风险指数，及时更新境外安全风险、对外投资服务信息，以母国支持优势带动企业特定信息优势。

最后，实现加速国际化的跃迁，民营企业需要深度融入全球产业链。一方面，国家应进一步支持民营企业参与国内外“双循环”新发展格局，鼓励民营企业开拓“一带一路”沿线国家市场渠道，依托境外产业园区等集聚中心设立产业链供需沟通专区，为民营企业提供可靠的海外支持服务；另一方面，应推动民营企业走“专精特新”发展之路，加快建立“专精特精”产业链的行业标准体系，建设产业链的结算中心，通过中央企业等产业链纽带，帮助民营企业维护全球产业链地位。

参考文献

［1］柴忠东，张子源．新兴市场企业“加速的国际化”现象研究．国际展望，2013（1）：117-135.

［2］单宇，许晖，周连喜，等．数智赋能：危机情境下组织韧性如何形成？：基于林清轩转危为机的探索性案例研究．管理世界，2021，37（3）：84-104.

［3］董保宝，罗均梅．VUCA 与新时代的创业研究：“2018 年创业研究前沿专题论坛”观点综述．外国经济与管理，2018（10）：31-39.

［4］焦豪，魏江，崔瑜．企业动态能力构建路径分析：基于创业导向和组织学习的视角．管理世界，2008（4）：91-106.

［5］李兴旺．动态能力理论的操作化研究：识别、架构与形成机制．北京：经济科学出版社，2006.

［6］吕蕊，邹媛春．中国企业的国际化进程：国有与民营企业的对比分析．石河子大学学报（哲学社会科学版），2015，29（6）：100-107.

［7］王益民，梁枢，赵志彬．国际化速度前沿研究述评：基于全过程视角的理论模型构建．外国经济与管理，2017（9）：98–112.

［8］吴先明，高厚宾，邵福泽．当后发企业接近技术创新的前沿：国际化的“跳板作用”．管理评论，2018（6）：40–54.

［9］徐炜，马树元，王赐之．家族涉入、国有股权与中国家族企业国际化．经济管理，2020，42（10）：102–119.

［10］许晖，于超，王亚君．从“响应”到“引领”：环境突变情境下新创平台如何实现快速迭代？．管理评论，2022，31（4）：328–341.

［11］尹剑峰，叶广宇，黄胜．机会识别、组织身份变更与企业多元化发展研究．管理案例研究与评论，2017，10（2）：191–208.

［12］张超敏，许晖，单宇．中国跨国企业如何适应新兴市场的不确定性？．外国经济与管理，2022，44（1）：50–67.

［13］Bennett N, Lemoine J. What VUCA really means for you. Harvard Business Review, 2014, 92(1–2): 27–27.

［14］Borch O J, Madsen E L. Dynamic capabilities facilitating innovative strategies in SMEs. International Journal of Technoentrepreneurship, 2007, 1(1): 109–125.

［15］Collis D J. Research note: how valuable are organizational capabilities?. Strategic Management Journal, 1994, 15(S1): 143–152.

［16］Eden L. Letter from the editor-in-chief: time in

international business. Journal of International Business Studies, 2009, 40(4): 535–538.

［17］Eisenhardt K M, Martin J A. Dynamic capabilities: what are they?. Strategic Management Journal, 2000, 21(10–11): 1105–1121.

［18］Henderson R, Cockburn I. Measuring competence? exploring firm effects in pharmaceutical research. Strategic Management Journal, 1994, 15(S1): 63–84.

［19］Johanson J, Vahlne J E. The internationalization process of the firm: a model of knowledge development and increasing foreign market commitments. Journal of International Business Studies, 1977, 8(1): 23–32.

［20］Koka B R, Prescott J E. Designing alliance networks: the influence of network position, environmental change, and strategy on firm performance. Strategic Management Journal, 2008, 29(6): 639–661.

［21］Lawson B, Samson D. Developing innovation capability in organisations: a dynamic capabilities approach. International Journal of Innovation Management, 2001, 5(3): 377–400.

［22］Li J, Fleury M T L. Overcoming the liability of outsidership for emerging market MNEs: a capability-building perspective. Journal of International Business Studies, 2020, 51(1): 23–37.

［23］Li J, Tang G, Chen Y. Firms' human resource in information system and sustainable performance: does their organizational identity matter?. The International Journal of Human Resource Management, 2012, 23(18): 3838–3855.

［24］Luo Y, Tung R L. International expansion of emerging market enterprises: a springboard perspective. Journal of International Business Studies, 2007, 38(4): 481–498.

［25］Lyles M, Li D, Yan H. Chinese outward foreign direct investment performance: the role of learning. Management and Organization Review, 2014, 10(3): 411–437.

［26］Musteen M, Francis J, Datta D K. The influence of international networks on internationalization speed and performance: a study of Czech SMEs. Journal of World Business, 2010, 45(3): 197–205.

［27］Oviatt B M, McDougall P P. Defining international entrepreneurship and modeling the speed of internationalization. Entrepreneurship Theory and Practice, 2005, 29(5): 537–553.

［28］Ozawa T. A note on Dani Rodrik, "populism and the economics of globalization". Journal of International Business Policy, 2018, 2(1): 182–193.

［29］Petricevic O, Teece D J. The structural reshaping of globalization: implications for strategic sectors, profiting from innovation, and the multinational enterprise. Journal of International Business Studies, 2019, 50(9): 1487-1512.

［30］Prange C, Verdier S. Dynamic capabilities, internationalization processes and performance. Journal of World Business, 2011, 46(1): 126-133.

［31］Ray G, Barney J B, Muhanna W A. Capabilities, business processes, and competitive advantage: choosing the dependent variable in empirical tests of the resource - based view. Strategic Management Journal, 2004, 25(1): 23-37.

［32］Ren M, Manning S, Vavilov S. Does state ownership really matter? the dynamic alignment of China's resource environment and firm internationalization strategies. Journal of International Management, 2019, 25(3): 100667.

［33］Schoemaker P J H, Heaton S, Teece D. Innovation, dynamic capabilities, and leadership. California Management Review, 2018, 61(1): 15-42.

［34］Teece D J, Pisano G, Shuen A. Dynamic capabilities and strategic management. Strategic Management Journal, 1997, 18(7): 509-533.

[35] Teece D J. Explicating dynamic capabilities: the nature and microfoundations of (sustainable) enterprise performance. Strategic Management Journal, 2007, 28(13): 1319–1350.

[36] Vernon-Wortzel H, Wortzel L H. Strategic management in the global economy. 3rd ed. New York: Wiley, 1997.

[38] Zott C, Amit R. The fit between product market strategy and business model: implications for firm performance. Strategic Management Journal, 2008, 29(1): 1–26.

第五章
“一带一路”倡议下中国制造业企业价值链重构路径研究

——基于海康威视的案例分析

摘要：在“一带一路”倡议下探究中国制造业企业价值链重构路径，对提高中国制造业企业的价值链分工地位和推动制造业企业高质量发展具有重要意义，本章以海康威视为研究对象，采用案例研究方法，探究“一带一路”倡议下中国制造业企业的价值链重构路径。研究发现，“一带一路”倡议是中国制造业企业内部价值链和全球价值链衔接和联结的桥梁，在该倡议下中国制造业企业需要以内部价值链重构为基础，协同全球价值链重构，以此实现制造业企业的价值链重构，进而提升自身的核心竞争力。内部价值链重构要求企业充分利用自身禀赋优势，提高内部资源配置效率，拓展业务领域，不断迭代优化企业内部价值创造环节，形成内部业务闭环，进而提升企业竞争优势；全球价值链重构要求企业以技术创新为驱动力，通过优化产品设计、研发和品牌营销服务，牢牢把握研发和营销等高附加值的价值链环节，进而提升其在全球价值链中的分工地位。在“一带一路”倡议下，内部价值链和全球价值链的对接和协同发展可以帮助中国制造业企业突破“低端嵌入”和“低端锁定”的发展困境。

关键词：“一带一路”倡议、制造业企业、价值链重构、案例研究

一、引言

改革开放以来，中国不断优化开放格局，实施“走出去”战略，鼓励中国企业参与国际市场竞争。经过多年的耕耘，凭借在土地和劳动力等生产要素方面的低成本优势，中国制造业企业通过加工、组装和制造等方式嵌入由发达国家主导的全球价值链中，实现了中国制造业的快速发展。但是，随着经济全球化和新一轮科技革命的发展，中国制造业依靠代加工嵌入价值链的传统模式

愈发难以满足自身和国家经济社会高质量发展的需要。与此同时，由于全球经济贸易不确定性的增加，越来越多的发达国家纷纷出台一系列制造业回流政策，并且随着国内劳动力成本的不断上涨，劳动密集型制造业企业逐步丧失原有的竞争优势，而越来越多的发展中国家则正以劳动力成本优势嵌入全球价值链，中国制造业企业面临“低端嵌入”和“低端锁定”的发展困境，迫切需要加快转型升级以实现在全球价值链分工地位的提升。

“一带一路”倡议秉持和遵循共商共建共享原则，旨在与“一带一路”沿线国家和地区政策沟通、设施联通、贸易畅通、资金融通、民心相通，携手共建利益共同体、命运共同体和责任共同体，通过进一步深化对外开放战略体系，助力中国加快产业转型升级，推动经济高质量发展。“一带一路”倡议的提出为中国制造业突破发展困境提供了新思路，它通过构建和优化以中国为核心枢纽的区域价值链，帮助中国制造业企业加快转型升级，提升全球价值链分工地位，进而实现其高质量发展目标。现有研究也认为“一带一路”倡议是全球价值链重构的突破口，也是中国等发展中国家突破全球价值链“低端嵌入”和“低端锁定”发展困境的关键所在（黄先海和余骁，2018；陈淑梅和高敬云，2017；李芳芳等，2019）。然而，在“一带一路”倡议下，如何进行价值链重构以实现转型升级并增强国际竞争优势是很多中国制造业企业在现实中面临的主要问题。因此，探究“一带一路”倡议下中国制造业企业价值链重构路径对于提升中国产业价值链分工地位具有重要的意义。

现有研究虽然已经关注到“一带一路”倡议和全球价值链重构的相关问题，但是主要从国家和产业等宏观层面重点探讨“一带一路”倡议对全球价值链重构的重要性和可行性问题，较少有研究从企业微观层面探究中国制造业企业的价值链重构问题，以及进一步探究企业内部价值链和全球价值链的全方位衔接和互动过程。本章以杭州海康威视数字技术股份有限公司（简称“海康威视”）为研究对象，采用案例研究方法，通过梳理“一带一路”倡议下海康威视的经营生产活动，分析海康威视内部价值链和全球价值链的衔接和互动所形成的企业价值链重构路径，以期为我国制造业企业借助“一带一路”倡议实现转型升级和突破“低端嵌入”和“低端锁定”发展困境提供有益借鉴和理论支持。

本章具有如下几点贡献：第一，拓展了企业价值链重构路径的相关研究。企业进行价值链重构旨在增强自身的核心竞争优势，现有研究从不同情境下探究了不同类型企业价值链重构的路径。例如王雪冬等（2019）探究了创造共享价值（creating shared value，CSV）视阈下招商局集团价值链集成、联结和聚合层层递进的价值链重构路径。张正荣和杨金东（2019）从耦合视角探究了跨境电子商务背景下服装外贸企业的价值链重构路径。张振刚等（2021）探究了大数据时代格力电器的动态能力对价值链渐进式重构和破坏式重构的路径。吴浩强和刘慧岭（2021）发现数字技术通过组织、知识和网络生态赋能，可以促使出版企业实现价值链创新型、伸缩型与跨越型重构。但是鲜有研究探究“一带一路”倡议背景下中国制造业企业的价值链重构路径。因此，本章基于“一带一路”倡议情境，探究中国制造业企业价值链重构的路径，拓展了企业价值链重构路径的相关研究。第二，本章拓展了“一带一路”倡议下价值链重构的相关研究。现有研究主要从国家和产业等宏观层面重点探究“一带一路”倡议对全球价值链重构的重要性和可行性问题，缺乏从微观企业层面探究企业价值链重构路径的研究。本章探究“一带一路”倡议下海康威视内部价值链和全球价值链协同发展，共同形成价值链重构的路径，从微观企业层面丰富了“一带一路”倡议下价值链重构路径的相关研究。第三，本章揭示了“一带一路”倡议下中国制造业企业价值链重构的路径，具体表现为中国制造业企业以内部价值链重构为基础，与全球价值链协同发展的过程。“一带一路”倡议是中国等发展中国家制造业企业突破“低端嵌入”和“低端锁定”困境的关键所在，它能够增加各参与国之间的贸易互补性，为参与建设的企业提供更好的发展机遇。内部价值链重构和全球价值链重构协同发展的价值链重构模式可以为新时代中国制造业企业“走出去”提供有益的借鉴。

二、文献回顾

（一）价值链与价值链重构研究

价值链是迈克尔·波特于 1985 年提出的概念，他认为企业的价值创造来源于设计、生产、销售和配送等基础活动以及材料采购、技术研发、人力资源管理、基础设施建设等辅助活动，它们共同构成企业价值创造的活动链条，即企业价值链。同时，波特还指出，当企业与产业中的供应商、渠道商、其他制造商和消费者相关联时，便会形成外部价值链。Gereffi 等（2001）在全球化和国际专业化分工背景下提出全球价值链概念，认为企业的研发设计、生产制造、营销和售后在国际贸易中可以实现产品或服务的价值创造，它反映了企业产品或服务价值链条的跨地域布局和延伸。从企业价值链到全球价值链是一个企业从内到外的渐进过程，这个过程可以帮助企业实现价值创造，获得竞争优势。按照价值链流程，企业的研发设计环节为价值链的上游，生产制造环节为价值链的中游，而营销和售后环节则是价值链的下游。根据微笑曲线理论，研发设计环节以及营销和售后环节产生的附加值最高，而生产制造环节产生的附加值最低。

随着对价值链研究的深入，学术界和实务界开始广泛关注价值链重构的问题。价值链重构是指在不断变化的动态环境中，企业不断进行优化、重组或创新排序内外部价值创造的各个环节，进而形成满足客户需求并且高效的新商业流程（周永亮，2016；王雪冬等，2019）。现有研究主要从企业价值链重构和全球价值链重构层面探究不同价值链的影响因素以及重构路径。在企业价值链层面，价值链重构主要是细化、改进和优化企业内部价值创造的基本活动和辅助活动，进而推动企业价值创造。在此过程中，企业的动态能力（张振刚等，2021）、创新活动（屠年松和易泽华，2018）和数字技术（吴浩强和刘慧玲，2021）等因素会驱动企业进行价值链重构。企业可以通过组织学习和组织变革（许晖和王琳，2015）、价值链网络（李垣和刘益，2001）、价值链外包（Grossmanand and Helpman,2002）以及价值链集成（王雪冬等，2019）等路径重新组合价值创造活动的各个环节，提高各环节的经济附加值，进而实现企业价值链重构。在全球价值链层面，技术进步、要素禀赋结构、制度变迁和全球经济贸易规则变化等因素会驱动全球价值链的重构（李芳芳等，2019；戴翔 ,2020；戴翔等，2022），而价值链重构路径主要是企业将价值创造活动的不同环节在全球进行重新定位、调整和更换（杨学成和陶晓波，2015），以产品或者服务交易等业务联系为纽带，在不同国家和地区配置资源，促进各种资源在不同地理位置之间进行流动，从而实现价值链重构（王雪冬等，2019）。

（二）“一带一路”倡议与全球价值链重构研究

现有研究大多关注“一带一路”倡议对全球价值链重构的重要性和可行性。在重要性方面，学者们普遍认为在国际经济贸易格局变革对全球价值链提出重构需求的背景下，“一带一路”倡议是全球价值链重构的突破口，也是中国等发展中国家突破全球价值链“低端嵌入”和“低端锁定”发展困境的关键所在（黄先海和余骁，2018；陈淑梅和高敬云，2017；李芳芳等，2019）。在“一带一路”建设中，构建以中国为核心枢纽的“一带一路”区域价值链，然后以整体形式嵌入全球价值链，进而形成新型双向嵌套型全球价值链分工体系，不仅可以帮助中国在重塑全球价值链中实现经济转型 (黄先海和余骁，2018)，还可以促进国家价值链与全球价值链相互促进，提升中国在全球经济中的话语权 (张良悦和刘东，2015) 。在可行性方面，大多数现有研究基于优势理论，在分析中国与“一带一路”沿线国家或地区要素禀赋优势的基础上，通过构建价值链位置指数（魏龙和王磊，2016）、显性比较优势指数（周绍东等，2017）、显性产业合作优势指数（钱书法等，2017）、出口贸易相关指数（韩永辉等，2015）等相关指数证实中国与“一带一路”沿线国家或地区在经济贸易上的互补性强于竞争性，并且中国占据价值链的高附加值环节，具备构建“一带一路”区域价值链的可行性。李芳芳等（2019）认为“一带一路”倡议不仅可以促进沿线国家或地区间的要素流动，进一步释放其贸易潜力，还可以助推全球新一轮科技革命，创新国际经济贸易规则。中国可以借力“一带一路”平台进行价值链重构。戴翔和宋婕（2019）则基于贸易增加值视角，从上游依赖度和下游影响度两个层面构建全球价值链重构指数，证实“一带一路”倡议能够推动沿线国家或地区积极融入全球价值链，对全球价值链重构产生现实效应。卢潇潇和梁颖（2020）从基础设施建设视角证实“一带一路”建设通过互联互通增加了实现互利共赢进而主导全球价值链重构的可能性，并且认为“一带一路”建设可以从基础产出、技术带动和协调配置三方面推动全球价值链重构。此外，也有学者探讨“一带一路”倡议下全球价值链重构的实现机制问题。李丹和崔日明（2015）认为挖掘沿线国家市场潜力、构筑以中国为核心的全球自贸区群、加强货币合作和推进“一带一路”区域整体融合可以促进全球价值链重构。刘志彪和吴福象（2018）认为在“一带一路”倡议下，中国企业既要嵌入本地产业集群，又要嵌入全球价值链，同时集群既要从全球价值链向全球创新链升级，又要依托“一带一路”平台重构以中国为核心的区域价值链。黄先海和余骁（2018）认为“一带一路”倡议可以发挥结构优化效应和贸易创造效应，帮助中国实现生产模式的转型升级，同时提升中国与沿线国家和地区的全球价值链分工地位。

（三）文献述评

众多学者对“一带一路”倡议下价值链重构的研究做了许多有益的探索，但是还存在以下局限：第一，现有研究多集中探讨“一带一路”倡议下全球价值链重构的重要性和可行性问题，而对全球价值链重构路径的研究较少，亟须剖析“一带一路”倡议下中国企业参与全球价值链重构的路径，以提升其在全球价值链中的分工地位。第二，现有研究多从国家和产业层面探究“一带一路”倡议下全球价值链重构的相关问题，但在现实中参与“一带一路”建设的主体为微观企业个体，而从微观企业个体层面探究“一带一路”倡议下企业全球价值链重构的研究较为缺乏。第三，现有研究聚焦于“一带一路”倡议下中国全球价值链重构行为，而在“一带一路”倡议下，中国企业通过内部价值链活动向沿线国家或地区提供产品或服务，是以企业价值链重构为基础，并与全球价值链重构协同发展，进而获得竞争优势的过程，探寻“一带一路”倡议下中国制造业企业价值链重构路径的研究还存在一定的缺口。

三、案例研究设计与案例介绍

（一）研究方法

本章旨在探索在“一带一路”倡议下，中国制造业企业为什么要重构价值链以及如何进行价值链重构的问题。单案例研究能够全方位剖析研究对象在特定情境中的行为过程，深刻解释复杂现象背后的作用机理（Dyer and Wilkins，1991），适用于本章研究的问题。因此，本章以海康威视为研究对象进行单案例研究，通过梳理其在“一带一路”倡议下的价值创造活动，分析其企业价值链重构与全球价值链重构高效协同的行为，进而探究“一带一路”倡议下中国制造业企业的价值链重构路径。

（二）案例选择

按照案例典型性原则，本章选取海康威视作为研究对象，主要基于以下三点原因：第一，海康威视是一家集研发、生产、销售和服务为一体的国际化高端制造企业，在外部环境竞争日趋激烈和信息技术不断进步的情况下，海康威视凭借领先的技术优势、高端的技术产品和国内国际业务营销体系，不断更新迭代企业价值创造活动，已成为全球最大的提供安防产品和解决方案的公司，业务范围覆盖全球150多个国家和地区。第二，海康威视通过不断强化研发设计能力，以自有品牌积极参与“一带一路”建设，借助覆盖全球的营销网络，其业务范围覆盖“一带一路”大部分国家和地区，发展研发和营销高附加值的价值链环节，并形成自身特有的价值创造活动。第三，海康威视通过参与“一带一路”建设，积极布局国际化战略，有效衔接企业价值链和全球价值链，对企业本身的研发设计、生产制造、品牌建设和营销服务产生了深刻影响，是我国高端制造业“走出去”的典型代表。

（三）数据收集与分析方法

本章的研究资料来源于深度访谈和公开资料。其中，一手资料主要是研究团队通过对海康威视相关管理人员进行深度访谈获得的，深入了解了海康威视的组织结构、国内业务范围，以及在“一带一路”沿线国家和地区进行的业务战略布局等信息，访谈资料以书面和录音形式保存在原始资料库。二手资料主要是通过海康威视官网、巨潮资讯网、东方财富网等网站公开的各种定期报告以及其他报告获取的关于企业产品和业务的各种信息。此外，研究资料还包括网络媒体对海康威视的各种报道以及其他研究机构对海康威视的研究报告。在资料收集和分析的过程中，本章按照案例研究的常规做法，坚持三角交叉印证的原则，通过多样化的资料进行相互印证和补充，以增强本章的可信度。

（四）案例描述

海康威视于 2001 年在杭州成立，是一家从事安防视频监控产品研发、生产和销售的国有控股智能制造公司，同时，还是一家以安防视频为核心的物联网解决方案和数据运营服务供应商。海康威视以视频技术为起点，以技术创新为驱动，不断扩展和持续迭代企业价值创造活动，始终保持行业领先的竞争优势。同时，海康威视还以“市场为导向”和“研发为核心”的双核驱动组织架构，强化市场体系对客户服务、战略方向和资源规划的决策支撑能力，通过国际化的营销和服务网络，掌控了全球价值链中的研发和营销等高附加值的价值链环节。经过 20 多年的发展，截至 2022 年末，海康威视在国内设有 32 家省级业务中心、300 多个城市分公司，在海外国家或地区设立了 72 家分支机构，为全球 150 多个国家和地区的客户提供产品和专业解决方案。

本章以海康威视参与“一带一路”建设过程为主线，将案例全过程划分为两个阶段。如图 5-1 所示，第一阶段：“一带一路”倡议提出前价值链重构阶段（2001—2013 年）。该时期的海康威视从视频监控产品制造商向安防行业解决方案提供商转型，根据外部环境的不断变化，海康威视不仅积极重构企业价值链，还积极重构全球价值链。在企业价值链方面，海康威视成立之初主要以视频压缩板卡和 DVR（数字视频录像机）为核心产品，此后通过技术创新，于 2003 年将 H.264 算法引入视频监控领域。2007 年首次推出摄像机产品，将公司产品从后端视频存储设备扩展至附加值更高的前端视频采集产品，成为安防视频监控领域全品类产品制造商。2009 年推出“产品 + 平台”的安防行业解决方案，转型升级为安防行业解决方案提供商，而解决方案的推出也带动了公司产品的整体销售。海康威视 2010 年成功在深交所挂牌上市，

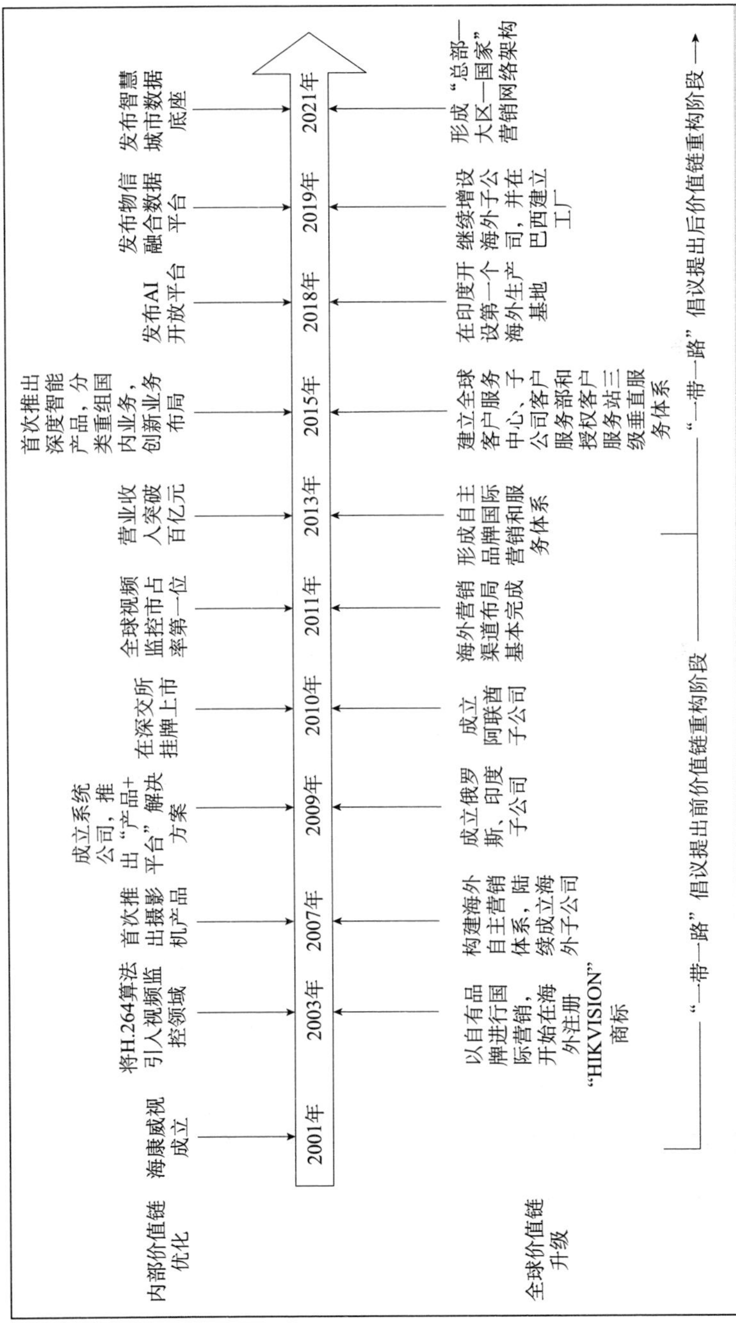

图 5-1 “一带一路”倡议下海康威视价值链重构发展进程

2011年跃居全球视频监控市占率第一位，2013年成为营业收入突破百亿元的企业。在全球价值链方面，自2003年以来海康威视便以自有品牌进行国际营销，并且在起步阶段就在全球100多个国家完成“HIKVISION”商标的注册工作。2006年在美国开设第一家海外子公司，2007年开始逐步构建自主的海外营销体系，此后，陆续在俄罗斯、印度、阿联酋等国家设立子公司。2011年，新增新加坡分支机构，海外营销渠道布局基本完成。2012年在南非、意大利和巴西增设了三家分支机构，同时加强了研发、供应链等部门与海外业务的链接。截至2013年，海康威视共有14家海外分支机构。经过多年的布局，海康威视形成了特有的自主品牌国际营销和服务体系，进行产品和品牌的国际推广和营销。

第二阶段：“一带一路”倡议提出后价值链重构阶段（2013年至今）。自2013年“一带一路”倡议提出后，海康威视紧紧抓住战略机遇期，不断创新和优化企业内部价值创造活动。同时，依靠“一带一路”平台，进一步深化全球价值链重构，以此获取新时代企业发展的竞争优势。在该时期，海康威视从安防行业解决方案提供商向智能物联网和大数据服务提供商转型。在企业价值链方面，随着新一轮科技革命和产业变革的不断推进，海康威视加强技术创新，从2014年开始不断对服务产品进行创新，于2015年首次推出深度智能产品，此后又陆续推出全系列深度智能产品。同时，为了拓宽企业业务收入来源，海康威视从2015年3

月开始启动业务架构变革，将国内业务进行分类重组，形成了3个事业群和8个创新业务。其中，3个事业群分别是公共服务事业群、企事业事业群和中小企业事业群。8个创新业务分别是智能家居、移动机器人与机器视觉、红外热成像、汽车电子、智慧存储、智慧消防、智慧安检、智慧医疗。在不断进行技术创新的同时，海康威视还不断提高企业的运营能力和运营效率，实现产品的价值落地。此后，2018年，公司发布AI开放平台，2019年发布物信融合数据平台，2021年发布智慧城市数据底座。在全球价值链方面，2014年海康威视继续坚持实行“国际化2.0”战略，不断进行公司团队成员、销售及仓储服务的本土化，以及品牌定位的自主化。销售模式也开始从单纯“销售产品”的模式向“销售产品+解决方案”的模式延伸。此外海康威视还从渠道分销市场向项目市场拓展，加大对海外项目市场的投入力度，实现了在重点区域和重点项目上的突破。2015年，海康威视在杭州及海外主要区域建立了全球客户服务中心、子公司客户服务部和授权客户服务站，形成三级垂直服务体系，实现了全球本土化深度服务，促进了海外产品销售。2018年，公司在印度开设第一个海外生产基地——印度工厂，此后相继建成巴西工厂和英国工厂。同时，海康威视与30多所大学和科研院所开展合作，和100多个用户单位建立联合创新实验室，共同打造产业创新联合体，还在加拿大、英国等地设立了研发中心，以更快的速度设计开发符合当地需求的产品与方案。2021年，公司在海外设立23个大区功能中心，下设66个分支机构，形成“总部—大区—国家”的营销网络架构，总部提高业务支撑能力，大区建设运营与服务体系，国家因地制宜深耕本地市场，并推行“一国一策”。经过行业带动区域、区域推动行业，营销带动研发、研发推动营销的有机组合，助力公司深入洞察用户需求，使营销和技术研发工作都能有的放矢，推进公司业务稳步向前。

四、案例分析

本章以海康威视在“一带一路”倡议下进行内部价值链和全球价值链重构的行为为基础，按照“动因—行为—结果”的范式（Service，2009；王雪冬等，2019；张振刚等，2021），探索“一带一路”倡议下中国制造业企业的价值链重构路径。

（一）海康威视的内部价值链重构路径

表5-1展示了海康威视内部价值链重构的典型例证。从表中可以看到，转型升级是海康威视进行内部价值链重构的直接动因。一方面，随着人工智能、云计算和大数据等新技术的蓬勃发展，安防视频监控行业朝着智能化和网络化方向发展，持续的技术创

新和高质量的产品和解决方案是安防保持核心竞争优势的重要因素。在新一轮科技革命的冲击下，如何向智能物联网和大数据服务提供商进行转型是海康威视进行价值链重构的重要内容。另一方面，海康威视在国内安防市场面临激烈的竞争。海康威视的主要竞争对手是大华和宇视，三者在国内安防市场呈现“三足鼎立”的态势。近年来，华为、旷视科技和阿里巴巴等高科技企业纷纷涌入安防市场，进一步加剧了安防市场的竞争。

表 5-1 海康威视内部价值链重构的典型例证

维度	三级编码	二级编码	一级编码（典型例证）
动因	转型升级	新信息技术的冲击	人工智能、云计算和大数据等新技术的蓬勃发展要求企业转型升级以增强竞争力
		国内市场竞争加剧	海康威视、大华和宇视“三足鼎立”的格局以及华为、旷视科技和阿里巴巴等高科技企业涌入安防市场
行为	建立支点	切入节点	技术创新是海康威视发展的驱动力，只有持续进行技术创新才能持续发展
		以点带面	以技术创新优化研发、生产、销售和服务活动，为内部价值链重构提供基础
	构建内核	聚焦技术创新	研发投入高，持续拓展可见光、红外线、X光等技术领域，不断发展和积累人工智能、物联网和大数据领域的技术
		提供软硬件产品	提供软硬融合、云边融合、物信融合、数智融合的智能物联系列化软硬件产品
		培养系统能力	积极培育系统设计开发、工程实施、运营管理和服务的系统能力

续表

维度	三级编码	二级编码	一级编码（典型例证）
行为	构建内核	变革业务架构	在国内成立公共服务、企事业和中小企业三个事业群
	收获价值	培育创新业务	以安防视频技术为核心，不断拓展和延伸业务领域，相继培育了智能家居、移动机器人与机器视觉、红外热成像、汽车电子、智慧存储、智慧消防、智慧安检和智慧医疗等创新业务，为公司持续发展增添新动能
		优势叠加	内部价值链各环节持续优化升级的优势正向叠加
结果	价值链优化	业务闭环	内部资源整合、各环节协同高效发展、价值创造活动 形成完美闭环
		规模效应	通过可复制和定制化的安防解决方案，规模效应不断增强，降本增效显著

资料来源：根据价值链相关文献和案例资料整理。

在转型升级的驱动下，海康威视通过不断优化内部价值创造活动，实现内部价值链重构。首先是建立支点。海康威视以技术创新作为内部价值链重构的支点，通过在众多技术领域的持续创新，不断优化企业的研发、生产、销售和服务活动，为内部价值链重构提供基础。其次是构建内核。随着新一轮技术的发展，海康威视以智慧安防业务为重心，专注物联感知、人工智能和大数据领域的技术创新，提供包括物联感知、IT 基础、平台服务、数据服务和应用服务软硬件产品，积极培养系统设计开发、工程实施、运营管理和服务的系统能力。通过不断拓展和持续迭代新技术的行业应用，海康威视将国内市场原有的七个行业业务分类重组为公共服务、企事业和中小企业三个事业群，形成面向公共服务、企事业单位和中小企业的业务组织，根据行业客户差异提供有针对性的解决方案。最后是收获价值。构建内核后，海康威视始终以技术创新为抓手，推动软硬件研发工作平台化运行，构建敏捷和柔性的自动化生产体系，增强区域营销作战能力，持续提升内部管理水平。海康威视以安防视频技术为核心，不断拓展和延伸业务领域，相继培育了智能家居、移动机器人与机器视觉、红外热成像、汽车电子、智慧存储、智慧消防、智慧安检和智慧医疗等创新业务，为公司的持续发展增添了新动能。此外，内部价值链各环节持续优化升级的优势正向叠加，最终帮助海康威视收获价值。

价值链优化是海康威视进行内部价值链重构的结果。海康威视通过充分发挥自身优势，提高内部资源配置效率，拓展业务领域，不断优化企业内部研发、生产、销售和服务价值创造环节，形成内部业务闭环，获得规模效应，进而增加其在安防行业内的竞争优势。

海康威视内部价值链重构路径如图 5-2 所示。

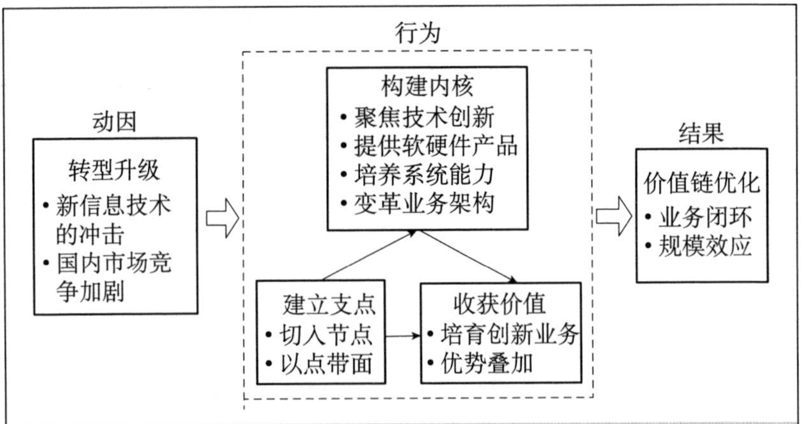

图 5-2　海康威视内部价值链重构路径图

（二）“一带一路”倡议下海康威视的全球价值链重构路径

表 5-2 是“一带一路”倡议下海康威视全球价值链重构的典型例证。从表中可以看到，拓宽国际化道路是海康威视在“一带一路”倡议下进行全球价值链重构的直接动因。首先，“一带一路”沿线国家多为新兴经济体和发展中国家，占据全球 63% 的人口和 29% 的经济总量，是近年贸易和跨境投资增长较快的地区之一。经济的快速发展带动了人们对基础安防工程的需求。数据显示，东南亚视频监控设备市场从 2015 年开始年均增速达 7.7%。同时，“一带一路”沿线国家和地区平安城市、智慧城市、交通运输和能源化工等工程项目建设也为中国安防企业“走出去”提供了市场

机遇。其次，“一带一路”倡议能够加强中国同“一带一路”沿线国家和地区的深层次经贸合作，促进新一轮全球科技革命，创新国际经贸规则，从而为中国企业进行全球价值链重构提供制度保障。最后，“一带一路”倡议对海康威视来说是一个持续深化国际化战略的好机会。近年来，逆全球化趋势、中美贸易摩擦和地缘政治环境风险加剧等外部环境的不断变化，导致海康威视在部分海外国家的业务受阻，严重制约海康威视的国际化发展。海康威视参与“一带一路”建设不仅能够进一步提升技术实力，扩大国际营销和服务网络，还能够提升国际品牌价值和国际竞争力。

表 5-2 “一带一路”倡议下海康威视全球价值链重构的典型例证

维度	三级编码	二级编码	一级编码（典型例证）
动因	拓宽国际化道路	国家战略决策	“一带一路”倡议、搭建广泛参与国际经贸合作的平台
		经济发展需求	“一带一路”沿线国家和地区平安城市、智慧城市、交通运输、能源化工等大型工程项目的建设增加了其对安防产品和解决方案的需求
		自身业务发展需要	充分利用“一带一路”区域市场和国内市场，整合两种资源，加快企业国际化进程，提高企业国际核心竞争力
行为	共商互补	优势互补	海康威视具有行业领先的技术、优质的产品和解决方案、国际化的营销和服务网络，而东道国技术落后
		共商共建	利用东道国的人力资本优势在东道国投资建厂

续表

维度	三级编码	二级编码	一级编码（典型例证）
行为	价值导入	自主品牌建设	品牌定位自主化，在多个国家注册“HIKVISION”商标，并且以特装形式参与各类国际安防展会
		国际化营销网络	“总部—大区—国家”的营销网络架构，总部提高业务支撑能力，大区建设运营与服务体系，国家因地制宜深耕本地市场，推行“一国一策”的本地化营销策略。借力销售易平台拓宽海外销售渠道，赋能各级经销商
		服务体系本地化	建立全球客户服务中心、子公司客户服务部和授权客户服务站三级垂直服务体系，实现全球本土化深度服务
	价值共享	完善海外业务布局	积极布局“一带一路”沿线国家，建立子公司、分支机构以及授权维修和服务点来服务本地客户
		价值共创	协同带动东道国技术创新，实现价值共创
结果	全球价值链升级	全球价值链升级	整合“一带一路”沿线国家资源、加强技术创新，完善和拓宽海外营销和服务网络，海外营收不断增长

资料来源：根据价值链相关文献和案例资料整理。

在拓宽国际化道路的驱动下，海康威视抓住“一带一路”倡议的战略机遇，在考虑自身具备的优势和“一带一路”沿线国家和地区的安防产品和服务需求后，通过价值赋能和价值共享等价值链重构行为，联结企业内部价值链和“一带一路”沿线国家经济发展诉求，进而实现企业内部价值链和全球价值链的对接。首先是共商互补。海康威视经过多年的国际化发展，已经凭借不断创新积累的技术、高质量的产品以及覆盖全球的营销网络和服务网络，占据国际安防市场技术研发和营销服务的高附加值价值链环节，而“一带一路”沿线国家的安防技术比较落后，难以满足其巨大的安防市场需求。海康威视积极参与“一带一路”建设，不仅可以进一步巩固其国际市场地位，而且可以带动沿线国家的技术进步，形成优势互补和合作共赢的局面。其次是价值导入。设计研发和营销服务是全球价值链中的高附加值环节，海康威视在参与“一带一路”建设过程中，通过自主品牌建设、国际化营销网络和服务体系本土化，进一步提升其在全球价值链中的分工地位，从而实现价值导入。在自主品牌建设方面，海康威视的品牌定位是自主化，从最初进行海外营销开始，海康威视便在100多个国家完成了“HIKVISION”商标的注册工作，此后更是坚持以特装的形式参与各类国际安防展会，不断提高国际品牌价值。在国际化营销网络方面，海康威视形成了“总部—大区—国家”的营销网络架构，总部提高业务支撑能力，大区建设运营与服务体系，国家因地制宜深耕本地市场。同时，推行“一国一策”的本地化营销策略，打破海外营销的贸易壁垒。此外，海康威视还采取自营出口的销售模式，通过销售易平台拓宽海康威视的海外销售渠道，赋能各级经销商。在服务体系本土化方面，海康威视在“一带一路”沿线部分国家建立了全球客户服务中心、子公司客户服务部和授权客户服务站三级垂直服务体系，实现全球本土化深度服务，促进了海外产品销售，将企业自主品牌由中低端向中高端市场延伸。最后是价值共享。在价值导入的过程中，通过在“一带一路”沿线国家和地区成立子公司、分支结构以及授权维修和服务点来服务当地政府、企业和人民，进而实现价值共享。

全球价值链升级是“一带一路”倡议下海康威视全球价值链重构的结果。海康威视通过与“一带一路”沿线国家和地区优势互补、价值导入和价值共享，进一步提升其在全球价值链的分工地位，最终实现全球价值链升级。

“一带一路”倡议下海康威视全球价值链重构路径如图 5-3 所示。

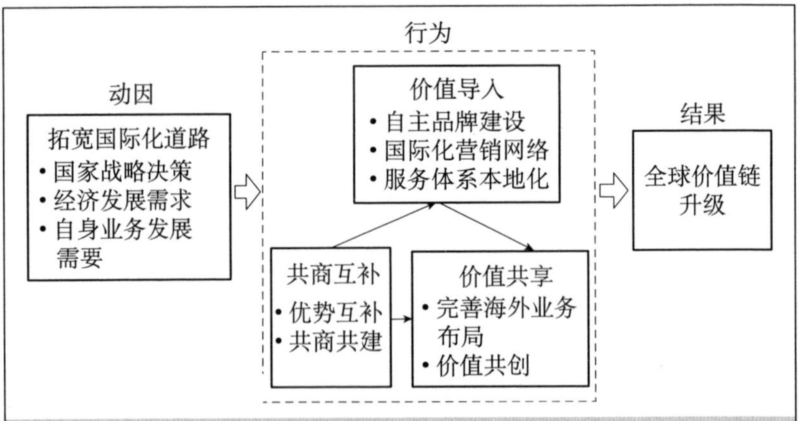

图 5-3 “一带一路”倡议下海康威视全球价值链重构路径图

（三）“一带一路”倡议下海康威视的价值链重构路径

如图 5-4 所示，“一带一路”倡议下海康威视不断迭代创新和

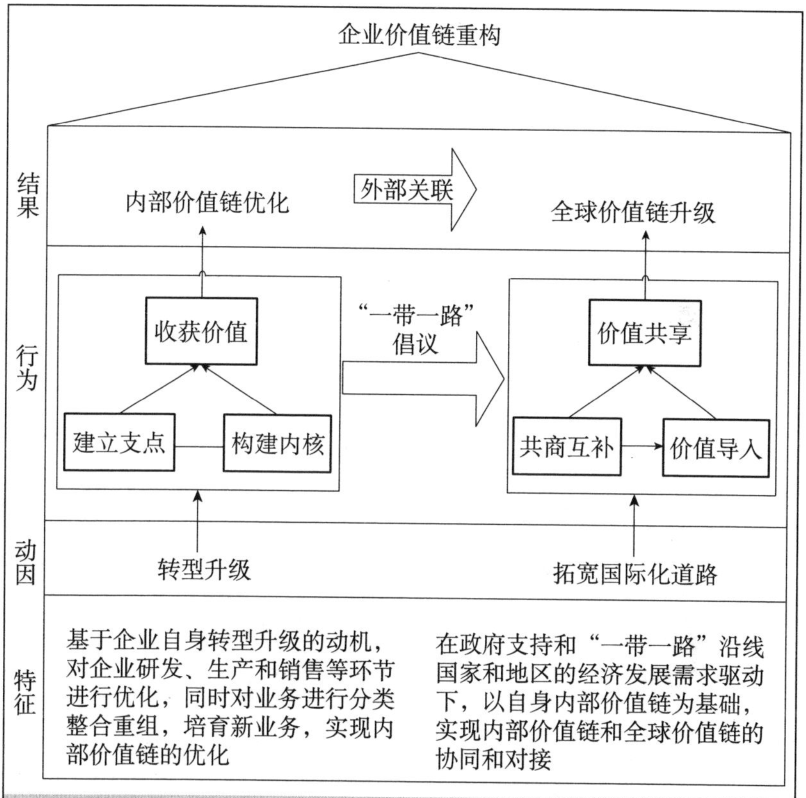

图 5-4 “一带一路”倡议下海康威视价值链重构路径

优化升级内部价值创造活动，实现了内部价值链重构。与此同时，还通过持续研发设计，优化生产制造，完善国际化营销网络和国际服务网络活动，联结全球价值链，实现内部价值链重构和全球价值链升级的协同发展，进而推动企业价值链重构。其中，内部价值链重构路径主要是通过建立支点、构建内核，将培育的创新业务与原有业务价值进行叠加，完成企业内部资源的整合和配置，从而实现内部价值链的优化。而全球价值链的重构路径主要是以内部价值链为基础，将内部价值链与“一带一路”沿线国家的利益诉求进行对接，在共商互补的情况下，通过价值导入和价值共享完成全球价值链的升级。

（四）与现有文献的对比分析

与已有文献进行对比分析是案例研究的重要环节（Eisenhardt，1989；王雪冬等，2019），本章将“一带一路”倡议下海康威视价值链重构路径与现有文献进行对比分析，主要包括以下两方面：

一方面，现有研究多从国家层面和产业层面探究“一带一路”倡议和全球价值链重构的重要性和可行性问题，而本章则发现海康威视借助“一带一路”平台，完成了内部价值链和全球价值链的对接和联结，并形成了内部价值链和全球价值链协同发展的独特价值链重构路径。这一路径改变了中国制造业企业传统的价值链形式，帮助制造业企业走出了“低端嵌入”和“低端锁定”的困境，为中国制造业企业提升全球价值链分工地位提供了经验。本章从企业微观层面补充了“一带一路”倡议下企业价值链重构的研究，即在“一带一路”倡议下，中国制造业企业内部价值链和全球价值链可以协同发展，二者的耦合共同组成了企业价值链的重构路径。

另一方面，将本研究与利润最大化和 CSV 视阈下价值链重构路径对比，我们发现三者的异同点如下：第一，三者的路径起点相同，三种情境下的价值链重构都以内部价值链为基础，海康威视以不断迭代更新、优化整合内部价值链为基础，然后借助“一带一路”平台有效联结全球价值链，从而实现了企业竞争优势。第二，三者重构手段不同。利润最大化视域下的价值链重构路径强调通过将价值链不同节点的业务进行重组、拆分和重排，以实现企业的竞争优势；而海康威视则主要通过加强技术创新，不断迭代更新和升级价值链不同阶段的业务，以保持自身的核心竞争优势；CSV 视域下的价值链重构强调通过价值链联结、价值链关联和价值链聚合实现企业利益和社会利益的统一。第三，三者重构路径不同。利润最大化视域下的价值链重构路径强调内部价值链、产业价值链和全球价值链的层层递进；而海康威视在“一带一路”倡议下的价值链重构路径是内部价值链和全球价值链协同发展，二者耦合共同组成企业价值链的重构路径；CSV 视域下的价值链重构路径则是在产业价值链的基础上，通过价值链集成、联结和聚合实现价值链的重构。第四，三者的重构结果不同。利润最大化视域下的价值链重构将企业限定在单一的产业或区域内；海康威视的价值链重构则突破了区域、国别、边界的限制，在全球范围内实施价值链重构，最终形成良好的商业生态圈；CSV 视阈下价值链重构则跨越组织、产业和区域的边界，将企业放在更大范围内进行价值链重构。

五、研究结论与启示

“一带一路”倡议对中国制造业企业走出“低端嵌入”和“低端锁定”发展困境具有重要战略意义。本章以海康威视为研究对象，采用单案例研究方法，探究“一带一路”倡议下中国制造业企业如何进行价值链重构。研究发现，为了提升企业的全球价值链分工地位，中国制造业企业需要以内部价值链重构为基础，借助“一带一路”平台，对接和协同全球价值链重构，以此重塑企业的竞争优势，进而实现企业价值链重构。其中，内部价值链重构要求企业充分利用自身禀赋优势，提高内部资源配置效率，拓展业务领域，不断迭代优化企业内部价值创造环节，形成内部业务闭环，进而提升企业竞争优势。全球价值链重构要求企业聚焦于技术创新，通过加强产品设计研发和品牌营销服务，牢牢占据研发和营销等价值链的高附加值环节，进而提升企业在全球价值链中的分工地位，保持国际核心竞争优势。在“一带一路”倡议下，内部价值链重构和全球价值链重构的对接和协同发展能够帮助中国制造业企业突破“低端嵌入”和“低端锁定”的发展困境。

本章对推动中国制造业企业进行价值链重构具有重要的启示作用。一方面，“一带一路”倡议在优化和重构全球价值链方面发挥着重要作用，中国制造业企业应该牢牢抓住“一带一路”倡议的战略机遇，利用自身的禀赋优势积极推动不同价值链环节向“一带一路”沿线国家转移。同时，根据不同国家具备的优势进行市场细分，并加强与这些国家在技术链、贸易链和人员链等方面的对接，制定差异化的价值链布局战略，从而帮助企业快速融入全球价值链分工体系。另一方面，在“一带一路”倡议下，中国制造业企业进行价值链重构要注重内部价值链和全球价值链的协同发展。内部价值链重构是企业价值链重构的基础，制造业企业要不断迭代更新内部价值创造活动，加强技术创新和价值链各环节的衔接，提升企业的核心竞争优势。同时，还要提升企业产品的设计和研发能力，并构建切实可行的海外营销和服务网络，提高产品的品牌认知度和附加值，利用创新要素实现全球价值链分工地位升级。

参考文献

［1］陈淑梅，高敬云．后 TPP 时代全球价值链的重构与区域一体化的深化．世界经济与政治论坛，2017（4）：124-144.

［2］戴翔．新冠肺炎疫情下全球价值链重构的中国机遇及对策．经济纵横，2020（6）：71-79.

［3］戴翔，张雨，刘星翰．数字技术重构全球价值链的新逻辑与中国对策．华南师范大学学报（社会科学版），2022（1）：116-129.

［4］戴翔，宋婕．“一带一路”有助于中国重构全球价值链吗?．世界经济研究，2019（11）：108-121.

［5］黄先海，余骁．以“一带一路”建设重塑全球价值链．经济学，2017（3）：32-39.

［6］黄先海，余骁．“一带一路”建设如何提升中国全球价值链分工地位?：基于GTAP模型的实证检验．社会科学战线，2018（7）：58-69.

［7］韩永辉，罗晓斐，邹建华．中国与西亚地区贸易合作的竞争性和互补性研究：以“一带一路”战略为背景．世界经济研究，2015（3）：89-98.

［8］卢潇潇，梁颖．“一带一路”基础设施建设与全球价值链重构．中国经济问题，2020（1）：11-26.

［9］李芳芳，张倩，程宝栋，等．“一带一路”倡议背景下的全球价值链重构．国际贸易，2019（2）：73-79.

［10］李丹，崔日明．“一带一路”战略与全球经贸格局重构．经济学家，2015（8）：62-70.

［11］李垣，刘益．基于价值创造的价值网络管理（I）：特点与形成．管理工程学报，2001（4）：38-41.

［12］刘志彪，吴福象．“一带一路”倡议下全球价值链的双重嵌入．中国社会科学，2018（8）：17-32.

［13］钱书法，邰俊杰，周绍东．从比较优势到引领能力：“一带一路”区域价值链的构建．改革与战略，2017（9）：53-58.

［14］屠年松，易泽华．价值链重构研究综述．管理现代化，2018（1）：111-114.

［15］王雪冬，匡海波，董大海，等．CSV视阈下的价值链重构路径研究：基于招商局集团PPC商业模式的案例研究．管理评论，2019，31（1）：293-304.

［16］吴浩强，刘慧岭．数字技术赋能出版企业价值链重构研究：基于中信出版集团与中华书局的双案例分析．科技与出版，2021（10）：61-70.

［17］魏龙，王磊．从嵌入全球价值链到主导区域价值链：“一带一路”战略的经济可行性分析．国际贸易问题，2016（5）：104-115.

［18］许晖，王琳．价值链重构视角下企业绿色生态位跃迁路径研究：“卡博特”和“阳煤”双案例研究．管理学报，2015，12（4）：500-508.

［19］杨学成，陶晓波．从实体价值链、价值矩阵到柔性价值网：以小米公司的社会化价值共创为例．管理评论，2015（7）：232-240.

［20］周绍东，郜俊杰，罗金龙．以“一带一路”为核心构建区域价值链：比较优势与产业选择．经济论坛，2017（3）：137-141.

［21］周永亮．价值链重构：突破企业成长的关口．北京：机械工业出版社，2016.

［22］张良悦，刘东．“一带一路”与中国经济发展．经济学家，2015（11）：51-58.

［23］张振刚，许亚敏，罗泰晔．大数据时代企业动态能力对价值链重构路径的影响：基于格力电器的案例研究．管理评论，2021，33（3）：339-352.

［24］张正荣，杨金东．跨境电子商务背景下服装外贸企业的价值链重构路径：基于耦合视角的案例研究．管理案例研究与评论，2019，12（6）：595-608.

［25］Service R W . Review of basics of qualitative research: techniques and procedures for developing grounded theory. Organizational Research Methods, 2009, 12(3):614-617.

［26］Dyer W G, Wilkins A L. Better stories, not better constructs, to generate better theory: a rejoinder to Eisenhardt. Academy of Management Review, 1991, 16(3): 613-619.

［27］Eisenhardt K M. Building theories from case study research. Academy of Management Review, 1989, 14(4): 532-550.

[28] Gereffi G, Humphrey J, Kaplinsky R, et al. Introduction: globalisation, value chains and development. IDS Bulletin, 2001, 32(3): 1-8.

[29] Grossman G M, Helpman E. Integration versus outsourcing in industry equilibrium. The Quarterly Journal of Economics, 2002, 117(1): 85-120.

[30] Porter M E. Competitive advantage. New York: The Free Press, 1985.

第六章
“一带一路”倡议下企业交叉上市与国际化战略研究
——基于海尔智家、科达制造和蔚来汽车的多案例分析

摘要：随着全球资本市场开放和企业“走出去”战略持续深化，中国企业的交叉上市行为如雨后春笋般涌现。本章以在境外实现交叉上市的海尔智家、科达制造和蔚来汽车三家典型企业作为案例，从资源基础理论和制度理论视角分析“一带一路”倡议下企业交叉上市对国际化战略的影响。研究发现，企业的交叉上市能够通过稳定型整合、丰富型整合和开拓型整合实现对产业资

源、融资资源和市场资源要素的整合，企业的强制性同构、模仿性同构和规范性同构能够实现国际化的合法性，从而降低交叉上市与国际化战略的要素依赖和制度依赖，而“一带一路”倡议能够有力地正向推动这一路径。本章的研究结论对中国企业的交叉上市方式和国际化战略具有重要的启示作用。

关键词：交叉上市、国际化战略、“一带一路”倡议、资源整合、制度同构

一、引言

交叉上市是指一家企业的股票分别在两个或多个证券交易所挂牌上市。随着经济全球化进程的持续加快，不同资本市场之间的流通为企业带来了更多的投资机会，交叉上市成为企业拓展融资渠道、开拓海外市场的重要途径。我国企业交叉上市最常见的组合是 A+H 股，如青岛啤酒、中兴通讯等。根据 Wind 数据库统计，截至 2021 年 12 月 31 日，我国 A 股上市公司中有 138 家公司实现了 A+H 股交叉上市。2013 年，“一带一路”倡议的提出和相关政策的出台为“一带一路”沿线国家和地区的金融互联互通提供了重要的制度支持，在金融基础设施建设方面为中国企业“走出去”打通了制度壁垒。例如，2015 年开启的中欧国际交易

所D股市场开辟了新的上市平台。截至2021年，上海证券交易所通过签署备忘录和战略合作协议、合资入股、业务合作等方式，与多家“一带一路”沿线国家的证券交易所开展双边合作，包括孟加拉国的达卡证券交易所、匈牙利的布达佩斯证券交易所、哈萨克斯坦的阿斯塔纳国际交易所、塞尔维亚贝尔格莱德证券交易所、柬埔寨证券交易所等。由此可以看出，在推动中国企业“走出去”的背景下，交叉上市对于优化企业资源配置和提高资金融通效率具有重要的现实意义。

已有研究结果表明，交叉上市能够有效打破市场分割导致的投资壁垒（Stulz，1999），提高投资者的认知（Merton，1987）、放松融资约束（孔宁宁和闫希，2009）、改善公司治理水平（Reese and Weisbach，2002；Doidge，2004）、降低资本成本（沈红波，2007）等，现有研究主要围绕融资能力提升带来的企业财务管理和公司治理方面的改善，但对于如何深化国际化战略的研究相对较少。尤其是选择在境外交叉上市的中国企业，已经将交叉上市作为国际化战略的重要环节。对于交叉上市与国际化战略之间存在怎样的关系，现有理论研究还存在一定的缺口。第一，现有研究关于新兴经济体企业通过对外直接投资实现国际化战略的研究主要聚焦于绿地投资、跨境并购（李善民和李昶，2013）等，对于交叉上市与国际化战略的研究相对较少，交叉上市对国际化战略的作用机制存在理论上的空缺。第二，已有研究更多地关注资源要素和制度环境对国际化战略的影响（汪涛等，2018），但较少将制度环境与资源要素整合起来，分析其对国际化战略的不同机制，尤其是在“一带一路”倡议背景下。“一带一路”倡议的提出，很多学者关注其经济影响。研究发现，“一带一路”倡议能够促进中国企业对外绿地投资（吕越等，2019），促进企业创新（李延喜等，2020），降低企业在“一带一路”沿线国家的投资风险（孙焱林和覃飞，2018）等。那么，“一带一路”倡议在交叉上市赋能企业国际化战略的过程中发挥了怎样的作用呢？基于以上的研究缺口，本章将采用案例研究方法探索中国企业的交叉上市对深化国际化战略以及制度环境的作用机制。

本章选取的案例研究对象是：海尔智家股份有限公司（简称“海尔智家”）、科达制造股份有限公司（简称“科达制造”）和上海蔚来汽车有限公司（简称“蔚来汽车”）。它们均是中国企业在境外交叉上市的典型代表，有利于多维度、全面地分析交叉上市与企业国际化战略之间的关系。通过案例分析，我们发现，境外交叉上市是促进企业国际化的重要影响因素。具体地，企业的交叉上市一方面可以实现市场资源、融资资源和产业资源的整合，另一方面可以通过强制性同构、模仿性同构或规范性同构获得东道国准入的合法性，从而减少交叉上市与国际化的要素依赖和制度依赖。而“一带一路”倡议能够通过政策沟通、设施联通、贸易畅通、资金融通和民心相通五个方面减少企业的要素依赖与制度依赖，深化企业的国际化战略。

相比于已有文献，本章的研究贡献主要体现在以下方面：第一，拓展了交叉上市的相关研究。已有研究聚焦于 A+H 股市场，而对于采用其他交叉方式上市的中国企业关注较少。本章通过案例研究的方式对在不同资本市场交叉上市的中国企业进行分析，丰富了交叉上市经济后果的研究。第二，拓展了企业国际化战略的研究。有关国际化战略的研究以绿地投资和跨境并购形式为主，忽视了交叉上市也是一种新的国际化扩张手段，本章的研究能够丰富国际化战略领域的研究视角。第三，丰富了交叉上市和国际化战略的相关理论。本章结合资源基础理论和制度理论，剖析了交叉上市与国际化战略之间的要素依赖和制度依赖，解构了交叉上市与国际化战略之间的作用路径，探究了资源与制度变量之间的相互作用，并加入了“一带一路”倡议背景，完善了交叉上市与国际化研究的单一理论视角。

二、文献回顾

（一）交叉上市的相关研究

现有关于交叉上市的研究主要包括交叉上市的动因和经济效应等方面。随着越来越多的企业利用交叉上市进行对外扩张，学者们也从多个视角探究了交叉上市的理论基础，形成了市场分割理论（Stulz，1999）、投资者认知理论（Merton，1987）、绑定效应理论（Stulz，1999）等，用于解释企业的交叉上市行为。第一，市场分割导致投资壁垒出现，而企业选择交叉上市能够有效减少投资壁垒带来的不利影响，使得企业能够顺利进入其他资本市场，降低资本成本（沈红波，2007）。第二，交叉上市后，企业可以吸引更多国际投资者投资，投资者认知程度也会随着投资者基数的增加而提高，企业的特有风险将会降低，从而导致预期报酬率降低，企业的市场价值提高（Merton，1987）。第三，企业到监管环境更严格的资本市场交叉上市，一方面可以提高企业治理水平，另一方面可以降低投资者对风险报酬的要求，使资本成本更低（Reese and Weisbach，2002）。总体来看，对交叉上市理论的研究主要基于两类观点，一是融资动因，即实现企业的融资需求；二是国际化战略目标，即扩展海外市场（孔宁宁和闫希，2009）。目前的理论研究主要围绕融资动因展开，而对于国际化战略目标的研究则相对较少。

自交叉上市理论提出以来，很多国内外学者开始关注交叉上市的经济后果，主要涉及资本成本、治理效应、企业价值、市场反应、企业创新等方面。在交叉上市行为对企业资本成本的影响方面，上市企业母国的法律制度状况和交叉上市的方式均会降低企业的权益资本成本（Reese and Weisbach，2002；Doidge，2004），国内学者以 A+H 股交叉上市为样本研究发现交叉上市能够降低预期资本成本（沈红波，2007）。在交叉上市行为对企业治理效应的影响方面，在信息披露和监管标准更严格的市场交叉上市（如美国）具有更高的信息披露水平，能够提高企业治理水平（Reese and Weisbach，2002）。但是也有学者研究认为交叉上市并不能显著提高企业治理水平，如覃家琦等（2016）研究发现A+H股交叉上市企业出现过度投资行为的概率更大。在交叉上市行为对企业价值的影响方面，相较于仅在国内市场上市的企业，交叉上市企业面临更大的市场，能够拥有更多、更好的投资机会，能创造更多价值（Doidge，2004）。国内外学者大多将交叉上市对企业价值的影响融合在对资本成本、治理效应等影响的研究当中。例如，交叉上市的企业具有更高的审计委员会独立性（Gozzi et al.，2008），从而增加了企业价值；但覃家琦和邵新建（2015）发现A+H股交叉上市企业具有更低的全要素生产率和技术效率，进而降低了A+H股交叉上市企业的价值。在交叉上市行为对企业市场反应的影响方面，交叉上市能够给在东道国市场的同行业企业带来积极影响，而会对母国同行业企业造成不利影响（Bradford et al.，2002）。Foucault和Fresard（2012）发现交叉上市企业对“投资－股价”的敏感性更高，但A+H股交叉上市后企业业绩并未得到提高。在交叉上市行为对企业创新的影响方面，交叉上市可以通过提高信息披露水平、改善公司治理和减少融资约束等方面提高企业的创新效率（佟岩等，2022）。

（二）交叉上市、制度同构与企业国际化战略

1. 制度同构与交叉上市

制度理论认为，企业的国际化战略是组织和制度动态交互的结果（Gaffney et al.，2014）。经济学派将制度分为正式制度和非正式制度，强调不同的政治、经济和社会制度在组织中的作用。组织社会学派则认为制度是组织为获得合法性需要遵守的规则和惯例（Scott，2001）。综合来看，制度是一种社会结构，一方面可以通过管制制度、规范制度和认知制度为组织行为提供资源（Scott，2001）；另一方面可以通过制度环境和制度同构为组织提供合法性，制度环境的相似性可以产生合法性的制度同构，进而有利于组织的生存和发展，制度同构包括强制性同构、模仿性同构和规范性同构（DiMaggio and Powell，1983；陈立敏等，2016）。

1993 年，青岛啤酒成为中国首家实现 A+H 股交叉上市的企业，在此之后，交叉上市逐渐在我国发展起来。制度背景在企业交叉上市中具有重要的作用（覃家琦和邵新建，2015）。我国政府对交叉上市的政策总体经历了“鼓励—限制—鼓励”的变化过程。随着全球资本市场互联互通程度加深，中国越来越多地参与到国际资本流通当中，中国企业的交叉上市活动也在一定程度上受到了其他国家政治经济环境、法律环境、文化习惯等的影响。“一带一路”倡议的提出为中国企业交叉上市提供了良好的制度环境。

2. 交叉上市与企业国际化战略

自企业对外扩张逐渐兴起后，国际化战略相关研究便受到学者的广泛关注，先后形成了垄断优势理论、内部化理论、国际生产折衷理论、资源基础理论、制度理论、交易成本理论等。已有研究表明，企业的国际化战略能够增加经营弹性（Kogut，1985）、实现投资者的跨国投资需求（Agmon and Lessard，1977）。但国内外学者对于国际化战略与企业绩效水平的研究存在争议，大部分学者认为国际化战略能够有效提高企业绩效（Zhou et al.，2007；陈立敏等，2016），但也有学者得出其他结论（Tallman and Li，1996；杨忠和张骁，2009）。还有学者将国际化战略进一步细化，研究国际化深度和广度对企业绩效创新的影响（杨忠和张骁，2009；杨勃等，2022）。

资源基础理论认为，企业所拥有的独特资源与能力是企业获取持续竞争优势的重要来源（Barney，2014）。获取海外资源成为新兴市场国家企业进行国际化的一个重要动因，同时，国内市场能够对企业的国际化进行制度赋能、要素赋能和市场赋能（杨勃等，2022）。已有研究表明，境外上市能够获取外部资本支持企业发展（Li and Wang，2014），对国际化战略起到重要的促进作用。

总体来看，现有研究主要关注企业国际化对绩效和企业发展的影响，对于提高国际化程度的方式的研究较少，仍集中于绿地投资和跨境并购方式上，忽视了关于交叉上市方式对国际化的作用机制的研究。随着新兴市场国家的不断崛起和全球化经济形势的日益复杂，多重制度环境成为企业“走出去”需要面临的一项重要问题。Peng 等（2008，2009）提出基于制度理论和资源基础理论的整合研究框架，有助于全面地分析企业的国际化战略模式。Meyer 等（2009）在此基础上分析了不同制度环境下企业如何通过绿地投资、并购、合资方式来寻求战略资源；汪涛等（2018）也基于这一框架分析了新兴经济体企业的国际化战略选择。但他们的研究没有考察交叉上市对于国际化战略的影响，随着“一带一路”倡议的提出，交叉上市成为中国企业获取全球资本和推动国际化战略落地的重要途径。因此，本章借鉴 Peng 等（2008，2009）的制度理论与资源基础理论的整合研究框架，以交叉上市的中国企业为研究对象，分析这些企业如何通过交叉上市的方式深化国际化战略以及利用制度环境的支持作用。具体地，本章从资源基础理论的视角分析交叉上市与国际化战略之间的要素依赖，从制度理论的视角分析交叉上市与国际化战略之间的制度依赖。

三、案例研究设计与案例介绍

（一）案例研究设计

本章采用多案例研究方法，选取的案例研究对象分别为海尔智家、科达制造和蔚来汽车，主要基于以下三个原因：第一，本章的研究聚焦于交叉上市如何助力企业落实国际化战略，解决“如何”（how）的问题，采用案例分析方法能够深入剖析交叉上市赋能企业国际化战略的作用机制，有利于构建新的理论（Yin，2009）。第二，选择多案例能够从多个上市方式角度分析交叉上市对于企业国际化的影响。所选取的三家案例企业均属于制造业，是因为制造业既是中国上市公司的主体，也是国际化战略的主要行业（陈立敏等，2016），其中，海尔智家和科达制造属于传统制造业，蔚来汽车定位于智能电动汽车制造企业。在交叉上市模式方面，海尔智家先后在中国上海、德国法兰克福和中国香港上市，交叉上市模式为“由内向外”，其中在德国上市的交易所是“一带一路”倡议提出后中国与德国合资设立的。科达制造先后在中国上海和瑞士上市，交叉上市模式也是“由内向外”。海尔智家与科达制造均通过发行全球存托凭证（GDR）的方式在境外上市，但二者上市的交易所特征不同。蔚来汽车先后在中国香港、美国纽约和新加坡上市，均属于境外交叉上市。因此，选取不同的案例企业能够更为全面地分析交叉上市对国际化战略的赋能机制以及“一带一路”倡议下境外上市制度对国际化战略的支持作用。第三，相比于单案例研究，多案例分析能够提高研究的完整性和研究结论的适用性，通过对海尔智家、科达制造和蔚来汽车交叉上市过程和方式的比较分析，可以对同一现象进行相互印证，提出更具有稳健性的研究结论，提高研究的效度，对于其他企业更好地利用“一带一路”倡议下的有利政策实现国际化战略具有重要的启示作用和借鉴意义。

（二）海尔智家

海尔智家原为青岛海尔，成立于1984年，2019年正式改为现用名，母公司为海尔集团，主要从事家电的研发、生产及销售工作。海尔智家于1993年11月19日在上海证券交易所挂牌上市（股票代码：600690.SH），2018年10月24日在法兰克福证券交易所挂牌上市（股票代码：690D.DE），2020年12月23日在香港联合交易所主板上市（股票代码：6690.HK），成为第一家A+D+H股交叉上市的公司。海尔智家于1999年在美国建立海尔工厂，开启了全球化战略部署，又通过并购日本三洋白电业务、新西兰Fisher&Paykel公司、美国GE家电业务、意大利Candy公司等实现了在亚洲、欧洲、美洲、大洋洲的国际化布局。海尔智家通过建立涵盖海尔、卡萨帝、统帅、GE Appliances、Candy、Fisher&Paykel和AQUA在内的全球家电品牌集群，打破了家电行业全球技术互通的壁垒，实现了对全球市场的覆盖。2021年，海尔智家在国外的主营业务收入为1 147.3亿元，收入占比为50.6%。截至2021年，海尔智家的制冷设备和洗衣设备的零售量在全球大家电品牌中分别连续14年和13年蝉联第一。

1. 交叉上市进程

2015 年 11 月，上海证券交易所、德意志交易所集团及中国金融期货交易所在德国法兰克福合资开设中欧国际交易所股份有限公司（简称“中欧所”）。中欧所成为首个专注于人民币产品及中国相关资产的离岸交易平台，通过在欧洲打造离岸人民币证券交易与定价中心，满足国际投资者对人民币的投资需求以及中国企业在海外的融资需求①。因此，中欧所是境内资本市场在境外的重要延伸和补充，为中国企业“走出去”和开展国际化战略提供了重要的融资渠道与金融服务。中欧所设立的 D 股是指依据《中华人民共和国公司法》设立的股份有限公司在境外发行、在中欧所 D 股市场上市的股票。中欧所 D 股市场是专为寻求进入欧洲资本市场、吸引国际投资者的中国优质发行人设立的市场②。中欧所将优先选择符合以下特点的企业作为首批 D 股发行人：一是优质蓝筹上市企业，二是企业具有清晰的国际化战略思路，三是企业在欧洲已有或计划进行业务布局，四是企业属于先进制造业企业或“一带一路”倡议相关企业，五是企业重视分红，六是企业信息披露质量高③。

如图 6-1 所示，1993 年 11 月 19 日，海尔智家在上海证券交

① https://www.ceinex.com/cn/our-company.html.

② https://www.ceinex.com/cn/products/d-shares.html.

③ 中欧所将发行首批 D 股 优选符合六大特点公司 .（2018-04-14）. http://industry.people.com.cn/n1/2018/0414/c413883-29926261.html.

易所上市。自 1998 年开始，海尔智家开启国际化战略阶段，分别于 2011 年、2012 年和 2016 年跨境收购了日本三洋白电业务、新西兰 Fisher&Paykel 公司和美国 GE 家电业务，通过并购的方式成功将市场扩张到亚洲、大洋洲和美洲地区。2017 年，海尔智家竞购德国品牌 WMF 失败，未能通过并购活动进入欧洲市场，因此，海尔智家需要寻求其他方式打入欧洲市场。于是，2018 年 10 月 24 日，海尔智家通过发行 GDR 正式在中欧所 D 股市场挂牌交易上市，成为中欧所 D 股市场首支 D 股股票[①]，成功发售 304 750 000 股，总募资净额为 2.78 亿欧元（约 22.12 亿元人民币）。2020 年 12 月 23 日，海尔智家发行 H 股以介绍方式[②]在香港联合交易所上市，上市方式为以协议安排方式私有化其原香港上市控股子公司海尔电器集团有限公司。海尔智家成为首家在上海、法兰克福、中国香港三地上市的中国企业，构建起“A+D+H”的全球资本市场布局。

① 青岛海尔正式挂牌中欧所 D 股市场 .（2018-10-25）. https://www.haier.com/press-events/news/20181025_131005.shtml?from= search&spm=net.31743_pc.list1_20200630.1.

② 介绍方式是一种常见的境外上市模式，是指已发行证券无须作任何销售安排就可以申请上市的方式，不需要在上市时再发行新股，即不涉及融资。根据香港联合交易所的上市规则，以下三种情况下可采用介绍上市：一是申请上市的公司已在一家交易所上市，争取在另一家交易所上市，或为同一交易所的转板上市；二是分拆上市，即发行人的证券由一名上市发行人以实物方式分派给其股东或另一上市发行人的股东；三是换股上市。

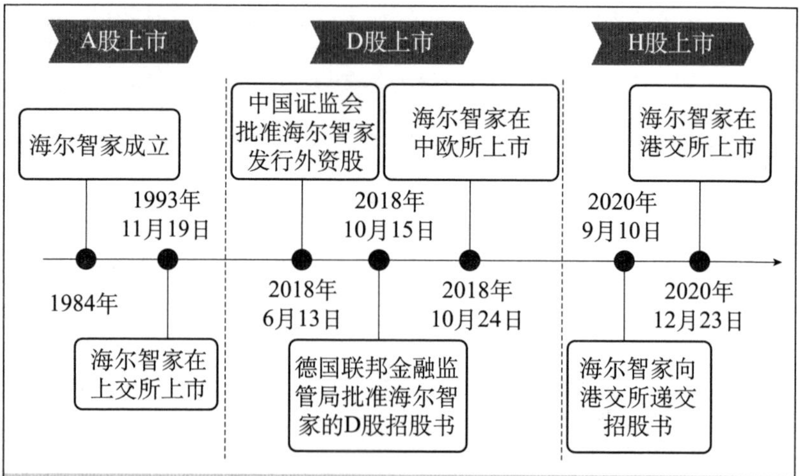

图 6-1　海尔智家交叉上市进程

2. 交叉上市与国际化战略

（1）产业资源整合。海尔智家选择在德国交叉上市的重要原因之一是德国具有较强的制造业产业资源优势。德国是传统制造业强国，于 2013 年开始实施“工业 4.0”战略，拥有先进的技术和人力等资源。因此，在 D 股上市能够为公司深化整合研发、制造等资源提供平台。

（2）融资资源整合。海尔智家在 D 股的交叉上市拓宽了境外融资渠道。海尔智家计划于 2018—2022 年期间在欧洲投资 10 余亿欧元，用于建立生产与研发基地，拓展市场渠道和提高品牌知名度，并在欧洲开展收购。因此，上市是进入当地资本市场的关键一步。一方面，相比于单一的国内融资，海尔智家在 D 股的交叉上市能够实现境外融资，打造多元化、跨市场的资本运作平台，实现双币种直接融资，降低汇率变动的影响，从而极大地提高筹集资金的运作效率；另一方面，在德国上市为海尔智家在欧洲的再融资提供了保障，有助于其在当地开展再融资，提高股票流动性。具体来看，海尔智家在德国交叉上市后，能够与当地金融机构建立信任，奠定后续获取资金支持的基础。另外，股债联动能够帮助海尔智家缩短发债时间，切实提高再融资效率、降低融资成本，满足海尔智家的后续融资需求。

（3）市场资源整合。海尔智家在 D 股的交叉上市打开了欧洲市场。海尔智家在 D 股交叉上市前，其并购的品牌已经覆盖了亚洲、美洲、大洋洲，而未覆盖欧洲地区。海尔智家在德国交叉上市后，中欧所能够充分发挥其作为中国与欧洲金融合作平台的积极作用，鼓励海尔智家以国际先进水平为发展目标，充分拓展其与欧洲当地的经济合作范围，提高海尔智家的核心竞争力。通过交叉上市，海尔智家能够开拓广阔的欧洲市场，拓宽市场渠道，提高品牌影响力，开拓全球化市场版图，从而形成新的竞争优势。

（三）科达制造

科达制造成立于 1992 年，以建材机械、海外建筑陶瓷、锂电材料的生产和销售为主营业务。科达制造于 2002 年 10 月 10 日在上海证券交易所上市（股票代码：600499.SH），并于 2022 年 7

月 28 日在瑞士证券交易所上市（股票代码：KEDA），成为 A 股首批在瑞士上市的企业之一。科达制造是我国乃至世界陶瓷机械行业的龙头企业，拥有科达（KEDA）、恒力泰（HLT）、德力泰（DLT）、唯高（Welko）、特福（Twyford）、新铭丰（SureMaker）等行业知名品牌，产品销往 60 多个国家和地区。公司积极响应“一带一路”倡议，在亚洲、欧洲、非洲建立了 10 余个研发生产基地，相继在印度、土耳其等地成立了子公司，稳步推进全球化布局。2021 年，科达制造在国外的主营业务收入为 46.2 亿元，占总收入的比重为 47.2%，相比 2020 年增长了 35.48%，海外市场具有巨大的增长潜力。

1. 交叉上市进程

2022 年 2 月 11 日，中国证监会发布《境内外证券交易所互联互通存托凭证业务监管规定》（第 28 号公告），拓展了参与互联互通存托凭证业务的境内外证券交易所的适用范围，将境外市场从英国拓展至瑞士、德国等欧洲主要市场[①]。该监管规定的出台，将进一步开放中国的资本市场，完善中国资本市场与欧洲资本市场之间的互联互通机制，加速上市公司国际化战略的顺利落地。

如图 6-2 所示，2002 年 10 月 10 日，科达制造在上海证券交易所挂牌上市，发行普通股 2 000 万股。2013 年以来，科达制造通过成立海外分公司和跨国收购等活动，加速开展国际化战略。

---

① http://www.csrc.gov.cn/csrc/c101954/c1885482/content.shtml.

为进一步拓宽融资渠道，科达制造瞄准境外上市的方式。鉴于中概股的大幅波动和美国严格的监管政策，以及互联互通存托凭证业务范围的拓展，科达制造将境外上市地选在瑞士。2022 年 7 月 22 日，瑞士证券交易所监管局招股说明书办公室批准了科达制造关于发行 GDR 并在瑞士证券交易所上市的招股说明书，本次上市共发行 12 000 000 份 GDR，代表 60 000 000 股 A 股股票，募集资金总额为 1.73 亿美元。2022 年 7 月 28 日，科达制造成为首批在瑞士证券交易所上市的中国 A 股企业。

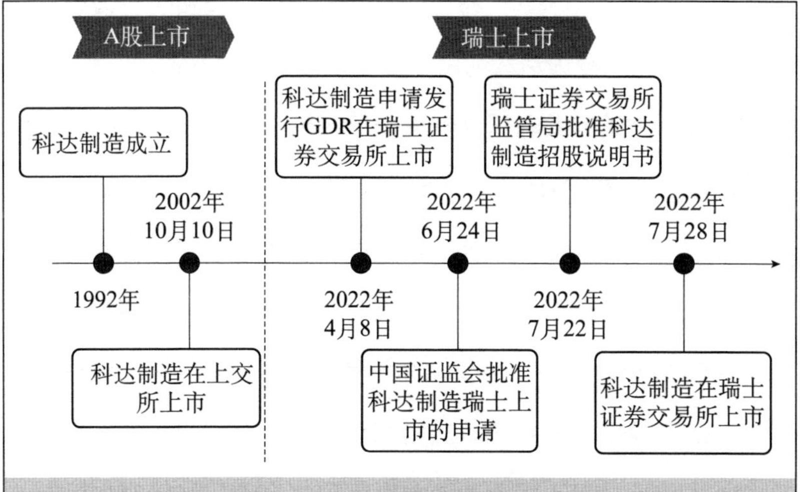

图 6-2 科达制造交叉上市进程

2. 交叉上市与国际化战略

（1）产业资源整合。科达制造拥有三大主营业务，分别是建材机械业务、海外建筑陶瓷业务和锂电材料业务。其中，建材机械业务覆盖亚洲、非洲、欧洲、南美洲和北美洲等 60 多个国家和地区，开展建筑陶瓷业务主要是为了开拓非洲市场和新产业项目的建设。锂电材料业务随着新能源汽车的渗透逐渐成为新的经济增长点。欧洲市场在建材和陶瓷等方面历史悠久，具有先进的技术和雄厚的科研力量。通过打入瑞士市场，科达制造能够更便捷地学习欧洲的生产技术和产品模式，实现产业智能制造转型。

（2）融资资源整合。科达制造在瑞士的交叉上市拓展了境外融资渠道。瑞士资本市场发达，资本密集度高，选择在瑞士上市能够让科达制造接触更多的境外投资者，提高投资者对公司的认知程度。同时，科达制造利用中欧资本市场互联互通的有利背景，通过上市的方式有效利用外资减少单一资本市场的融资约束，实现公司股权结构的多元化。

（3）市场资源整合。科达制造目前的海外布局聚焦于发展中国家的新兴市场，如东南亚、非洲、南美洲等。2021 年，公司在非洲的建材业务营业收入为 23.45 亿元，占总营业收入的 24%，而对于欧美等高端市场的开拓则相对较少。在公司发展处于历史最高点的时候，科达制造在瑞士上市为其全球化发展开创了新的战略局面，成为进入欧洲核心市场的重要环节。

（四）蔚来汽车

蔚来汽车由易车网创始人李斌于 2014 年创立，是一家全球化的智能电动汽车公司，创立之初就吸引了京东、腾讯和高瓴资本等进行投资。蔚来汽车于 2018 年 9 月 12 日在美国纽约证券交易所上市（股票代码：NIO.N），成为中国首家在美国上市的新造车企业。随后在 2022 年，蔚来汽车用两个月的时间实现了在中国香港和新加坡相继上市，是首家在美国纽约、中国香港、新加坡三地上市的中国企业。蔚来汽车立足全球化品牌，加速国际化布局，已经在美国、德国、英国等地设立了研发与设计中心。到 2025 年，蔚来汽车计划为全球超过 25 个国家和地区的用户提供服务。

1. 交叉上市进程

如图 6-3 所示，2018 年 9 月 12 日，蔚来汽车在美国纽约证券交易所上市，发行 1.6 亿份美国存托股份（ADS），募集资金约 10 亿美元。2022 年 3 月 10 日，蔚来汽车在香港交易所主板以介绍方式实现挂牌上市（股票代码：9866.HK），此次上市不涉及新股发行及资金募集。时隔两个月后，蔚来汽车将目光转向了新加坡。新加坡作为国际金融和融资中心，是蔚来汽车拓展东南亚市场的首选之地。新加坡证券交易所是仅次于东京证券交易所、香港交易所的亚洲第三大交易所。近年来，新加坡证券交易所出台了多项制度吸引境外企业，在政策层面与中国等多个国家签署了自由贸易协定，制定了新加坡资本市场津贴（GEMS）、新加坡金融管理局债券资助计划等扶持政策，在上市方式上推出了双层股权结构、二次上市、SPAC（特殊目的收购公司）上市等模式。

2022年1月1日，区域全面经济伙伴关系协定（RCEP）正式生效，进一步促进了中国与新加坡之间的区域资本流动。同时，新加坡证券交易所简化中国企业第二上市框架①，将审核流程缩短为4～6周，为中国企业吸引国际投资者提供了有效的上市平台。于是，2022年5月20日，蔚来汽车在新加坡证券交易所主板成功上市（股票代码：NIO），仍然采取介绍上市的方式，不发行新股，也不涉及融资。蔚来汽车在新加坡证券交易所上市的A类股票可与纽约证券交易所的ADS实现完全转换。

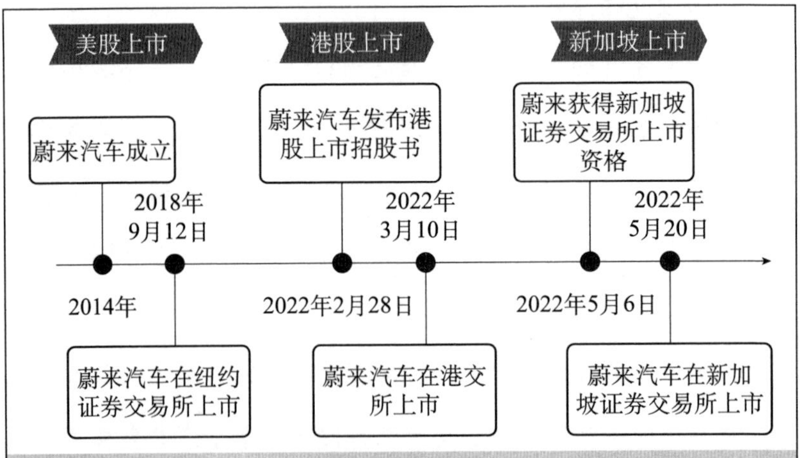

图6-3　蔚来汽车交叉上市进程

---

① 新加坡证券交易所规定，在包含美国、加拿大、中国香港等在内的任何22个发达的司法管辖地区的交易所主板第一上市的公司，在新加坡证券交易所第二上市时将不必承担额外的持续上市责任，且如果不进行融资，只需提交最简化的申请文件。根据新加坡证券交易所在2020年7月与纳斯达克签订的合作条款，已在美国上市的企业若想在新加坡第二上市，可以以美国上市所用的招股书再加上后续在美国所发的公告和文件为基础，在这之上补齐新加坡招股书的披露要求资料即可。蔚来汽车此次上市符合上述条款。

2. 交叉上市与国际化战略

（1）产业资源整合。2021 年，蔚来汽车实现营业收入 361 亿元，亏损 45 亿元。蔚来汽车在交叉上市后，与新加坡本土的科研机构进行深度合作，在东道国打造人工智能与自动驾驶研发中心，借助新加坡在全球产业链中的重要地位，实现资源整合和技术创新。电子产业和精密仪器是新加坡的传统工业，蔚来汽车进入新加坡后，能够利用新加坡地区的产业链资源，将新加坡作为在亚洲地区拓展业务的跳板，有助于公司扭亏为盈和推动国际化战略。

（2）融资资源整合。作为初创企业，蔚来汽车接连在境外上市的一个重要目的是提高境外投资者的认知程度，为国际化战略和再融资奠定基础。蔚来汽车在美国上市后，又在中国香港和新加坡交叉上市，进一步拓宽了公司的国际融资平台和资本市场，能够与亚洲投资者建立更深入的联系，奠定了亚太地区的投资者基础，同时也进一步提高了股票流动性。

（3）市场资源整合。蔚来汽车在新加坡的交叉上市开辟了蓝海市场。根据蔚来汽车的上市资料，公司在上市前拥有现金及现金等价物、受限制现金及短期投资总额为 526.5 亿元，因此，募集资金并不是蔚来汽车在新加坡上市的主要原因。新加坡作为“一带一路”的桥头堡，连接亚太地区市场。蔚来汽车在新加坡上市符合公司的全球化战略，能够为进入“一带一路”沿线国家市场以及欧美市场奠定基础。

四、案例讨论

（一）资源整合与国际化战略

资源整合是指企业将不同类别的内外部资源进行有机融合与配置，进而重构企业原有资源体系，形成价值创造能力的过程（Sirmon et al.，2007；董保宝等，2011）。Sirmon 等（2007）提出稳定型整合（stabilizing）、丰富型整合（enriching）和开拓型整合（pioneering）三种资源整合方式，为动态环境下企业的资源整合途径提供了理论依据。本章借鉴 Sirmon 等（2007）的研究，从稳定型整合、丰富型整合和开拓型整合三个方面探究案例企业在国际化战略中的资源整合过程。

1. 稳定型整合：产业资源

稳定型整合是指对现有的资源组合进行微小的增量调整，逐渐实现资源融合的过程（Sirmon et al.，2007）。研究发现，案例企业通过交叉上市的方式实现产业资源的进一步融合与捆绑，三家企业均属于制造业企业，交叉上市所选择的东道国均具有丰富的产业资源。传统制造业企业更倾向于从业务方面进行资源的整合，而新型制造业企业则倾向于选择技术层面的资源整合。海尔智家和科达制造都想要借助交叉上市进一步扩大企业规模，通过并购东道国及周边地区相关企业或投资建厂的方式进行产品制造链条的资源整合与资源共享，进而降低企业生产成本、优化业务所需的资源配置、优化供应链管理和客户资源整合。蔚来汽车属于新型智能制造企业，成立时间较短，以核心科技独立正向研发为侧重点，目前处于自主研发和技术攻关的快速成长期，公司在北京、圣何塞、慕尼黑、伦敦等地都建立了设计与研发中心。同时，华为、阿里巴巴、百度等技术领先企业已经在新加坡设立了研发中心，给蔚来汽车提供了借鉴。因此，在东道国建立研发中心是蔚来汽车交叉上市的一项重要原因，可利用技术资源的整合建立企业在技术层面的竞争优势。

2. 丰富型整合：融资资源

Sirmon 等（2007）认为，丰富型整合方式的目的是完善企业当前利用资源的能力，通过给原有资源体系增加新的补充资源实现。企业通过交叉上市进入东道国的资本市场，从而实现融资渠道的整合。三家案例企业都将融资资源的整合作为国际化战略的重要步骤，但整合阶段存在差异。海尔智家在交叉上市时就启动了对融资资源的整合，在 D 股招股书中表明要将在德国交叉上市所获得的融资用于收购意大利家电公司 Candy、提高小家电产能、拓展市场渠道和产品研发等方面。2019 年 1 月 8 日，海尔智家完成了收购 Candy 公司 100% 股份的战略目标，实现了融资资源整合的关键一步。科达制造在瑞士发行的 1 200 万份 GDR 对应新增的 6 000 万股 A 股股票，公司股本将由 18.88 亿元增加至 19.48 亿元，变动幅度约3%。相较于A股现有的融资渠道，科达制造在瑞士的融资整合对A股现有投资者影响较小，公司实质上更多地将此次融资行为作为整合融资渠道和融资平台的一次试验。而蔚来汽车对于融资资源整合的侧重点在于提高投资者认知水平，公司在新加坡上市时并没有以获取融资为目标，而是为国际融资平台整合和市场化投融资进行布局，融资资源整合的效果需要进一步的检验。

3. 开拓型整合：市场资源

开拓型整合指的是整合从战略要素市场获得的全新资源并将其添加到企业资源组合中，目的在于创造新的竞争优势（Sirmon et al.，2007）。对于海尔智家而言，寻求新的市场资源是部署全球化战略、创造新的竞争优势的关键路径。作为国内的老牌家电企业，海尔智家已经在亚洲、美洲、大洋洲地区形成了较为稳定的市场份额，在德国交叉上市后，海尔智家成功打开了欧洲市场，将欧洲的市场资源加入公司原有的资源组合中，同时依靠境内外产业链资源和资本运作平台形成“产业＋金融＋平台”的全球布局。科达制造也通过相似的模式实现了市场资源的融合，区别在于海尔智家的国际化战略是“先难后易”，科达制造的市场进入模式为“先易后难”，即先进入发展中国家，后进入发达国家，将国际市场由中低端市场拓展至高端市场，有利于纵向产业链的发展。蔚来汽车选择在新加坡交叉上市，对于整合亚太地区市场资源具有一定的战略意义，作为全球化战略布局的开端，从商业模式创新、品牌创新和用户需求创新等方面来看，进入新加坡市场是蔚来汽车国际化的必然结果。

（二）制度同构与国际化战略

DiMaggio 和 Powell（1983）提出，制度同构能够给组织行为带来合法性。对于进入跨国市场和竞争环境的企业而言，制度同构产生的组织同构能够获得东道国社会的认同，进而提升企业进入行为的合法性，比采取竞争性同构方式进入市场的效率和可行性更高。制度同构包括强制性同构、模仿性同构和规范性同构三种不同的机制（DiMaggio and Powell，1983）。其中强制性同构强调政策制度与法律法规对组织行为的正式或非正式同构；模仿性同构认为在不确定环境下，企业会模仿行业中其他先行企业的做法来实现组织同构；规范性同构主要与组织的专业化有关。本章借鉴 DiMaggio 和 Powell（1983）的观点，从强制性同构、模仿性同构和规范性同构三个视角分别分析海尔智家、科达制造和蔚来汽车跨境交叉上市和国际化战略的合法性问题。

1. 强制性同构

母国与东道国之间建立的政策制度提高了企业国际化战略的合法性。例如，海尔智家在德国的交叉上市依赖于“一带一路”倡议背景下中国与德国签署的一系列合作协议。2014 年 3 月，中德两国共同签署《建立中德全方位战略伙伴关系的联合声明》，成为“一带一路”倡议提出后中国与德国建立互联互通的重要举措[①]。2014年10月，中德双方进一步发布《中德合作行动纲要：共塑创新》，深入对接合作政策[②]。2015年11月，中国与德国合资设立中欧所，这是中国政府为国内交易所在境外开展股权合作、拓展境外业务，与德国政府进行的一次重要合作尝试。中欧所通过支持中国企业以发行股票、债券等形式在德国资本市场融资，为“一带一路”基础设施建设提供金融“血液”，为中国企业进入欧洲市场提供了合法性[③]。而科达制造能够成功在瑞士上市依赖于互联互通存托凭证业务监管规定的制定。2018年10月，中国证监会发布《关于上海证券交易所与伦敦证券交易所互联互通存托凭证业务的监管规定（试行）》，2019年6月正式启动“沪伦通”，实现了上海证券交易所和伦敦证券交易所两个资本市场的互联互通[④]。2022年2月，证监会发布《境内外证券交易所互联互通存托凭证业务监管规定》，修订了“沪伦通”的适用范围，将境外上市地点拓展到德国和瑞士[⑤]，弥补了境外上市的监管空白，从制度层面为科达制造在瑞士的交叉上市和国际化战略提供了合法性。

---

① http://www.gov.cn/xinwen/2014-03/29/content_2649216.htm.

② http://www.gov.cn/guowuyuan/2014-10/11/content_2762677.htm.

③ https://www.ceinex.com/cn/our-company.html.

④ http://www.csrc.gov.cn/csrc/c100028/c1001167/content.shtml.

⑤ http://www.csrc.gov.cn/csrc/c100028/c1885444/content.shtml.

2. 模仿性同构

在相同场域内的成功企业或领先企业的权威性对于其他企业行为具有重要的影响作用（陈立敏等，2016），模仿成功企业能够在进入新市场的过程中降低不确定性风险，从而获得市场准入。科达制造对成功企业的模仿性同构获得了交叉上市制度的支持，为国际化战略实现了制度赋能。为了应对在瑞士交叉上市的不确定性，科达制造选择模仿已经成功在伦敦证券交易所上市的中国企业（华泰证券、中国太保、国投电力和长江电力）。与在伦敦证券交易所上市的四家中国企业均为国有企业不同的是，科达制造属于民营企业，在进入东道国市场方面的制度合法性更差。因此，科达制造没有采用直接在国外发行股票的传统做法，而是参照了已实现交叉上市企业的做法，发行 120 日内不得转换为 A 股股票的 GDR，在兑回限制期届满后，合格投资者可以通过跨境转换机构将 GDR 与 A 股股票进行跨境转换，减少了交叉上市过程中的制度障碍，也为国际化战略的发展提供了基石。

3. 规范性同构

专业化可以建立企业跨国行为的合法性，一方面体现在母国与东道国之间产业战略的同步性。例如，中国与德国之间在制造业方面具有较为同步的产业战略目标，为海尔智家在德国的上市减少了规范性制度障碍。2013 年，德国开始实施“工业 4.0”战略，将生产制造能力和市场整合作为提升制造业竞争优势的重点内容。2015 年，中国发布《中国制造 2025》，作为实施制造强国战略第一个十年的行动纲领[①]。中德两国同处于产业升级的时期，发展战略具有高度的一致性。同时，中德两国均存在很大的发展潜力，在高端设备制造、环境保护、新能源等产业升级领域有巨大的合作空间。随着中德两国双边贸易、双向投资的发展，中德两国资本市场进行对接的意愿愈发强烈。因此，海尔智家在德国上市契合了国家促进“中国制造 2025”与德国“工业 4.0”的对接目标，获得了制度同构的合法性。另一方面，企业通过专业化获取境外上市的合法性也体现在企业专业化与东道国专业资源的一致性。蔚来汽车属于智能制造企业，将核心技术研发作为全球布局的重要基础，2021 年的研发投入为 45.92 亿元，同比增长了 84.6%，建立了一套涵盖电池、智能网关、智能座舱、自动驾驶技术的完整的独立研发体系，在智能汽车技术方面具有全球的领先优势。而新加坡在科技方面具有较强的资源优势：一是科研实力雄厚，新加坡国立大学和南洋理工大学等科研院校在人工智能和计算机科学等领域在全球处于领先地位；二是技术政策便利，新加坡在 2013 年就率先提出“新加坡自动车计划”，2017 年，新加坡政府还修订了《道路交通法》，允许自动驾驶汽车在公共道路上进行测试。蔚来汽车与新加坡在技术专业化方面的一致性减少了跨国扩张的技术壁垒。

---

① http://www.gov.cn/zhengce/content/2015-05/19/content_9784.htm.

五、理论启示

本章基于“一带一路”倡议背景下交叉上市如何实现企业国际化战略这一核心问题，通过对海尔智家、科达制造和蔚来汽车交叉上市过程的分析，探讨了交叉上市对国际化战略的作用路径，提出了“一带一路”倡议下企业交叉上市与国际化战略的理论分析框架，具体如图 6-4 所示。通过案例分析，本章发现，要素依赖和制度依赖是企业通过交叉上市实现国际化战略的重要因素。其中，降低要素依赖源于对资源的整合，制度依赖即合法性问题，则通过制度同构来解决，制度同构获取的合法性将促进企业对于资源要素的整合。同时，“一带一路”倡议提出的“五通”政策将优化企业在交叉上市过程中对资源的整合和制度的同构效果，有力推动中国企业国际化战略的实行。

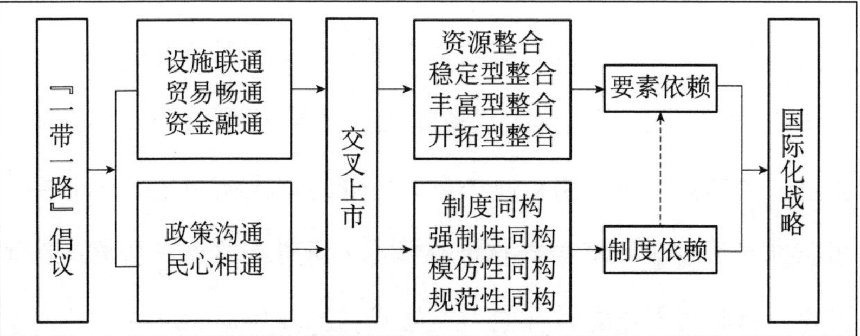

图 6-4 “一带一路”倡议下企业交叉上市与国际化战略的理论分析框架

（一）交叉上市——国际化战略的要素依赖

资源基础观认为，企业所拥有的资源组合是决定企业竞争优势的关键因素（汪涛等，2018），即要素依赖。当现有资源体系难以创造新的竞争优势时，从外部获取资源并创造新的资源体系成为企业的必要选择。本章的研究表明，交叉上市能够从外部获取新的资源要素，降低企业国际化战略中的要素依赖程度。本章选取的三家案例企业在通过交叉上市实现国际化战略的过程中都涉及对市场资源、融资资源和产业资源的整合。因此，只有通过对内外部资源的整合，才能减少企业在“走出去”过程中的资源限制，发挥国际化战略的竞争优势（董保宝等，2011）。在对资源整合方式的选择中，产业资源主要采取稳定型整合方式，传统制造业企业从业务链条入手，从最成熟的传统制造业务逐步向智能制造转型，新型制造业企业则关注技术与研发，对接两个市场的技术资源。融资资源主要采取丰富型整合方式，将新的资本市场和潜在投资者加入原有的资本版图，拓宽融资渠道，采取多样化的融资方式。市场资源主要采取的是开拓型整合方式，案例企业进入的新市场多为蓝海市场，需要进行全新的布局，企业需要通过探索性学习建立新的商业模式以应对新的市场需求。总体来看，企业对资源的整合能力能够降低国际化战略过程中的要素依赖。

（二）交叉上市——国际化战略的制度依赖

国家制度环境的变化影响企业的战略选择（Peng，2005）。企业进入新的海外市场，首先需要面对东道国的制度环境（Gaffney et al.，2014；汪涛等，2018），因此，企业需要遵守某些规则或执行某些行动以获取进入东道国的合法性（Deephouse，1996）。同时，合法性的提高也会正向促进资源的获取与整合（蓝海林等，2010）。研究表明，案例企业可通过强制性同构、模仿性同构和规范性同构三种方式获得国际化战略的合法性。其中，强制性同构适用于母国与东道国之间存在政策支持的情况，例如，“一带一路”倡议提出的政策沟通、设施联通、贸易畅通、资金融通、民心相通，提供了企业准入的直接合法性。模仿性同构适用于有成功企业或相似企业可以借鉴的行业非领先企业，尤其是普通民营企业、中小企业。模仿性同构既能够给企业提供获取合法性的范例，也能够对企业在东道国的扩张战略提供成功模式，减少中国企业“走出去”的经营管理阻力。规范性同构适用于企业与东道国资源环境在某一领域具有相同专业性的情况，但是这种同构方式存在的问题是企业获取的合法性低，通常作为辅助性同构方式。

（三）“一带一路”倡议对国际化战略的推动作用

“一带一路”倡议提出政策沟通、设施联通、贸易畅通、资金融通和民心相通的政策，对中国企业在交叉上市过程中实现资源整合和制度同构发挥了重要的推动作用。具体地，政策沟通为推动母国与东道国之间加强互联互通提供了制度基础，减少了企业在东道国的制度壁垒（吕越等，2019），直接作用于企业在获取合法性行为的强制性同构过程中。民心相通是“一带一路”政策的社会基础，通过缩短母国与东道国之间的文化距离提高区域合作的合法性、降低企业境外经营的不确定性风险（吕越等，2019）。设施联通、贸易畅通和资金融通有助于企业对外部资源的整合，设施联通提供交通、通信及能源方面的资源支撑，贸易畅通消除了沿线国家市场环境的交易壁垒，资金融通促进了货币在不同资本市场中的自由流通，为中国企业在境外市场中整合产业资源、融资资源和市场资源起到了直接的支持和促进作用。对于参与“一带一路”建设的制造业企业而言，“五通”政策的出台能够显著提高中国企业进入“一带一路”沿线国家的能力，促进企业通过交叉上市实现国际化战略。

六、研究结论与启示

本章通过对海尔智家、科达制造和蔚来汽车三家案例企业的研究，系统地探讨了“一带一路”倡议背景下交叉上市对企业国际化战略的赋能机制。研究发现，在“一带一路”倡议提出的“五通”政策背景下，企业境外交叉上市促进了对境内外产业资源、融资资源和市场资源的稳定型整合、丰富型整合与开拓型整合，中国企业通过上述资源整合方式减少了在对外扩张过程中对母国和东道国的要素依赖。同时，企业交叉上市通过强制性同构、模仿性同构和规范性同构方式获得进入东道国的合法性，减少了企业在“走出去”过程中的制度依赖，从而实现企业的国际化战略。

本章的研究结论对于中国企业交叉上市和国际化战略选择具有重要的启示作用：第一，对于企业交叉上市策略的启示。企业交叉上市地点的选择应能够满足企业对资源的需求，同时具有较少的制度限制。如果企业通过交叉上市方式推行国际化战略，那么，一方面要顺应中国与东道国之间的双边协定等政策，避免遭受合法性问题的限制；另一方面，企业自身要具备对外部新的产业资源、融资资源和市场资源进行整合的能力，以及应对交叉上市后市场反应和国际经营风险的能力，避免因政策红利而盲目上市。第二，当前中国企业到境外市场交叉上市的案例逐渐增加，企业不同的交叉上市需求应当得到相关部门的及时关注，相关部门应积极进行相关市场制度和规则建设。“一带一路”倡议的提出推动了中国企业在境外的交叉上市，要进一步制定和完善相关政策和制度，加强与沿线国家的金融合作，帮助有明确全球化战略的优质上市公司“走出去”，实现更多样化的交叉上市，获得更多国家和地区的认可，打造属于中国的全球化企业。另外，监管层需要不断完善资本市场制度，推动资本市场的市场化，适当地对新制度、新政策、新方式进行由点及面的试点，向在境外上市的中国企业释放信号，为更多优质企业交叉上市奠定基础，推动中国资本市场与国际资本市场的联通。

参考文献

[1] 陈立敏，刘静雅，张世蕾．模仿同构对企业国际化—绩效关系的影响：基于制度理论正当性视角的实证研究．中国工业经济，2016（9）：127-143.

[2] 董保宝，葛宝山，王侃．资源整合过程、动态能力与竞争优势：机理与路径．管理世界，2011（3）：92-101.

[3] 孔宁宁，闫希．交叉上市与公司成长：来自中国“A+H”股的经验证据．金融研究，2009（7）：134-145.

[4] 蓝海林，汪秀琼，吴小节，等．基于制度基础观的市场进入模式影响因素：理论模型构建与相关研究命题的提出．南开管理评论，2010，12（6）：77-90.

[5] 李善民，李昶．跨国并购还是绿地投资？：FDI 进入模式

选择的影响因素研究．经济研究，2013（12）：134-147.

［6］李延喜，何超，刘彦文，等．对“一带一路”国家直接投资能否促进中国企业创新？科学学研究，2020（8）：1509-1525.

［7］吕越，陆毅，吴嵩博，等．“一带一路”倡议的对外投资促进效应：基于2005—2016年中国企业绿地投资的双重差分检验．经济研究，2019，54（9）：187-202.

［8］沈红波．市场分割、跨境上市与预期资金成本：来自Ohlson-Juettner模型的经验证据．金融研究，2007（2）：146-155.

［9］孙焱林，覃飞．“一带一路”倡议降低了企业对外直接投资风险吗．国际贸易问题，2018（8）：66-79.

［10］覃家琦，邵新建．交叉上市、政府干预与资本配置效率．经济研究，2015，50（6）：117-130.

［11］覃家琦，邵新建，肖立晟．交叉上市、增长机会与股利政策：基于政府干预假说的检验．金融研究，2016（11）：191-206.

［12］佟岩，孙毓，王茜．交叉上市与企业创新：以A+H上市公司为例．科研管理，2022（6）：121-131.

［13］汪涛，贾煜，王康，等．中国企业的国际化战略：基于新兴经济体企业的视角．中国工业经济，2018（5）：175-192.

［14］杨勃，吴波，江婷婷．新发展格局下国内市场与中国企

业国际化如何双向赋能：基于四家中国企业的探索性案例研究 . 外国经济与管理，2022，44（9）：1-17.

［15］杨忠，张骁 . 企业国际化程度与绩效关系研究 . 经济研究，2009（2）：32-42.

［16］Agmon T, Lessard D R. Investor recognition of corporate international diversification. The Journal of Finance, 1977, 32(4): 1049-1055.

［17］Barney J B. How marketing scholars might help address issues in resource-based theory. Journal of the Academy of Marketing Science, 2014, 42(1): 24-26.

［18］Bradford B M, Martin A D, Whyte A M. Competitive and information effects of cross-border stock listings. The Journal of Financial Research, 2002, 25(3): 399-413.

［19］Deephouse D L. Does isomorphism legitimate?. Academy of Management Journal, 1996, 39(4): 1024-1039.

［20］DiMaggio P J, Powell W W. The iron cage revisited: institutional isomorphism and collective rationality in organizational fields. American Sociological Review, 1983, 48(2): 147-160.

［21］Doidge C. U.S. cross-listings and the private benefits of control: evidence from dual-class firms. Journal of Financial Economics, 2004, 72(3): 519-553.

[22] Foucault T, Frésard L. Cross-listing, investment sensitivity to stock price, and the learning hypothesis. The Review of Financial Studies, 2012, 25(11): 3305–3350.

[23] Gaffney N, Cooper D, Kedia B, et al. Institutional transitions, global mindset, and EMNE internationalization. European Management Journal, 2014, 32(3): 383–391.

[24] Gozzi J C, Levine R, Schmukler S L. Internationalization and the evolution of corporate valuation. Journal of Financial Economics, 2008, 88(3): 607–632.

[25] Kogut B. Designing global strategies: profiting from operational flexibility. Sloan Management Review, 1985,27(1): 27–38.

[26] Li P, Wang B. Overseas listing location and capital structure. China Finance Review International, 2014, 4(1): 3–23.

[27] Merton R C. A simple model of capital market equilibrium with incomplete information. The Journal of Finance, 1987, 42(3): 483–510.

[28] Meyer K E, Estrin S, Bhaumik S K, et al. Institutions, resources, and entry strategies in emerging economies. Strategic Management Journal, 2009, 30(1): 61–80.

[29] Peng M W. Perspectives:from China strategy to global

strategy. Asia Pacific Journal of Management, 2005, 22(2): 123.

[30] Peng M W, Wang D Y L, Jiang Y. An institution-based view of international business strategy: a focus on emerging economies. Journal of International Business Studies, 2008, 39(5): 920-936.

[31] Peng M W, Sun S L, Pinkham B. The institution-based view as a third leg for a strategy tripod. The Academy of Management Perspectives, 2009, 23(3): 63-81.

[32] Reese W A, Weisbach M S. Protection of minority shareholder interests, cross-listings in the United States, and subsequent equity offerings. Journal of Financial Economics, 2002, 66(1): 65-104.

[33] Scott W R. Institutions and organizations .2nd ed . Thousand Oaks, CA:SAGE Publications,2001.

[34] Sirmon D G, Hitt M A, Ireland R D. Managing firm resources in dynamic environments to create value: looking inside the black box. Academy of Management Review, 2007, 32(1): 273-292.

[35] Stulz R M. Golbalization, corporate finance, and the cost of capital. Journal of Applied Corporate Finance, 1999, 12(3): 8-25.

[36] Tallman S, Li J. Effects of international diversity and product diversity on the performance of multinational firms. The Academy of Management Journal, 1996, 39(1): 179-196.

[37] Yin R K. Case study research：design and methods. 4th ed. Thousand Oaks，CA：Sage Publications, 2009.

[38] Zhou L, Wu W, Luo X. Internationalization and the performance of born-global SMEs: the mediating role of social networks. Journal of International Business Studies, 2007, 38(4): 673-690.

第七章
创造共享价值："一带一路"倡议下中国企业战略性社会责任研究

——基于中航国际的案例分析

摘要：本章以中航国际为研究对象，分析了"一带一路"倡议背景下中国企业从母国及自身优势出发，针对东道国突出的社会问题履行海外社会责任进而获取竞争优势的思路。我们发现，中国企业可以通过履行战略性社会责任，在母国和东道国之间发挥资源对接、价值共享、民心相通的纽带作用。企业战略性社会责任既是两国之间在企业层面的交流途径，也是企业自身可持续竞争优势的重要来源。本章整合"一带一路"倡议下企业履行海外社会责任、获取竞争优势的理论框架，细化了战略性社会责任增强企业竞争力的作用路径。本章的研究对中国企业海外社会责任实施策略和海外业务发展提供了一定的启示。

关键词："一带一路"、战略性社会责任、竞争优势

一、引言

习近平指出，民心相通建设的目标是为"一带一路"建设夯实民意基础，筑牢社会根基[①]。"一带一路"建设的成果，最终要惠及各国民众，民心相通是最为持久的互联互通。中国企业应积极响应"一带一路"倡议，中央企业更应成为"一带一路"建设的"排头兵"。但是企业跨国经营往往需要面对合法性问题，且"一带一路"沿线的发展中国家往往面临众多经济与社会问题。Kramer 和 Porter（2006）提出，企业履行战略性社会责任可以在解决社会问题的同时获取可持续竞争优势。企业在跨国经营中把社会问题纳入企业战略范畴，可以从社会问题中寻找市场机会，进行产品和服务创新（Husted and Allen，2007），并获得合法性。"一带一路"倡议背景下，中国企业在沿线国家的战略性社会责任实践已经形成了竞争优势，并在当地创造了社会效益。

---

① 习近平．习近平谈"一带一路"．北京：中央文献出版社，2018.

本章选取的案例对象是中国航空技术国际控股有限公司（简称“中航国际”）。中航国际自2009年开始在非洲地区开展国际职业教育业务，随后，伴随着“一带一路”倡议的持续推进，中航国际发现该项业务与“一带一路”倡议下的职业教育“走出去”政策紧密相连。因此中航国际大力拓展非洲职业教育项目。分析发现，非洲职业教育项目是中国企业在海外履行战略性社会责任的典型代表，具备研究中国企业在“一带一路”倡议背景下履行战略性社会责任的完整要素，且中航国际的非洲职业教育项目包括新建学校、已有学校改造和职业技能大赛等多种模式并分布于非洲多个国家，因此对于中航国际的研究能够较为全面地分析“一带一路”倡议下中国企业战略性社会责任的履行。

本章通过案例研究发现：第一，“一带一路”倡议背景下，中国企业在海外可以发挥“桥梁”作用。企业可以通过海外战略性社会责任的履行，促进东道国与母国资源对接，促进东道国与母国人民的交流，为民心相通做出贡献。第二，中国企业海外战略性社会责任的履行要契合“一带一路”倡议的顶层设计，向深层次拓展，增加与国际组织的合作。第三，中国企业通过战略性社会责任的履行，在东道国获得了合法性，并在当地获得了资源和人才等竞争优势。

本章的理论贡献主要体现在以下方面：首先，聚焦于营利性的中国企业战略性社会责任履行，补充了祝继高等（2019）对非营利性企业战略性社会责任的研究，拓展了企业在履行社会责任过程中寻找市场机会并实现价值创造的理论框架；其次，将中国企业战略性社会责任履行嵌入“一带一路”倡议中民心相通建设的框架，拓展了“一带一路”倡议中“五通”的相关理论；再次，探讨了战略性社会责任的履行有助于企业形成竞争优势的内在机制；又次，使用资源依赖理论和社会认同理论对战略性社会责任的回报机制进行解释，拓展了战略性社会责任理论；最后，使用单案例对企业履行战略性社会责任的动因和经济后果进行了深入分析。

二、文献回顾

（一）企业海外社会责任

合法性问题是企业跨国经营所要面对的主要问题。这是因为企业在国际化过程中要面临更多文化上、政治上、制度上和经济上的差异（Attig et al.，2016），以及由这些差异所引起的国际市场对企业的敌意（Zahra and Garvis, 2000），因此跨国企业在海外市场存在一定程度的竞争劣势。为了缓解这一竞争劣势，企业需要采取各种措施以获取合法性，其中一个措施就是积极履行企业社会责任。

由于合法性问题在很大程度上是由跨国公司母国与东道国之

间的环境差异引起的，大量学者从制度差异角度切入，研究了制度因素对跨国公司社会责任履行的影响。Schepers（2006）研究发现，非政府组织之间及非政府组织内部的冲突会导致跨国公司的社会责任实践向发达国家的利益相关者倾斜。Tan（2009）以及Wiig和Kolstad（2010）等发现东道国制度环境会影响跨国公司的社会责任实践。进一步地，更多学者关注到跨国公司母国与东道国的制度距离对跨国公司社会责任履行的影响。肖红军（2014）发现制度距离显著影响跨国公司的社会责任履行，且经济与文化方面的制度距离对社会责任履行有负面影响，而母国法律制度质量显著高于东道国，会正向影响其社会责任履行情况。宋林等（2019）进一步发现，由于东道国发达程度不同，经济制度距离对跨国公司海外社会责任履行的影响呈现出非对称性。

以上文献探讨了影响跨国公司社会责任履行的主要因素，但并未关注到社会责任履行效果及其对跨国公司自身的影响。众所周知，海外经营是公司的一项战略性选择，为之服务的社会责任履行也应当具有战略意义。因此，跨国公司对海外社会责任项目的选择与实施应当有战略性考虑，战略性社会责任是跨国公司经营过程中不可忽视的重要问题。

（二）战略性社会责任

战略性社会责任概念的提出以企业社会责任相关研究为基础。

此前的企业社会责任研究多认为社会责任和财务利益是彼此冲突的，战略性社会责任则将社会责任与企业的战略利益联系起来，认为二者并非零和关系。战略性社会责任的概念最早由 Burke 和 Logsdon（1996）提出，他们认为，战略性社会责任是指能够为企业带来实质性的业务相关利益，尤其是通过支持企业核心业务活动，进而帮助企业完成其使命的社会责任。Baron（2001）从履行企业社会责任的动机入手，讨论了企业社会责任的战略作用。McWilliams 和 Siegel（2001）指出企业社会责任是实现差异化战略的手段。在前人研究的基础上，Jamali（2007）将战略性社会责任定义为企业出于自利目的的非强制性社会责任。

由于战略性社会责任具有主动性和计划性（王水嫩等，2011），学者们关注到战略性社会责任的决策方法，即企业如何根据自身优势，选择并实施能够为自身带来战略利益的社会责任。Burke 和 Logsdon（1996）从战略性社会责任与一般社会责任的区别出发，提炼出战略性社会责任的五个关键特征——战略中心性、业务专用性、前瞻性、自愿性和可见性，帮助企业识别和检验战略性社会责任项目，称为"五维评估法"。在此基础上，Bhattacharyya（2010）提出由意图层、核心层、保障层和运营层构成的"四层过滤法"，以帮助企业从众多项目中筛选出适合企业的战略性社会责任项目。Kramer 和 Porter（2006）则认为，企业可以通过分析竞争环境和自身价值链，寻找二者的交叉点，以确定价值链创新型和竞争环境投资型战略性社会责任项目（祝继高等，2019）。从战略性社会责任的定义来看，以上三种决策方法殊途同归。

（三）战略性社会责任与竞争优势

1. 战略性社会责任与关系资源

资源依赖理论将组织视为一种价值生产资源，组织之间的关系即为资源依赖关系（Madhok and Tallman，1998）。资源依赖理论经常被用于解释组织为降低自身对外部环境的依赖性进而减少不确定性而采取的行动，如为了减少竞争而选择收购其他公司（Haleblian et al, 2009），但也有学者提出，主动创造依赖性也可帮助企业获取关键资源和竞争优势。Gulati 和 Sytch（2007）将组织依赖性划分为不对称组织间的依赖性和共同依赖性，提高共同依赖性对企业经营绩效有正向影响。Ozcan 和 Eisenhardt（2009）指出管理者通过战略性地增强行业内依赖性可以获得竞争优势。Bae 和 Insead（2004）则认为增强与控制关键资源的组织之间的依赖性既产生收益也产生成本，相比之下选择加入二者共同存在的第三方联盟更能帮助组织受益。总而言之，无论是避免资源依赖，还是战略性增强依赖，资源依赖理论的核心目的都是通过管理资源依赖性进而获取竞争优势与战略收益。

根据资源依赖理论，组织创造价值成功与否取决于组织在关键资源方面的权力优势以及关系依赖程度（Gulati and Sytch, 2007）。因此，组织应当与关键资源所有者保持良好的关系，以提高自身获取相关资源的能力（马苓等，2018）。而战略性社会责任项目则是一种成本相对较低的建立持久关系（即组织依赖性）的手段。企业在海外开展业务成功与否，关键条件之一就是是否有良好的政府关系。通过在东道国履行战略性社会责任，切实解决当地社会发展所面临的突出问题，企业能够与当地政府建立紧密的关系，为后续商业合作打下基础。

2. 战略性社会责任与人才吸引力

心理学中将社会认同定义为某一社会类别中全部成员对自身的一致描述（Tajfel, 1986）。根据社会认同理论，人们在对事物和他人进行分类时会区分出内群体与外群体，并将自己所在群体与其他群体进行比较，积极的比较结果会提高社会认同，从而使群体内成员提高自尊。出于自尊需求，员工更倾向于将自己与声誉良好的组织联系在一起，因此，社会认同理论提供了企业社会责任与人才吸引力之间可能的作用机制。

基于社会认同理论，Greening 和 Turban（2000）发现，潜在的求职者更倾向于进入社会责任感高的企业工作。Aiman-Smith 等（2001）的实验结果表明，企业在生态环境方面的社会责任表现会对其人才吸引力产生较大影响。在此基础上，Backhaus 等（2002）进一步指出，企业社会责任的不同维度对求职者的吸引力有所不同，环境、社区关系、员工关系等维度相对于其他维度而言在吸引求职者方面影响力更大。Sen 等（2006）研究发现，企业的社会责任履行情况是求职者判断该企业形象的一个标准，正面的企业形象会对求职者产生吸引力。张麟等（2017）得出了同样的结论，并发现了求职者的预期自豪感在二者之间的中介作用。刘远和周祖城（2015）认为，员工感知到的企业的社会责任感会通过影响他们的自我认同进而影响其组织行为。Shen 和 Zhu（2011）发现，企业的社会责任表现会对员工组织承诺产生显著正向影响。李歌等（2016）通过问卷调查数据，发现中小企业中员工感知到的企业社会责任感会对其离职倾向产生显著负面影响。鉴于此，通过实施战略性社会责任，帮助解决人才培养及就业问题，企业能够在海外建立良好的形象，给予潜在求职者该企业积极参与社会事务、热心教育事业、关心人才培养与发展的印象，会吸引更多海外人才加入并持续为企业创造价值，帮助企业建设国际化人才队伍，进而增加竞争优势。

3. 战略性社会责任与企业声誉

根据信号理论，当企业处于信息不对称程度高、不确定性程度高的环境中时，应当采取适当措施向外界传递积极信号，以增加买方对企业的信任（Spence, 1973）。信号理论假设买卖双方之间相互依赖、信息存在不对称性（Healy and Palepu, 2001），并且买卖双方都是理性的（March, 1978）。在这个假设前提下，信号的传递必然会产生成本（Robinson et al., 2011），只有当信号收益超出信号成本时，企业才有动力释放积极信号。

已有不少学者关注到企业社会责任的信号作用，如 Bansal 和 Hunter（2003）讨论了企业认证环境管理标准 ISO 14001 的动机，发现这一行为可以对企业既有战略起到强化作用。Robinson 等（2011）发现，被纳入道琼斯可持续发展指数的北美公司股价会有一定程度的上涨。Goyal（2006）构建了国外直接投资的企业社会责任支出均衡模型，并指出企业社会责任应随着国际直接投资（FDI）的增加而增加。这些研究将企业社会责任的信号作用机制进一步精细化，使我们开始关注企业社会责任中的成本收益权衡。在这方面，战略性社会责任的优势相对更为突出，因为其与企业战略融合得更好、为企业战略而服务更有优势、带来的战略收益也相对更多。战略性地实施社会责任，有针对性地向外界展示企业在有关方面的优势，是更为高效的信号传递手段，这种手段可以帮助企业拥有良好的组织声誉、积累长期竞争优势。

三、案例研究设计与案例介绍

（一）案例研究设计

本章采取单案例研究方法。单案例研究（或个案研究）指对某一研究对象进行纵向上不同时点的深度探究和分析，归纳总结相应的演进路径，进而提炼出相应的理论或规律。本章的研究对象是中航国际，其具有长期海外运营经验，“一带一路”倡议提出后，中航国际响应国家号召，进一步拓展国际业务，并持续积极履行海外社会责任。运用单案例研究方法，可以对中航国际多个海外社会责任项目进行深入分析，提炼出相应规律。本章的数据通过如下方式获得：第一，通过对中航国际的管理人员进行访谈获得关于案例企业海外经营的一手数据和资料；第二，通过对案例企业网站及社会责任报告、权威媒体新闻报道等公开资料进行检索和整理，与访谈资料互相印证和补充。

（二）案例企业介绍

中航国际由中国航空工业集团有限公司（简称“中航工业集团”）控股，业务包括航空业务、先进制造业务、海外公共事业、服务与贸易业务四大板块，旗下拥有 6 家境内外上市公司，在全球 60 个国家和地区设有海外机构。中航国际原为中航工业集团旗下外贸平台，在外贸领域具有几十年的实力积累。中航工业集团在改革开放前就与一些发展中国家在军工方面开展了合作，而这些发展中国家很多都是“一带一路”沿线国家。中航国际在上述“一带一路”沿线国家具有较好的市场渠道。

（三）中航国际案例介绍

中航国际自2009年起开始在非洲地区开展国际职业教育项目，初衷是希望帮助非洲地区解决青年人的就业问题。随后，伴随着“一带一路”倡议的持续推进，中航国际认为该项业务与“一带一路”倡议下的职业教育“走出去”政策紧密相连，公司能够发挥良好的平台资源效应和供应链整合效应。一方面，中航国际通过承接海外工程项目与多个国家建立了良好的、稳定的合作关系，承接了当地的高等职业院校改造升级项目；另一方面，中航国际与众多国内高等职业院校保持着密切的合作关系，能够为非洲地区的职业教育提供专业规划、师资培训、学校管理等方面的软性服务，这也与我国高等职业院校“走出去”的需求相契合。这类合作项目具有双赢性质。对于国内的高等职业院校而言，职业教育国际化合作是高职院校评定“双高计划”（中国特色高水平高职学校和专业群建设计划）的重要指标，但是国内高等职业院校“走出去”的渠道非常有限，中航国际的国际职业教育项目正好可以为国内高等职业院校的“走出去”提供渠道，在国内高等职业院校与海外职业教育需求之间搭建起桥梁。对于非洲地区而言，这是提升国家职业教育水平，解决青年人就业问题的重大机遇。

1. 职业教育项目

整体而言，中航国际负责向东道国教育部（或者相关部门）提供整体解决方案（EPC 合同），主要有两种模式：一是职业院校升级改造项目，二是在境外建设一个全新的职业院校（绿地投资）。在改善当地教育的同时，中航国际职业教育项目也具有营利性质。

以职业教育学校升级改造项目为例，中航国际与东道国教育部或相关机构签订合同，合同内容包含院校的升级改造、师资培训、运营指导等。合同中中航国际首先与东道国教育部门协商选定升级改造的学校（数量、位置等），以及确定每个院校设置的专业类型；其次，根据专业设计规划为每所院校提供教学仪器设备；再次，根据专业设计规划为每所院校匹配国内高等职业院校，为它们提供师资培训（包括专业知识培训和教学方法培训）及教材；最后，中航国际提供职业教育学校后续的运营指导。东道国往往自主办学能力较弱，有一些中国早期协助建设的院校，由于当地人缺乏办学经验而荒废，或者交给了第三国的团队运营管理。目前中航国际在项目推进中注重培养东道国教育部门自主的运营管理能力，中航国际扮演管理咨询角色，帮助当地教育部门对学校进行运营。中航国际已经完成和正在进行的职业教育项目总结为表 7-1。

表 7-1　中航国际职业教育项目总结

项目名称	内容	社会及经济影响
肯尼亚职业教育培训项目	• 13家职业技术学校 • 53个专业技术培训车间 • 提供包括设备配置、产教结合、售后服务等一揽子解决方案 • 每年可培养约25 000名土建、电工电子、机械、快速成型、医疗卫生等领域的专业技术人员	• 当地最有影响力的报纸*Daily Nation*对该职教项目进行了报道 • 央视CCTV-2的《国企备忘录》、CCTV-13的《新闻直播间》和《国际商报》、*China Daily*等媒体对项目进行了报道 • 2016年3月25日，中共中央政治局常委、全国人大常委会委员长张德江率领中国代表团，在访问肯尼亚期间参观了位于肯尼亚工业大学、由中航国际建设的中肯职业教育合作示范中心。张德江委员长为中肯职业教育合作模式“点赞”，要求中航国际为扶持“Made in Kenya”贡献更大的力量
加蓬建设职业教育院校项目	• 3个职业培训中心，配备12类专业 • 每年可培训3 000名全日制学生及3 600名短期学生	• 2016年4月11—13日，全国政协主席俞正声对加蓬进行友好访问期间，参观了位于加蓬NKOK工业区内的中航国际职教项目 • 2017年8月11日，加蓬总统阿里·邦戈出席在恩考克经济特区举行的职业教育中心项目奠基仪式
加纳职业教育培训升级项目	• 建设23个院校、5大专业 • 提供专业设计规划、课程体系设置、教材编制、实训设备供货与安装调试、教师培训、质保以及售后服务、院校运营支持等整套解决方案 • 每年可培训2 000人	• 2019年11月11日，国务院副总理孙春兰出席了项目剪彩仪式并与加纳副总统巴武米亚一同为项目开工剪彩，孙春兰副总理向巴武米亚副总统递交了象征项目顺利启动的钥匙

续表

项目名称	内容	社会及经济影响
乌干达职业教育项目	• 为当地提供土木工程、工程机械、汽车维修、焊接技术、农业机械、电子电工和机械加工等7个专业的培训	
科特迪瓦项目	• 提供包括机械加工、电子电工、汽车维修等14大类学科或专业人才培训 • 每年可培训近6 000名全日制学生	• 2022年1月24日，中航国际成套设备有限公司（中航国际子公司）承建的科特迪瓦职业培训学校项目在科特迪瓦经济首都阿比让北部成功举行开工奠基仪式。科特迪瓦总理帕特里克·阿奇及政府官员，中国驻科特迪瓦大使馆经济商务参赞鲁军等出席仪式并致辞。新华社、科特迪瓦国家电视台(RTI)与最大报社博爱晨报（*Fraternité Matin*）等多家主流媒体对本次活动进行了专题报道
非洲职业院校管理人员和骨干教师培训项目	• 由线上培训及线下教学两部分内容组成 • 培训对象为非洲项目院校领导、教学负责人及相关专业带头人 • 培训内容包括理论知识、前沿专业技术、教育理念、教学方法、课程设计和评价等	• 时任非洲技术与应用型大学与学院协会秘书处约翰内斯·穆提库先生对项目给予了高度评价，他说，通过实地学习，肯尼亚骨干教师们不仅拓宽了视野，接触了先进教学理念，还强化了理论基础、实践能力及对产教融合的理解与认识

资料来源：中航国际企业社会责任报告及官网 .

2. 非洲职业技能挑战赛

非洲职业技能挑战赛 (Africa Tech Challenge，ATC）是中航国际在肯尼亚举办的劳动技能大赛。此项目为非营利性质。中航国际举办大赛的初衷一方面是为了扩大国际职业教育项目的影响力，做出品牌效应；另一方面是利用职业教育项目的部分利润去做非营利公益类项目，履行社会责任。主办方一般利用暑期的时间对参赛人员进行为期几周的集中培训（每个队伍有 3 名学生和 1 名老师），培训地点一般在肯尼亚首都内罗毕，培训完成后会发放培训证书。培训教师由中航国际专门在国内聘请。国内的教师完成培训后，负责大赛命题。大赛分为初赛和复赛。获得比赛前三名的个人可以获全资资助来华留学，其中本科生被资助到北京航空航天大学留学，大专生则被资助到相应的国内高等职业院校留学。获得比赛前两名的学校会获得生产订单。肯尼亚的职业技术学校有加工设备，可以加工中航国际及其他合作方需要的零部件。表 7-2 总结了 ATC 的举办情况。

截至 2022 年，ATC 已经举办了 7 届，机械加工是每年都有的经典赛项，大赛曾经增加过 APP 大赛、机电一体化比赛，这些项目是基于中航国际在当地的项目和设备设立的。2020 年和 2021 年大赛由于新冠疫情停办，2022 年恢复举办。

表 7-2　ATC 举办情况

年度	比赛情况	相关领导出席情况
2014	• 肯尼亚各地18支职业技术院校队伍参赛 • 比赛项目为车床加工 • 比赛历时6周，3支队伍、2名学员获奖 • 获奖团队获得高额奖金及中方的生产订单，获奖个人受资助赴华留学	• 中国驻肯尼亚大使刘显法、肯尼亚教育部长卡伊门伊出席开幕式 • 肯尼亚国家联盟党主席、教育部常秘、青年服务队司令以及中国驻肯尼亚大使刘显法、中航国际董事长吴光权、中航国际执行副总裁刘军等出席闭幕式
2015	• 肯尼亚29支参赛队伍，共计180人参赛 • 比赛项目为机械加工和手机APP制作 • 比赛历时约5周，手机APP大赛有3支队伍获奖，机械加工大赛有6支队伍获奖，获得手机APP大赛第一名的学员、机械加工大赛前三名的学员获资助赴华留学	• 肯尼亚政府官员、中国驻肯尼亚使馆经参处、中肯双边媒体及企业出席开幕式 • 肯尼亚教育部、分权与规划部、信息部，中国驻肯尼亚大使馆，当地中资企业等机构参加了闭幕式。肯尼亚教育部部长、分权与规划部常秘，中国驻肯尼亚使馆参赞以及中航国际领导等嘉宾发言
2016	• 来自4个国家、29支代表队的156名学员参赛，新增参赛国家有加纳、乌干达和赞比亚 • 比赛项目为普通车床加工和数控车床加工 • 比赛历时约7周，2支参赛队伍获得中航国际总价值10万美元的订单，3名优秀学员获得北京航空航天大学的留学机会	• 肯尼亚副总统鲁托、中国驻肯尼亚大使馆经济商务参赞郭策和中航国际执行副总裁刘军出席闭幕式并致辞
2017	• 由肯尼亚教育部、工业部及公共服务、青年和性别事务部三个部委与中航国际联合举办，主题为“青年赋权” • 比赛项目分为模板、钢筋和水泥三个专业	• 肯尼亚国家青年服务队司令、肯尼亚教育部代表、肯尼亚工业部代表、肯尼亚公共服务部代表以及中航国际代表出席开幕式并发言

续表

年度	比赛情况	相关领导出席情况
2018	• 由中航国际与肯尼亚教育部联合举办，主题为“培养实践技能型青年人才” • 比赛首次邀请加蓬和科特迪瓦两个非洲西部国家参赛；首次邀请世界技能大赛中国队教练现场进行技术指导；首次与清华大学合作，共建清华大学研究生社会实践海外基地 • 来自肯尼亚、加纳、赞比亚、加蓬、科特迪瓦的27支队伍共108人参赛 • 大赛历时45天，共决出两支优胜队伍和3名优秀个人，分别获得中方订单和赴华留学机会	• 肯尼亚教育部常秘出席开幕式并发言 • 肯尼亚教育部常秘、中国驻肯尼亚使馆经参处参赞、加蓬和科特迪瓦职教司长等出席闭幕式
2019	• 主题为“梦想并创造你的未来” • 比赛首次与世界银行合作，由世界银行邀请3支国际队伍参赛 • 来自肯尼亚、加纳、加蓬、赞比亚、乌干达、科特迪瓦、埃塞俄比亚、坦桑尼亚8个国家的18支队伍共68名学员参赛 • 比赛历时5周，前两名参赛队伍获得10万美元生产订单，前三名优秀个人获得赴华留学机会，15名优秀学生获得金也淘奖学金（金也淘奖学金由中航国际和肯中经贸协会共同出资设立，用以纪念挚爱并献身非洲职业教育事业的金也淘先生，本次比赛系首次发放该奖学金）	• 时任肯尼亚教育部常秘Kevit Subash Desai出席开幕式并发言 • 非洲各参赛国家教育部、肯尼亚教育部及工业部等部委官员，中国驻肯尼亚使馆、肯中经贸协会、当地中资企业、当地媒体代表和参赛师生参加闭幕式
2022	• 由中航国际联合肯尼亚教育部举办 • 来自肯尼亚、埃及、津巴布韦、赞比亚、加纳、乌干达6个国家的59支队伍共236名学员参赛 • 比赛项目为建筑工程识图与制图	肯尼亚、埃及、加纳、乌干达、赞比亚、津巴布韦代表，以及非洲各参赛学校校长与参赛队伍代表出席了开幕式

资料来源：中航国际企业社会责任报告及官网.

2020 年 11 月 3 日，由中宣部、国资委和全国工商联作为指导单位，中国外文局主办，中国报道社承办的第八届中国企业海外形象高峰论坛在北京举办。中航国际“非洲职业技能挑战赛”项目荣获“2020 中国企业海外形象建设优秀案例”奖项。

3. 援建小学

2015 年 12 月 3 日，中航国际成套设备有限公司赞比亚卢萨卡城市道路升级改造项目（L400 项目）在卢萨卡 Lilayi 小学举办“爱心有约，助梦飞翔”爱心助学活动。活动为 Lilayi 小学捐赠了共计 670 个书包、18 个足球，捐建了“友谊图书室”，修整了学校操场，并资助 15 名贫困学生顺利完成小学学业。

四、案例讨论

（一）本国优势、企业优势与东道国需求

1. 本国优势

我国的职业教育规模较大，截至 2020 年，我国有职业教育学校 2 423 所，专职教师 279 290 人，在校学生 3 955 306 人。如图 7-1 所示，2000—2020 年我国职业教育院校教职工数量稳中略升，学生人数（毕业生人数、招生人数、在校生人数）波动上升。中航国际以自身业务为出发点延伸企业价值链，其组织的职业教

育项目及职业技能大赛以加工制造、交通运输等为主要内容，同时兼顾时代发展要求，增加了信息技术方面的技术培训。2004—2020 年我国职业教育土木水利类、加工制造类、交通运输类和信息技术类专业的毕业人数。如图 7-2 所示，加工制造类和信息技术类目前是我国职业教育的热门专业，毕业人数波动中有上涨趋势，交通运输类毕业生人数则持续增加，土木水利类毕业生人数保持稳定，表明我国在这四类职业教育专业有着丰富的经验与一定的实力。与此同时，我国的职业院校数量（为保证可比性，本章只考虑了普通中专、成人中专、职业高中和其他中职机构）呈下降趋势（见图 7-3），表明目前职业院校的数量能够满足教育需求，国内职业院校建设已达到饱和状态，并且我国有余力向其他国家输出职业教育资源。

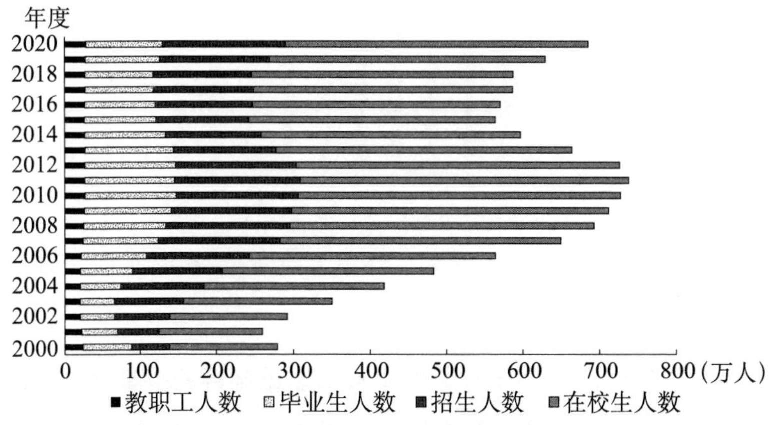

图 7-1　2000—2020 年我国职业教育学校教职工及学生数量

资料来源：国泰安数据库 .

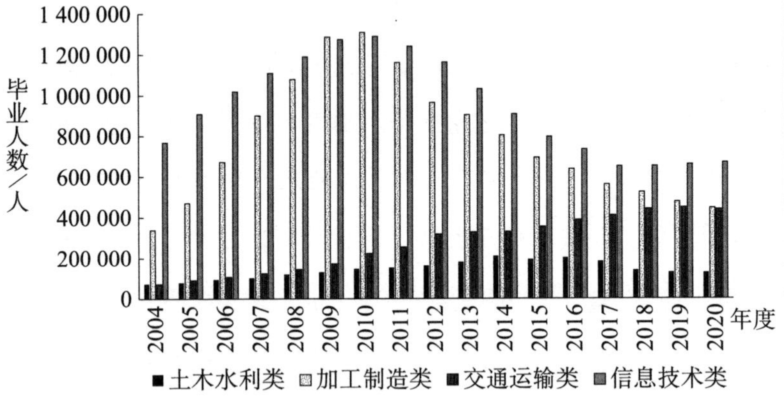

图 7-2　2004—2020 年我国职业教育四类专业毕业人数

资料来源：国泰安数据库 .

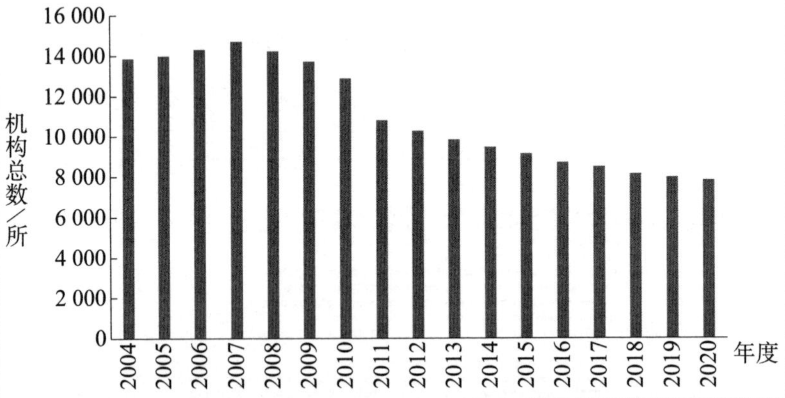

图 7-3　2004—2020 年我国普通中专、成人中专、职业高中和其他中职机构总数

资料来源：国泰安数据库 .

同时，近年来我国职业教育积极推进国际化，服务国家战略。2016 年，天津渤海职业技术学院在泰国设立了首个鲁班工坊。2018 年 9 月 3 日，习近平主席在中非合作论坛北京峰会上提出，要重点实施“八大行动”，其中在“实施能力建设行动”方面明确要求在非洲设立 10 个鲁班工坊，向非洲青年提供技能培训。从此，鲁班工坊上升为国家项目。2019 年 3 月，由天津铁道职业技术学院、天津市第一商业学校、吉布提工商学校和中国土木工程集团有限公司共同建设的吉布提鲁班工坊揭牌，这是我国在非洲建设的首个鲁班工坊。鲁班工坊开展学历教育累计培训 3 200 余人，面向中资企业、合作国当地企业培训师生超 11 000 人，实现了国际产教融合、校企合作，培养了一批国际化能工巧匠。已建成的 20 个鲁班工坊围绕智能科技、新能源新材料、先进制造、铁路运营等领域，开设了工业机器人、新能源、云计算、物联网、动车组检修等 49 个专业，合作推出了包括中职、高职、应用本科、研究生四个层次的学历教育项目。近年来，鲁班工坊的人才培养标准和专业建设质量被广泛认同。目前已有 11 个国际化专业教学标准获得合作国教育部认证，被纳入一些国家的国民教育体系，1 个国际化专业标准被纳入发达国家职业资格证书体系。

2. 企业优势

中航国际在集团内部拥有大量职业教育资源。中航国际的控股股东为中航工业集团，其持股比例为 91.14%。中航工业集团是由中央管理的国有特大型企业，旗下拥有航空武器装备、军用运输类飞机、直升机、机载系统、通用航空、航空研究、飞行试验、航空供应链与军贸、专用装备、汽车零部件、资产管理、金融、工程建设等产业，下辖 100 余家成员单位、25 家上市公司，员工逾40万人。中航工业集团下辖的大量重工业企业，如沈阳飞机工业（集团）有限公司、哈尔滨飞机工业集团有限责任公司等，在发展过程中建设了大量培养产业工人的职业技术学校，虽然目前很多职业技术学校已经与集团主业剥离，但是学校与企业间仍然存在众多合作。因此，中航国际可以在集团内部与众多国内的职业技术学校取得联系并开展合作。

中航国际在职业教育项目中可以发挥平台优势。第一，中航国际通过承接海外工程项目与多个国家建立了良好的、稳定的合作关系，承接了当地的高等职业院校改造升级项目。第二，中航国际能够为非洲地区的职业教育提供专业规划、师资培训、学校管理等方面的软性服务，这也与我国高等职业院校“走出去”的需求相契合。师资培训是中航国际从国内高等职业院校聘请老师为当地老师作培训，包含整套教材、教学方案、教师授课能力培训等，在此过程中中航国际会提供翻译服务。在这一过程中，如何将国内师资与国外职业教育需求进行匹配、教学方案需要进行何种调整等，需要经过反复沟通才能完成，中航国际起到了平台作用，将两者进行对接，使项目达到双赢。第三，对于国内的高等职业院校而言，职业教育国际化合作是高职院校评定“双高计划”（中国特色高水平高职学校和专业建设计划）的重要指标，但是国内高等职业院校“走出去”的渠道非常有限，中航国际的国际职业教育项目可以为国内高等职业院校的“走出去”提供渠道，在国内高等职业院校与海外职业教育需求之间搭建起桥梁。中航国际的海外职业教育项目让其自身、国内高等职业院校和东道国实现了共赢。

中航国际职业教育项目具有融资优势。中航国际的国际职业教育项目的资金主要来源于贷款（如商业贷款、优惠贷款等）。对于中航国际来说，国际职业教育项目并非投资项目，而是采用总承包模式的项目。依托于中航国际与国内银行的良好关系，中航国际一般会做好整套融资解决方案再与外国教育部门进行谈判。在非洲大部分国家，相对于机场、公路等建设项目，教育部门的院校改造、建设项目排序明显靠后，资金紧缺，中航国际的配套融资方案能真正促进教育项目在非洲落地。

3. 东道国需求

教育及就业问题是肯尼亚等“一带一路”沿线国家面临的突出社会问题之一。据世界银行数据统计，与中航国际合作开展职业教育项目的肯尼亚、赞比亚、加纳、乌干达、加蓬等 8 个国家，其政府职业教育支出占 GDP 之比常年不足 1%。以 2012 年为例，肯尼亚等 8 个国家的政府职业教育支出占 GDP 之比平均为 1.01%，其中占比最高的是加纳，为 1.47%，占比最低的是乌干达，为 0.25%（见图 7-4）。与此同时，失业率问题也是困扰非洲各国社会发展的突出问题之一。据英国文化教育协会驻内罗毕办事处称，失业问题是肯尼亚青年最关心、最急迫的问题，71% 的受访者愿意通过移民等手段来寻求工作机会[①]。根据国泰安数据库统计数据，2010 年赞比亚的失业率为 13.2%，加蓬的失业率为 20.4%，其他国家的就业

① 李志伟，万宇 . 非洲寻求破解青年就业难题 .（2018-04-26）. http://ydyl.people.com.cn/n1/2018/0426/c411837-29951091.html.

情况亦不乐观。青年人失业问题进一步衍生出犯罪问题，严重影响社会治安。世界银行 2011 年的一份调查显示，非洲国家约有四成叛乱分子是由于失业问题才参加叛乱活动的。据联合国报道，失业问题是加纳青年参与投票促使政府更迭的主要原因之一[①]。落后的教育水平和突出的失业问题，成为约束当地经济发展、社会稳定运行的重要因素。2018 年，联合国秘书长古特雷斯表示，非洲国家应通过教育投资保障青年人参与经济发展，充分利用好人口红利[②]。

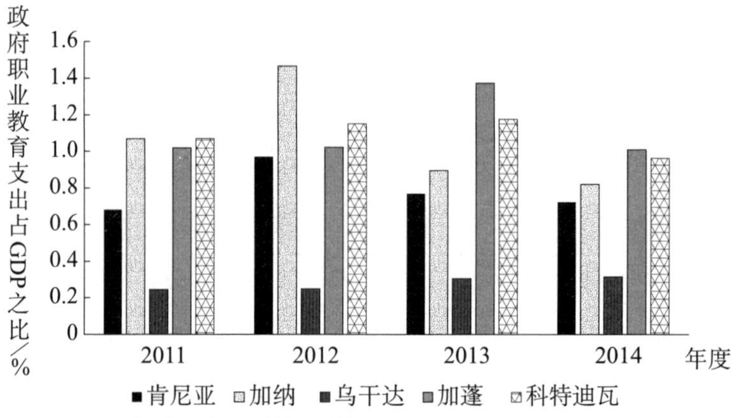

图 7-4　2011—2014 年中航国际主要东道国政府职业教育支出情况

资料来源：世界银行 WDI 数据库 .

① Kingsley Ighobor. 非洲失业青年问题给经济增长蒙上阴影 . https://www.un.org/africarenewal/zh/magazine/2017%E5%B9%B4%E9%9D%92%E5%B9%B4%E7%89%B9%E8%BE%91/%E9%9D%9E%E6%B4%B2%E5%A4%B1%E4%B8%9A%E9%9D%92%E5%B9%B4%E9%97%AE%E9%A2%98%E7%BB%99%E7%BB%8F%E6%B5%8E%E5%A2%9E%E9%95%BF%E8%92%99%E4%B8%8A%E9%98%B4%E5%BD%B1.

② 李志伟，万宇 . 非洲寻求破解青年就业难题 .（2018-04-26）. http://ydyl.people.com.cn/n1/2018/0426/c411837-29951091.html.

（二）战略性社会责任的识别

Bhattacharyya（2010）提出战略性社会责任具备六个方面的特征，即计划性、前瞻性、围绕企业使命和企业愿景的中心性、行动的长期性、投入大量资源的保障性、有效影响企业内部和外部业务运营的嵌入性，并把这些特征编排为四个层次，提出了甄别战略性社会责任的四层过滤法（见图 7-5）。这里根据四层过滤法分析中航国际战略性社会责任的履行。

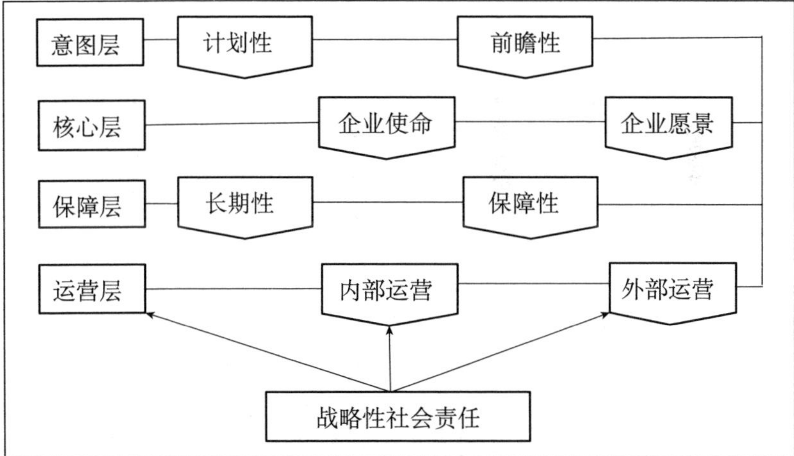

图 7-5　四层过滤法识别战略性社会责任

在意图层，中航国际于 2009 年开始在非洲发展职业教育项目，初衷是希望帮助非洲地区解决青年人就业问题，发展职业教育，这是中航国际结合自身资源禀赋和在非洲多年的运营经验，经过慎重分析后的决策，具备计划性。项目推进时间早于"一带一路”倡议提出时间，随后，伴随着“一带一路”倡议的持续推进，该项业务与“一带一路”倡议下的职业教育“走出去”政策紧密相连，并进一步获得了国家政策支持，具备前瞻性。

在核心层，中航国际的企业使命是“超越商业，共创美好世界”，企业愿景是“打造一流企业集群，成为备受员工热爱、客户推崇、社会尊重的世界级优秀企业”。非洲职业教育项目高度契合中航国际的企业文化。

在保障层，非洲职业教育项目开始于 2009 年，期间业务从未中断；ATC 大赛已经举办七届，符合长期性特征。根据上一小节的内容，职业教育项目具备充分的资源保障性。

在运营层，职业教育项目与中航国际的内外部运营融合度极高。中航国际在发展中国家的主要业务采用项目承包模式，如公路、桥梁、发电厂等，这类项目投资大、周期长，需要长期的后期运营维护。职业教育项目的实施，一方面可以为中航国际在非洲各国的项目运营维护培养专业人才，帮助公司实现人才招聘属地化，降低用人成本，为公司内部运营活动提供有利条件；另一方面，职业教育项目改善了东道国的教育条件，提高了当地人才技术水平，进而使公司与东道国政府建立起了良好的合作关系，为公司在当地的商业活动提供了充分的合法性和强劲的竞争优势，因而对公司的外部运营活动提供了有力支持。

综上所述，中航国际的非洲职业教育项目符合战略性社会责任的特征。

（三）价值创造与竞争优势

1. 中航国际战略性社会责任创造的社会价值

中航国际立足于既有的海外职业教育生态圈，为“一带一路”沿线国家民心相通架设“桥梁”，贡献中国智慧和方案。截至2021年，中航国际职业教育项目与非洲5个国家达成长期合作，共升级改造大中专院校177所（肯尼亚154所，加纳23所），新建职业院校12所（加蓬3所，科特迪瓦7所，乌干达2所），建成项目每年可为东道国培训20 000多名师生，接受高级技能培训的学生的就业率达80%以上，为当地职业教育水平提升贡献了力量。

中航国际职业教育项目的实施，引起了当地政府和民众对职业教育的热情与重视。旨在推动校企合作、帮助学生提高实操水平的非洲职业技能挑战赛，至今已经举办了七届。参赛规模从第一届的来自肯尼亚的18支队伍，发展到了第七届来自肯尼亚、埃及、津巴布韦等6个国家的59支队伍共236名参赛学员。通过赛前培训、工厂参观以及赛后在线教育平台的持续开放，中航国际以“授人以渔”的指导思想推动解决非洲青年缺乏职业技能、就业率不理想的问题，助力当地青年更好地就业，同时促进了教学与产业链相结合。由中国中铁－中航国际联营体承建的埃及第一条电气化铁路——埃及斋月十日城轻轨铁路于2022年7月3日通车试运行，值得注意的是，中方企业在承担该项目建设工作的同时，还兼顾了埃及青年技术人员的培训工作，为项目建设及维保团队提供了人才支持①。不仅如此,《中航国际在肯尼亚2022社会责任报告》提到，仅中航国际环球贸易中心项目的建设和运营，就为肯尼亚增加了4 000多个就业岗位。“中航国际职业教育项目—职业技能大赛—实际项目培训”这一一体化人才培养流程，将青年学习及就业完美衔接与融合，在促进当地青年人才就业素养提升的同时，也为更多中外合作的基建项目的落地提供了可能，为当地社会经济发展提供了强劲动力。

2. 中航国际战略性社会责任创造的经济价值

在为当地社会创造价值的同时，承担战略性社会责任也为中航国际自身创造了经济价值。通过举办非营利性的非洲职业技能挑战赛，以及实施相关爱心助学项目，中航国际在当地教育领域取得了较大的影响力，有效助力本企业职业教育项目在非洲国家的发展，非洲职业教育项目成为中航国际海外业务中持续盈利的项目之一。在赢取专业口碑的同时，中航国际与当地政府形成了密切的合作关系，这为中航国际航空业务、基础设施建设业务在当地的发展带来了积极影响，海外营业收入成为公司收入的重要

① 姚兵．中企承建埃及首条轻轨铁路通车试运行.(2022-07-05).https://www.imsilkroad.com/news/p/487930.html.

组成部分。此外，中航国际在当地社会的良好形象为其吸引了更多国际人才的加入，帮助其实现了属地化人才管理，极大降低了人力资源成本。公司可持续发展报告披露的数据显示，2014—2018 年，公司海外收入显著增加，海外营收占比保持在 25% 以上。同时，公司的国际化指数大幅上升，2018 年达到了 30.4%（见图 7-6）。2018 年，中航国际在航空工业经营业绩考核中获得 A 级。同年，公司入选国企改革"双百企业"名单，经营业绩获得肯定。

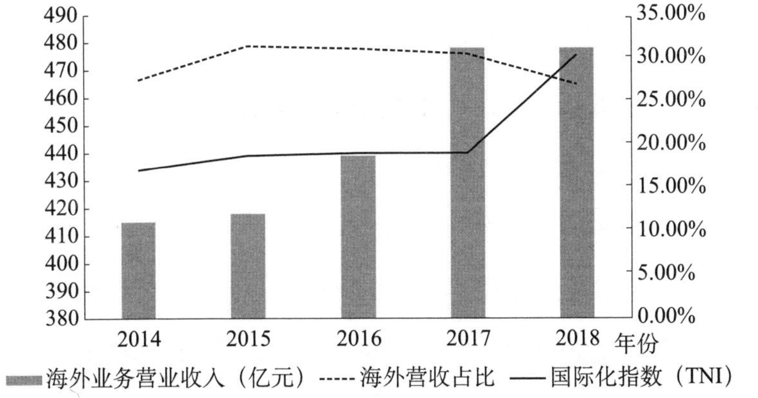

图 7-6　2014—2018 年中航国际海外收入及国际化指数情况

资料来源：中航国际企业社会责任报告及官网 .

中航国际承担的战略性社会责任不仅为自身创造了价值，还对其他中国企业的海外经营产生了溢出效应。中航国际通过援建当地学校，大大提高了当地教育设施水平；通过举办职业技能大赛，激起当地人对职业技能的重视；通过发展职业教育项目，切实提高了非洲国家人才的就业能力。这些措施大大提高了当地劳动人口素质，为其他中方企业在当地用工提供了便利，惠及了更多响应“一带一路”倡议的企业，促进了“一带一路”倡议的良性循环与发展。中航国际积极承担战略性社会责任，造福了国际国内企业及社会的发展，其突出的表现赢得了广泛赞誉。

五、理论启示

（一）“一带一路”倡议下中国企业的海外角色定位

民心相通是“一带一路”倡议中“五通”的关键环节，也是“一带一路”倡议进入高质量发展阶段的重中之重。目前，民心相通的发展在“五通”中相对滞后，主要原因在于民心相通需要广泛的社会基础，情感相融需要建立在长期合作互信的基础之上。在民心相通的发展中，中央企业可以发挥桥梁作用，中央企业战略性社会责任的履行可以推进民心相通的建设。目前，我国促进民心相通建设主要采用人文交流和对外援助的方式。但是，只依靠以上两种方式是不够的。人文交流的辐射范围有限，对外援助不产生经济效益，而更重要的是“授人以渔”。在非洲发展教育，使非洲人民掌握更多生产技能，使非洲人民能够依靠自己的能力发展经济及改善生活，才是对非洲人民最大的帮助。中航国际在此过程中，一方面联通了东道国的需求与中国能够提供的资源，另一方面促进了非洲人民与中国人民的合作与沟通。在东道国职业学校建设中，大量中国教师赴非洲培训当地师资，与东道国师生朝夕相处；ATC大赛的获胜队伍可以直接获得中国的订单，具备一定学历的获胜学生可以赴中国留学。通过中国人民与东道国人民“一起工作”的方式建立起的互助互信是民心相通的稳固基础。

此外，中央企业通过战略性社会责任的履行也推进了中国与“一带一路”沿线国家和地区的标准互通。在中航国际的非洲职业教育项目中，中航国际为东道国提供了一整套职业教育解决方案。第一，中航国际为东道国职业教育学校进行专业设计规划，专业设置依据当地人才需求而定，而当地主要的工业企业往往是中资机构。第二，根据专业设计规划为每所院校提供教学仪器设备，如机床、设计软件等，这些软件硬件设备全部按照中国标准设计，并由中国企业制造。第三，根据专业设计规划为每所院校匹配国内职业技术院校，由国内职业技术院校为东道国提供师资培训（包括专业知识培训、教学方法培训）、教材。第四，中航国际提供后续的运营指导，按照中国经验运营学校。第五，东道国职业技术院校毕业生的重要就业方向是当地中资企业。中航国际定期组织当地“中资企业就业双选会”，推进校企合作。这些活动可以满足中资企业的海外用工需求，推进人才属地化战略，也可以解决东道国青年就业问题。通过以上行动，中航国际将中国标准融入当地职业教育的全过程，当地学校培养出的人才与中国企业产业链深度融合。

（二）“一带一路”倡议下中国企业履行社会责任的思路

1. 契合“一带一路”倡议的顶层设计

中国企业在东道国战略性社会责任的履行应配合推动“一带一路”倡议。由于企业社会责任对东道国社会的正面影响，中国企业履行社会责任应着重建设“五通”中的民心相通，选择造福当地人民、体现中国大国担当的项目，实现多方共赢。

2. 企业社会责任项目应向深层次拓展

中航国际的非洲教育项目目前主要集中于职业教育，随着经验的积累，中航国际也在向普通教育方向发展，如中航国际在加蓬开展了职业教育项目，未来将持续开展普通大专的建设。中国企业在非洲的战略性社会责任可逐步向深层次拓展。

3. 增加与国际组织的合作

中国企业承担了大量非洲基础设施建设项目，为非洲各国经济社会发展提供了有力支持，但是仍有一些来自西方国家的质疑声音，甚至中国企业履行社会责任也会受到一些非议。增加与国际组织的合作，可以借助国际组织的声望回击质疑。例如，第六届 ATC 大赛与世界银行合作，由世界银行邀请国际队伍参赛。

（三）“一带一路”倡议下中国企业如何通过履行社会责任获取竞争优势

前已述及，合法性问题是企业海外经营成功与否的关键制约因素，而分析东道国社会需求、发挥自身价值链优势、战略性承担社会责任则是突破合法性制约、获取竞争优势的重要途径。中航国际利用战略性社会责任获取竞争优势的机制可以从以下三方面进行分析。

基于资源依赖理论，战略性社会责任是帮助企业获取关键资源的重要方法。由于非洲国家法制基础相对薄弱，市场发展相对落后，企业与政府的关系是企业在当地业务发展的决定因素。通过实施社会责任项目，中航国际切实提高了当地教育水平，增加了当地人口的就业技能，并为当地带去了先进的教育体系与技术标准，为当地教育及就业问题的解决贡献了力量，进而获取了当地政府的好感与信任，为企业的海外业务在东道国的顺利实施提供了保证，同时在东道国基础设施建设项目的获取上拥有更多竞争优势。

根据信号理论，企业社会责任可以被视为向外界传递积极信号的手段之一。与其他市场相比，非洲市场发展程度相对较低，信息不对称程度较高，不确定性程度也相对更高，因此企业有必要通过传递积极的信号来增加买方信任（Spence, 1973）。通过非洲职业技能挑战赛等社会责任项目，中航国际向外界展示了自身良好的组织能力、先进的工业技术水平和雄厚的社会资本，表明了其完成业务项目的资金、技术和经验优势，可以帮助其取得当地政府及其他海外客户的信任，推动中航国际职业教育项目、航空业务、基础设施建设业务等众多海外业务的良好发展。

基于社会认同理论，企业的社会责任履行情况是求职者评判企业形象的标准之一（Sen et al., 2006）。通过实施战略性社会责任项目，中航国际在当地树立起重视教育与人才发展、关心社会就业问题的正面形象，建立起当地人才对中航国际及中方企业的社会认同，进而吸引更多优秀的国际人才加入企业，可以有效吸收高素质人力资源，降低用工成本，为企业发展带来间接正向影响。

基于以上讨论与分析，本章构建了企业发挥自身及母国优势、履行战略性社会责任、满足东道国突出需求、创造共享价值、获取竞争优势的理论框架：在我国“一带一路”倡议的指引下，企业能够更便利地获取政策性贷款资源，同时，国内高校也有响应“一带一路”倡议“走出去”的需求，而企业自身在经验、技术等方面又具有一定的优势，二者结合，企业有能力通过实施如职业技能挑战赛等社会责任项目解决东道国教育及就业问题，从而为自身赢取竞争优势，推动企业的职业教育项目及其他业务在当地的发展，实现人才国际化目标，获得良好的企业形象，进一步帮助企业顺利实施战略性社会责任项目，由此形成良性循环。通过履行社会责任项目，企业成为促进中国与"一带一路"沿线国家标准互通、民心相通的桥梁。综上，中央企业海外战略性社会责任的履行与竞争优势获取的理论框架如图 7-7 所示。

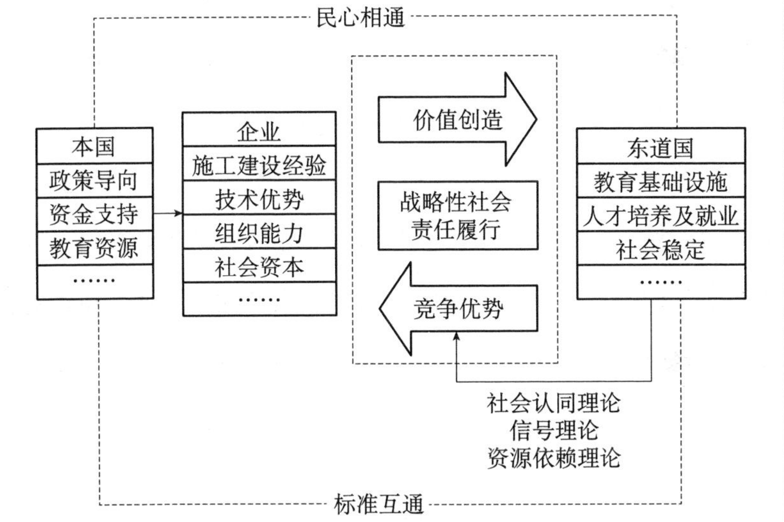

图 7-7　中央企业海外战略性社会责任的履行与竞争优势获取的理论框架

六、研究结论与启示

本章运用单案例研究方法，分析在"一带一路"倡议下中央企业履行海外社会责任、获取竞争优势并促进两国民心相通的路径机制和理论框架。制度环境差异是制约中国企业海外发展的主要因素之一，也是中方企业的潜在优势之一。本章以中航国际为例，介绍其通过利用母国的政策扶持、相对成熟的职业教育体系以及优惠贷款，结合自身项目技术优势、组织能力，有针对性地解决东道国教育及就业问题的履行战略性社会责任的思路，并使用资源依赖理论、社会认同理论和信号理论剖析了战略性社会责任的履行为企业创造竞争优势的机制，说明了中央企业变劣势为优势，利用母国正向差异开拓海外业务的战略性方法。

本章的研究有如下启示：在履行社会责任方面，“授人以鱼，不如授人以渔”，与直接援助资金和物资相比，予以教育、就业等方面的援助更能改善当地民生，促进当地社会长期稳定发展，真正形成民心相通的局面（王月，2020）。而民心相通正是中方企业海外经营成功的关键，企业社会责任在此间的重要性不言而喻。履行企业社会责任会使两国差异带来的经营阻力减弱，企业由此会拥有更强的社会责任履行能力，形成价值共享、民心相通的良性循环局面，同时也向世界展示了相互尊重、互利共赢的中国智慧与中国方案。

参考文献

[1] 李歌，颜爱民，徐婷．中小企业员工感知的企业社会责任对离职倾向的影响机制研究．管理学报，2016，13（6）：847-854.

［2］刘远，周祖城．员工感知的企业社会责任、情感承诺与组织公民行为的关系：承诺型人力资源实践的跨层调节作用．管理评论，2015，27（10）：118-127.

［3］马苓，陈昕，赵曙明．企业社会责任在组织行为与人力资源管理领域的研究述评与展望．外国经济与管理，2018，40（6）：59-72.

［4］宋林，彬彬，乔小乐．制度距离对中国海外投资企业社会责任影响研究：基于国际经验的调节作用．北京工商大学学报（社会科学版），2019（34）：90-103.

［5］王水嫩，胡珊珊，钱小军．战略性企业社会责任研究前沿探析与未来展望．外国经济与管理，2011（11）：57-64.

［6］王月．论"一带一路"建设中的民心相通与中国对外援助政策选择．青海社会科学，2020（1）：40-47.

［7］肖红军．相关制度距离会影响跨国公司在东道国的社会责任表现吗？．数量经济技术经济研究，2014（4）：50-67.

［8］张麟，王夏阳，陈宏辉，等．企业承担社会责任对求职者会产生吸引力吗：一项基于实验的实证研究．南开管理评论，2017（5）：116-130.

［9］祝继高，王谊，汤谷良．"一带一路"倡议下中央企业履行社会责任研究：基于战略性社会责任和反应性社会责任的视角．中国工业经济，2019（9）：174-192.

[10] 庄礼伟. 中国式“人文交流”能否有效实现“民心相通”？. 东南亚研究，2017（6）：67-84.

[11] Aiman-Smith L, Bauer T N, Cable D M. Are you attracted? do you intend to pursue? a recruiting policy-capturing study. Journal of Business and Psychology, 2001, 16(2): 219-237.

[12] Backhaus K, Stone B A, Heiner K. Exploring the relationship between corporate social performance and employer attractiveness. Business & Society, 2002, 41(3): 292-318.

[13] Bae J, Insead M G. Partner substitutability, alliance network structure, and firm profitability in the telecommunications industry. The Academy of Management Journal, 2004, 47(6): 843-859.

[14] Bansal P, Hunter T. Strategic explanations for the early adoption of ISO 14001. Journal of Business Ethics, 2003, 46(3): 289-299.

[15] Bhattacharyya S S. Exploring the concept of strategic corporate social responsibility for an integrated perspective. European Business Review, 2010, 22(1): 82-101.

[16] Baron D P. Private politics, corporate social responsibility, and integrated strategy. Journal of Economics & Management Strategy, 2001, 10(1): 7-45.

[17] Goyal A. Corporate social responsibility as a signalling device for foreign direct investment. International Journal of the Economics of Business, 2006, 13(1): 145-163.

[18] Greening D W, Turban D B. Corporate social performance as a competitive advantage in attracting a quality workforce. Business & Society, 2000, 39(3): 254-280.

[19] Gulati R, Sytch M. Dependence asymmetry and joint dependence in interorganizational relationships: effects of embeddedness on a manufacturer's performance in procurement relationships. Administrative Science Quarterly, 2007, 52(1): 32-69.

[20] Haleblian J, Devers C E, McNamara G, et al. Taking stock of what we know about mergers and acquisitions: a review and research agenda. Journal of Management, 2008, 35(3): 469-502.

[21] Healy P M, Palepu K G. Information asymmetry, corporate disclosure, and the capital markets: a review of the empirical disclosure literature. Journal of Accounting and Economics, 2001, 31(1-3): 405-440.

[22] Husted B W, Allen D B. Strategic corporate social responsibility and value creation among large firms: lessons from the Spanish experience. Long Range Planning, 2007, 40(6): 594-610.

[23] Jamali D. The case for strategic corporate social

responsibility in developing countries. Business and Society Review, 2007, 112(1): 1–27.

［24］Wiig A, Kolstad I. Multinational corporations and host country institutions: a case study of CSR activities in Angola. International Business Review, 2010, 19(2): 178–190.

［25］Burke L, Logsdon J M. How corporate social responsibility pays off. Long Range Planning, 1996, 29(4): 495–502.

［26］Madhok A, Tallman S B. Resources, transactions and rents: managing value through interfirm collaborative relationships. Organization Science, 1998, 9(3): 326–339.

［27］March J G. Bounded rationality, ambiguity, and the engineering of choice. The Bell Journal of Economics, 1978(9): 587–608.

［28］Mcwilliams A, Siegel D. Corporate social responsibility: a theory of the firm perspective. The Academy of Management Review, 2001, 26(1): 117–127.

［29］Spence M. Job market signaling. Quarterly Journal of Economics, 1973,87(3): 355–374.

［30］Attig N, Boubakri N, El-Ghoul S, et al. Firm internationalization and corporate social responsibility. Journal of Business Ethics, 2016, 134(2): 171–197.

[31] Ozcan P, Eisenhardt K M. Origin of alliance portfolios: entrepreneurs, network strategies, and firm performance. The Academy of Management Journal, 2009, 52(2): 246-279.

[32] Kramer M R, Porter M E. Strategy and society: the link between competitive advantage and corporate social responsibility. Harvard Business Review, 2006, 84(12): 78-92.

[33] Robinson M, Kleffner A, Bertels S. Signaling sustainability leadership: Empirical evidence of the value of DJSI membership. Journal of Business Ethics, 2011, 101(3): 493-505.

[34] Sen S, Bhattacharya C B, Korschun D. The role of corporate social responsibility in strengthening multiple stakeholder relationships: a field experiment. Journal of the Academy of Marketing Science, 2006, 34(2): 158-166.

[35] Schepers D H. The impact of NGO network conflict on the corporate social responsibility strategies of multinational corporations. Business & Society, 2006, 45(3): 282-299.

[36] Scitovsky T. Two concepts of external economies. Journal of Political Economy, 1954, 62(2): 143-151.

[37] Zahra S A, Garvis D M. International corporate entrepreneurship and firm performance: the moderating effect of international environmental hostility. Journal of Business Venturing,

2000, 15(5-6): 469-492.

［38］Shen J, Zhu C J. Effects of socially responsible human resource management on employee organizational commitment. The International Journal of Human Resource Management, 2011, 22(15): 3020-3035.

［39］Tajfel H,Turner J C. The social identity theory of intergroup behavior. Psychology of Intergroup Relations, 1986, 13(1): 7-24.

［40］Tan J. Institutional structure and firm social performance in transitional economies: evidence of multinational corporations in China. Journal of Business Ethics, 2009, 86(1): 171-189.

［41］Wiig A, Kolstad I. Multinational corporations and host country institutions: a case study of CSR activities in Angola. International Business Review, 2010, 19(2): 178-190.

第八章
新冠疫情背景下中国企业海外社会责任与组织韧性研究

——基于中国建材的单案例研究

摘要： 本章以中国建材为例进行单案例研究，分析新冠疫情背景下中央企业如何通过在“一带一路”倡议中履行和传播海外社会责任、提升组织韧性。我们发现，新冠疫情的暴发极大地提高了中国企业在“一带一路”沿线国家经营环境的不确定性，增加了中国企业海外经营的舆论压力，并且容易引发利益相关者对企业的信任危机。新冠疫情下，中国企业在海外社会责任履行方面体现出履责主体更广泛、履责更具专业性和普惠性等特点；在海外社会责任传播方面体现出传播渠道更广、传播更及时、话语更丰富和内容更生动等特点。上述特点有助于企业维系甚至扩大同利益相关者之间的网络并减少企业的资源约束，进而有助于提升企业的组织韧性。同时，中国企业在海外社会责任履行和传播方面体现出“言行一致”的特点，使得海外社会责任的履行和传播在提升组织韧性方面能够发挥协同作用。本章丰富了动态视角下海外社会责任履行和传播的相关研究，同时进一步梳理了重大公共危机背景下海外社会责任影响组织韧性的作用机制。本章对于中国企业在海外经营过程中更好地履行和传播海外社会责任、应对重大风险冲击和提升组织韧性具有重要启示。

关键词：新冠疫情、海外社会责任履行、海外社会责任传播、组织韧性、民心相通

一、引言

2019 年与 2020 年之交，新冠疫情突如其来并迅速演化为全球性公共卫生危机。2020 年 1 月 30 日，世界卫生组织（WHO）将新冠疫情列为“国际关注的突发公共卫生事件”。2020 年 2 月 28 日，世界卫生组织进一步将新冠疫情的全球风险级别由“高”上调为“非常高”。随后于 3 月 11 日宣布新冠疫情已经演变成为

“全球性流行病”。新冠疫情的暴发和蔓延不可避免地对中国企业的对外投资和经营产生了负面影响。一方面，疫情对各国实体经济的冲击加剧了全球宏观经济的波动，提高了中国企业海外投资的不确定性；另一方面，美欧等的部分国家为了转移国内矛盾，在疫情上造谣和抹黑中国，使中国企业海外经营的国际舆论环境趋于恶化。中国正在推进高质量共建“一带一路”，如何有效应对新冠疫情对中国企业对外投资和海外经营的冲击，成为中国高水平对外开放和中国企业跨国发展过程中亟待解决的理论和现实问题。

现有文献多从风险管理的视角探讨企业如何防范和化解各种对外投资风险。这一视角首先强调对风险因素的识别和评估，这意味着其所管理的风险具有可预测、可评估、非意外等潜在特征。而新冠疫情所带来的系统性风险具有更显著的 VUCA（即易变性、不确定性、复杂性和模糊性）特征，难以事先预测和准确评估。同时，企业风险管理更多基于先评估后应对的逻辑，落脚于降低企业应对风险冲击的脆弱性，是一种相对被动的方式（Van Der Vegt et al.，2015）。与风险管理不同，组织韧性将企业应对风险时的关注点从外部风险转向企业自身。作为企业从逆境中恢复甚至反弹的特征，组织韧性通过从“脆弱性”到“韧性”的重新定位，赋予了企业应对重大风险冲击更加灵活和主动的积极内涵（Van Der Vegt et al.，2015）。基于上述分析，组织韧性是高质量共建

“一带一路”和高水平对外开放背景下，中国企业应对新冠疫情冲击的重要落脚点。探究中国企业在海外经营中如何提升组织韧性，具有重要的意义。

作为系统性风险，新冠疫情可能对中国企业海外经营过程中的各种利益相关者造成广泛的冲击。而社会责任作为一种利益相关者管理机制，为企业在疫情冲击下提升组织韧性提供了可能。现有研究表明，企业通过战略性地履行海外社会责任可以帮助其在东道国获得合法性（Reimann et al.，2012），并通过提升东道国利益相关者对企业的认同感而提升企业绩效（Reimann et al, 2015）。但是，上述研究多采用静态视角，将制度压力或利益相关者诉求视为相对稳定的外部因素，较少探讨当外部环境在系统性冲击下发生重大改变时，企业应如何通过动态的社会责任履行提升组织韧性。同时，现有研究大多关注海外社会责任的履行，较少分析海外社会责任传播在系统性冲击和组织韧性中发挥的作用，更少讨论海外社会责任言行的互动效应。2021 年 5 月，习近平总书记在主持中央政治局第三十次集体学习时强调：“讲好中国故事，传播好中国声音，展示真实、立体、全面的中国，是加强我国国际传播能力建设的重要任务。”在新冠疫情冲击、中国企业海外经营面临负面舆论环境的背景下，中国企业不仅要注重海外社会责任的履行，也应该注重海外社会责任的传播。同时，在对外投资和海外经营的过程中履行和传播社会责任，也与“一带一路”

倡议中的民心相通高度契合。

中央企业积极参与“一带一路”倡议，促进中国和各共建国家之间的民心相通。中国建材作为“走出去”的中央企业的优秀代表，不仅在“一带一路”倡议下注重海外社会责任履行，而且以“讲好央企故事、传播中国声音”为主线，创新本土表达，优化叙事策略，创造了具有重要传播影响力的企业海外新媒体阵地。在新冠疫情背景下，中国建材为中国企业海外社会责任的履行和传播树立了典范，同时也为本章的研究提供了丰富的素材。基于此，本章以中国建材为研究对象，结合利益相关者理论、信息传播理论和组织韧性等理论，归纳分析新冠疫情冲击下中国企业如何通过海外社会责任的履行和传播提升组织韧性。本章可能的研究贡献主要体现在三个方面：第一，有助于完善动态视角下企业履行海外社会责任驱动因素和经济效果的相关研究。本章归纳新冠疫情冲击背景下中国企业在“一带一路”倡议下的海外经营环境特征的变化，在此基础上，进一步归纳总结中国企业如何根据上述变化动态地履行海外社会责任以提升组织韧性。因此，在一定程度上突破了现有海外社会责任履行相关研究的静态视角。第二，丰富了企业海外社会责任传播的相关文献。一方面，从海外社会责任传播渠道、话语类型、传播内容等多个方面探讨总结了新冠疫情背景下中国企业海外社会责任的传播特征；另一方面，结合信息传播和组织韧性等理论分析了企业海外社会责任传播对组织韧性的影响。本章的研究在一定程度上补充了现有文献较少探讨海外社会责任传播经济效果较差的不足。第三，结合"一带一路"倡议下中国企业对外投资和新冠疫情的独特情境，结合案例进一步厘清了海外社会责任影响组织韧性的作用机制。组织韧性的研究具有较强的情境性，本章结合新冠疫情冲击下外部环境的变化，从履行和传播两方面分析海外社会责任对组织韧性的影响，并进一步探讨了二者在新冠疫情背景下提升组织韧性方面所发挥的协同作用，进一步丰富了组织韧性影响机制的相关研究。此外，在实践方面，本章的研究有助于为中国企业在海外经营过程中更好地履行和传播海外社会责任、应对重大风险冲击和提升组织韧性提供借鉴，并为促进"一带一路"倡议高质量发展提供启示。

二、文献回顾

（一）企业海外社会责任的相关研究

1. 企业履行海外社会责任的驱动因素

1923 年 Oliver Sheldon 首次提出企业社会责任（corporation social responsibility，CSR）的概念，即企业不应只追求股东财富最大化，还要兼顾市场环境，做到遵纪守法，用其自身能力回馈当地社会和自然环境。随着经济全球化的发展和跨国公司的兴起，在企业社会责任的概念上逐渐产生海外社会责任等概念。由于跨国公司生产经营的范围比传统企业更广阔，其承担社会责任的范围也应相应地扩大。根据现有文献，跨国公司的社会责任涵盖其在母国的社会责任、在东道国的社会责任和全球性的社会责任等（崔新健，2007）。其中，跨国公司在东道国的社会责任和全球性的社会责任都属于海外社会责任。现有关于企业履行海外社会责任驱动因素的研究主要从制度理论和利益相关者理论两方面展开。

传统制度理论视角下，各国具有不同的文化氛围、制度环境和社会规范。跨国企业在东道国履行海外社会责任，是一种企业在东道国制度压力下为获得合法性而采取的策略性活动（Rathert, 2016）。东道国完善的制度环境能够促进跨国公司履行海外社会责任，薄弱的制度环境则不利于企业社会责任的履行（Reimann et al., 2015）。随着国际社会对于跨国公司海外社会责任的日益重视，中国企业履行海外社会责任的驱动因素也日益丰富。一方面，遵守国际组织提出的有关企业履行社会责任的规章制度，例如联合国的“三重底线”、全球报告倡议组织（GRI）的《可持续发展报告指南》等。企业主动履行社会责任可以消除或者降低违规风险，也能为企业的战略弱势补充资源。另一方面，“一带一路”倡议的推进突破了传统经贸合作零和博弈的思想，在共商共建共享原则的指导下，中国企业结合海外经营的外部环境和内部价值链延伸的企业战略积极履行战略性海外社会责任，能够取得经济和社会共享价值（祝继高等，2019）。

利益相关者理论指出，企业在追求其目标时，不能只关注股东的利益，还要关注企业的利益相关者，了解和尊重他们的需求，并为其创造价值。企业与社会有利益的交汇点促成了它们相互依存的关系，均衡的利益可以让企业更有竞争优势，做到可持续发展，这也是企业履行社会责任的关键因素。基于利益相关者视角，跨国企业履行社会责任的动力主要来自海外企业利益相关者的压力（Levis, 2006）。跨国企业会面对多元化的利益相关者，如东道国政府、当地社区群体、国际媒体等，企业通过对各类利益相关者履行相对应的社会责任获得周围利益相关者对其的认同以及经营的合法性，进而在有制度差异的东道国生存和发展。

2. 企业海外社会责任信息的披露和传播

企业海外社会责任信息的披露和传播是将企业经济行为的社会影响传递给社会中相对应的利益相关者以及整个社会的过程。社会责任信息一般以年度社会责任报告的形式来展示。企业社会责任报告能影响利益相关者对企业的印象，同时可能改变利益相关者对企业的看法和态度。由于东道国利益相关者会对不同文化和制度背景下的跨国企业产生不了解和不信任，当企业进入国际市场时会面临难以经营的局面，这时企业承担并披露社会责任，表达跨国企业对当地利益相关者的关注和对东道国社会群体的友好，不仅有利于企业树立良好的品牌形象，而且有利于跨国企业降低其海外经营的市场波动风险。同时，企业社会责任报告能够通过战略性地调整社会责任信息的披露来平衡各利益相关者之间的诉求（Luo et al., 2017）。现有关于海外社会责任披露和传播的研究主要集中在社会责任信息的披露动机和话语方式等方面。

在披露动机方面，现有研究多以新兴经济体国家的跨国企业为研究对象，认为这些跨国企业通过发布社会责任报告等方式披露和传播海外社会责任信息的动机包括母国制度缺陷（Marano et al., 2017）、寻求更加广阔的国际市场以及和与其他企业之间的广泛合作（Agnihotri and Bhattacharya, 2019）等。

由于跨国企业面临多元化的制度环境，选择正确的表达方式是影响其社会责任信息披露和传播的重要因素。由于文化制度背景等的差异，大多数跨国企业在与其国际化的利益相关者进行企业社会责任相关信息的沟通和交流时都面临困难。跨国企业通过运用恰当的语言策略可以让其与利益相关者在社会责任方面的沟通更加高效和合法（Selmier II et al.，2015）。跨国企业通过运用合适的社会责任传播方式和沟通话语，可以影响国际社会对企业的观点和态度。随着社会的发展，新媒体的出现让社会责任的传播方式更加多元化，尤其是社交媒体凭借传播速度快、互动性强的特点而成为现代社会责任传播中日益重要的新兴传播渠道（邓谊和冯德正，2021）。

3. 企业海外社会责任的经济效果

现有关于企业海外社会责任经济效果的研究，主要集中在企业通过履行海外社会责任而提升合法性和增加绩效，以及获得竞争优势和丰富的资源等方面。

跨国企业进入国际市场时，会存在与东道国文化背景不同的问题，因而增加其在东道国获得合法性的难度。而履行海外社会责任可以使跨国企业更容易获得合法性（Reimann et al., 2012）。还有文献表明企业积极履行社会责任对企业绩效也有正面影响，特别是当企业进入陌生环境时，跨国公司通过履行海外社会责任建立对社会环境友好的形象来增加其品牌的知名度，也能提高当地居民对跨国企业的认同感，进而有利于开拓市场、刺激消费、提高企业的财务绩效（Reimann et al, 2015）。除此之外，研究发现，跨国企业积极参加社会公益活动能帮助解决其面临的公共危机，减少企业在解决公共危机时的经济损失。

企业履行海外社会责任还有利于建立企业与经济利益相关者的良好关系，从而获取竞争优势和丰富的资源。在全球化发展进程中，企业需要保证自身拥有丰富的物质资源和人力资源来维持其在海外市场的竞争优势。现有研究发现，企业积极履行对员工的社会责任能大幅降低员工的离职率，为企业的人力资源运营节省成本，进一步提高公司的绩效（李祥进等，2012）。随着战略性社会责任等概念的提出，越来越多的研究开始认为如果企业能够将社会责任的履行和其经营战略紧密结合，就可以“创造经济和社会共享价值”。综合上述观点，企业通过履行海外社会责任可以达到多方面协同提升经济和社会效益的目的。

（二）组织韧性的相关研究

1. 组织韧性的概念和维度

组织韧性是一个跨学科的概念，其相关的研究起始于生态学、工程学和心理学等领域。由于不同学科所关注的韧性维度不尽相同，在将组织韧性引入管理学的过程中，学者们对于组织韧性的概念没有形成一致的意见（张公一等，2020）。现有文献主要从能力特质、过程和结果三个视角界定组织韧性的概念。大多数文献基于能力特质的视角界定组织韧性，即认为企业面对逆境时表现出来的各种能力或特征是组织韧性的重要体现（Ma et al., 2018）。基于过程视角的相关文献采取了一种更加动态的观点看待组织韧性，即认为组织韧性是企业对于逆境事件的应对过程。较少文献基于结果的视角对组织韧性进行定义。在该视角下，组织韧性就是企业经历逆境后仍然能够持续生存的结果（Sahebjamnia et al., 2018）。

对三种视角下组织韧性的概念界定进行对比可以发现，基于过程视角界定组织韧性的观点将组织韧性视为企业应对逆境的一系列行为。但是由于这种视角相对忽略了企业行为的后果，使得组织韧性难以在不同的组织之间进行比较。从结果的视角对组织韧性进行界定具有直接和易于理解的优点。从能力特质的视角对组织韧性进行界定则能够在一定程度上兼顾企业经历逆境的过程和结果，并且有利于将研究视角从外部逆境事件转移到企业本身。由于本章主要探讨中央企业在新冠疫情的冲击下如何通过海外社会责任的履行和传播提升组织韧性，即关注海外社会责任的履行和传播通过何种能力特质的提升使企业实现逆境中的持续经营的结果，因此，本章主要从能力特质和结果的视角讨论组织韧性，即认为组织韧性是使企业受到外部冲击后仍然保持持续运行，并能够从外部冲击中恢复甚至反弹的特征。

在能力特质视角下，组织韧性来源于企业重要的能力和特征，这些能力和特征构成了组织韧性的不同维度（Van Der Vegt et al., 2015），一般可以分为内部和外部两个维度。其中，企业内部维度又可以进一步分为个人、团队和组织三个层面。个人层面，现有研究主要关注企业成员个人的能力特征与心理状态，具体包括员工个人的智力、认知和自律性等能力特征（李平和竺家哲，2021）。团队层面，现有文献主要认为组织韧性来源于企业内部团队之间的关系（Stoverink et al., 2020）。组织层面，现有研究主要从资源、结构和战略与行动三个方面讨论组织韧性的构成要件，其中，能够构成组织韧性的资源包括财务（Huang et al., 2018）、人力（Williams et al., 2017）以及信息技术（Bustinza et al., 2019）等。包括股权结构（El Nayal et al., 2020）和组织结构（Ortiz-de-Mandojana and Bansal, 2016）在内的企业结构也是组织韧性的重要来源。战略与行动层面，有效的组织学习能使企业更好地适应环境变化，进而能够增强组织韧性（罗肖依和孙黎，2019）。通过组织学习获得的知识能够指导战略的制定。实现战略目标的难易程度和战略方向的稳定性也会通过影响组织受干扰的脆弱性程度进而影响组织韧性（李平和竺家哲，2021）。

从企业外部维度来看，企业与外部利益相关者和其他组织之间的关系网络是组织韧性的重要来源。一方面，企业构建利益相关者网络，有利于维护企业外部经营环境的稳定，进而提升企业应对外部冲击的能力（Ortiz-de-Mandojana and Bansal, 2016）；另一方面，企业可以通过社会网络获取其中嵌入的多样性知识和信息，这有利于增强企业应对外部环境变化的调整能力（DesJardine et al., 2019）。

2. 组织韧性的研究情境

组织韧性的研究具有很强的情境性，逆境事件是研究组织韧性的基础。组织韧性的研究情境可以分为“黑天鹅”事件和“灰犀牛”事件两类。其中，“黑天鹅”事件多指突发而具有重要影响的小概率风险事件（张公一等，2020）。具体而言，国家甚至世界范围内的经济或金融危机，产业层面上的商业危机，由于极端天气或自然变异等导致的自然灾害，以及人为导致的科技灾难、战争、暴力事件和恐怖主义事件等均属于“黑天鹅”事件。“黑天鹅”事件通常具有 VUCA 特征，即兼具多变性（volatility）、不确定性（uncertainty）、复杂性（complexity）和模糊性（ambiguity），通常可能对企业的生存和发展造成严重的中断性冲击，甚至颠覆性冲击。“灰犀牛”事件则是那些更加常见的风险事件，这些事件相对容易被忽略，但一旦爆发，也可能给企业带来严重的负面影响（张公一等，2020）。“灰犀牛”事件可能隐藏在例行程序中断等企业日常的挑战中，也可能由企业内部不易察觉的变化逐渐累积而成。同时，外部环境的持续变化，比如，持续的气候变化或者舆论环境的变化，也可能给企业带来负面冲击。相较于“黑天鹅”事件，“灰犀牛”事件通常具有渐变的特点，在理论上其发生更具有可预测性（李平和竺家哲，2021）。但也正是由于这些事件通常是逐渐发展的，其更加容易被企业忽略。

3. 组织韧性的经济效果

现有文献主要从内部和外部两个方面探讨组织韧性的经济效果。在企业内部，组织韧性的经济效果又可以分为对员工、团队和企业整体三个层面。在员工层面，现有文献发现，在具有更强韧性的组织中，员工的自我认知更加积极。因此，组织韧性有利于促使员工积极地应对组织运营过程当中的挫折和困难，提升员工的能力和保持员工的积极态度（Linnenluecke, 2017）。在团队层面，随着员工能力的提升，团队的能力得以进一步提升。

因此，较强的组织韧性有利于提升工作团队的韧性（Stoverink et al. 2020）。在企业整体层面，现有文献首先基于组织韧性的定义，说明了组织韧性确实有利于企业在面对逆境时仍能保持日常生产（DesJardine et al., 2019），并且有利于企业发现和抓住新的机遇（Grøgaard et al., 2019），以实现反超和茁壮成长（Ma et al., 2018）。在此基础上，现有文献发现组织韧性有利于企业实现长期的高财务绩效（Keum, 2020）。由于组织韧性有利于优化企业的长期财务表现和提升发展潜力，因此，组织韧性也有利于提升投资者的交易信心（Gao et al., 2017）。当面临逆境冲击时，股票投资者对于具有较高组织韧性的企业的市场反应更加正向（El Nayal et al., 2020）。在企业外部，组织韧性的经济效果主要体现在促进企业同其他组织之间的合作方面。逆境事件，尤其是灾难性的逆境事件可以促进灾后地方公共服务组织等平台的建立（Dutta, 2017），这为不同的组织之间互相合作提供了基础，从而有利于关系网络的构建和不同组织共同提升韧性。

（三）对现有文献的述评

由上述文献回顾可以看出，现有文献主要从海外社会责任履行和传播的驱动因素，以及海外社会责任的经济效果等方面对跨国公司海外社会责任进行研究。同时，现有文献基于不同的视角，对组织韧性的概念、维度、研究情境和经济效果等进行了探讨。

现有文献为本章研究新冠疫情下中国企业在“一带一路”倡议下进行海外经营的过程中如何通过履行海外社会责任提升组织韧性提供了重要的理论基础。但是，现有文献仍有待于从以下方面进一步补充和完善：第一，现有关于海外社会责任履行的研究相对缺乏动态的研究视角。现有文献主要基于制度理论和利益相关者理论，探讨各种因素对企业履行海外社会责任的驱动作用。这些研究大多采用静态视角，将外部环境或利益相关者诉求视为相对稳定的因素，在此基础上对企业海外社会责任的履行进行分析。祝继高等（2019）的研究采用动态视角探讨了中央企业在共建“一带一路”倡议背景下如何通过履行战略性和反应性社会责任实现经济和社会共享价值的创造。但是，该文主要基于“一带一路”倡议改变了中国企业对外经贸合作方式这一企业内部的变化展开，未探讨企业应如何在外部环境遭受系统性风险冲击的背景下动态履行海外社会责任的问题。第二，现有关于海外社会责任传播的研究有待于进一步丰富。海外社会责任相关的现有文献较多关注海外社会责任的履行，较少关注这些社会责任信息在被企业披露之后被利益相关者接收的传播过程。并且现有关于海外社会责任信息披露和传播的研究，大多基于社会责任定期报告这一传统传播渠道展开，相对较少关注社交媒体等其他传播渠道在社会责任传播中所发挥的作用。同时，现有研究大多关注了海外社会责任履行的经济效果，但较少分析海外社会责任传播的经济效果，更鲜有文献将海外社会责任的履行和传播相结合，综合分析二者在影响企业经济效果方面所发挥的作用。第三，现有关于企业社会责任和组织韧性的研究，有待于结合新冠疫情和企业跨国经营的情境进一步丰富和完善。组织韧性的研究具有高度的情境性，在不同的危机情境下，企业经营的外部环境特征不同，其应对措施不同，影响其组织韧性的提升机制也可能存在差异。因此新冠疫情和共建“一带一路”背景下，中国企业通过海外社会责任的履行和传播提升组织韧性的具体机制仍有待于进一步梳理。

三、案例研究设计与案例介绍

（一）研究方法与数据来源

本章采用单案例研究方法。新冠疫情背景下跨国公司如何通过履行海外社会责任提升其组织韧性还是相对较新的命题。本章以案例研究的方式来阐述此问题，能够更好地激发关于此命题的思考。基于案例数据，通过对概念之间的关系进行归纳，能够较好地梳理和提炼理论框架（Eisenhardt, 1991）。而且，单案例研究的嵌入性分析既可以保证案例挖掘的深入性和案例细节的完整性，又能发挥案例研究中逐项复制和差别复制的作用，提高分析的真实性和科学性。本章选择中央企业中国建材集团有限公司（简称

“中国建材”）作为研究对象，主要原因在于：第一，案例企业具有较高的可研究性。一方面，作为中央企业，中国建材在国家战略的指引下较早开展海外经营并积极参与共建“一带一路”，其海外业务已经成为企业业务的重要组成部分；另一方面，中国建材重视企业社会责任的履行和传播。中国建材及其下属公司发布有企业社会责任（ESG）报告、可持续发展报告和专门的海外社会责任报告。2021 年中国建材社会责任指数位列中国企业 300 强第 6 位、国有企业 100 强第 4 位①。其海外下属企业在“一带一路”沿线国家的海外社会责任案例连续获得 2020 年、2021 年中国企业国际形象建设优秀案例。第二，案例企业在“一带一路”背景下的海外业务具有较好的代表性。中国建材在共建“一带一路”沿线国家投资和承建的项目主要是基础设施，属于“一带一路”建设的重要领域。第三，案例企业在新冠疫情中的业绩表现具有突出的典型性。中国建材近年来在复杂严峻的内外部环境中，积极应对风险挑战，实现稳中求进、稳中提质。2022 年其《财富》世界 500 强排名第 196 位②，是企业在逆境中仍然得以保持组织韧性的典型代表。第四，案例研究的相关数据具有可获得性。中国建材旗下有中材国际、中国巨石等 12 家 A 股上市公司和两家 H

---

① 揭秘：中国建材集团何以能跻身全国五大国有资本投资公司.(2022-06-22). http://news.sohu.com/a/559719055_121040153.

② 中国建材集团有限公司 2021 年可持续发展报告.(2023-01-09).http://www.cnbm.com.cn/upload/files/2023/1/9abeOb72c50e80d2.pdf.

股上市公司。这能够保证本章的研究有相对充分和可靠的数据资料作为支撑。

本章的数据主要来源于公开资料，具体包括如下渠道：第一，企业公开披露的信息，主要包括中国建材及其下属公司的可持续发展报告、ESG 报告、海外社会责任报告，中国建材下属上市公司的年度报告，以及中国建材及其下属公司在官网中发布的公司要闻等。第二，社交媒体账号，主要包括中国建材及其下属公司的微博账号、Facebook 账号和企业发布在 Bilibili、YouTube 等网站上的视频资料等。第三，其他权威网站和媒体的相关报道，包括国有资产监督管理委员会网站、新华网、人民网、新浪财经等中国网站的报道，以及《亚洲时报》《民族日报》《兰德每日邮报》等全球媒体或当地主流媒体网站的报道。

本章将上述资料整理为文本资料，并采用与研究主题相关的字眼作为关键词对所有资料进行分类和整理。为避免主观偏好，作者团队在对资料进行分析的过程中，通过多次讨论，对案例中的关系进行归纳，然后进行理论分析，并形成理论框架。

（二）案例企业介绍

中国建材是经国务院批准，由中国建筑材料集团有限公司与中国中材集团有限公司重组而成，是国务院直接管理的大型中央建材企业，于 2006 年 3 月在香港交易所上市。中国建材是全球最大的综合性建材产业集团、世界领先的新材料开发商和综合服务商，其水泥、商品混凝土、石膏板、玻璃纤维、风电叶片、水泥玻璃工程技术服务等 7 项业务规模居世界第一，超薄电子玻璃、高性能碳纤维、锂电池隔膜、超特高压电瓷等多项新材料业务处于国内领先地位。中国建材连续 12 年荣登《财富》世界 500 强企业榜单，2022 年排名第 196 位。截至 2022 年底，资产总额 7 000 多亿元，年营业收入 3 800 多亿元，员工总数 20 万人①。

作为中国建材行业“走出去”参与“一带一路”建设的排头兵，中国建材从 2010 年起在“一带一路”沿线的 75 个国家建设了 312 条大型水泥成套装备生产线，占全球新建水泥生产线的 65%，连续 9 年保持全球水泥工程市场占有率第一②。随着“一带一路”建设的不断深入，中国建材已进入全球国际化经营的新阶段。当前，集团拥有海外水泥产能 380 万吨、石膏板产能 1 500 万平方米、玻璃纤维产能 32.6 万吨、连锁超市 18 家，在海外建设了 286 条水泥熟料生产线，打造了享誉全球的 SINOMA 品牌③。中国建材先后在南非、坦桑尼亚、埃及、赞比亚、越南、泰国、蒙古国、哈萨克斯坦等国投资建厂，后来逐渐在美国、德国、英国、葡萄牙、西班牙等发达国家进行投资和收购活动，海外投资占总收入的比例不断提高。

---

① 中国建材集团有限公司官网（http://.www.cnbm.com.cn).

② 中国建材报：两河交汇涌起“走出去”猛流.(2018-03-06).http://www.cnbmltd.com/art/2018/3/6/art_1185_67629.html.

③ 同①.

四、案例描述与讨论

（一）新冠疫情对中国企业海外经营的冲击

联合国人道主义事务协调厅（OCHA）和欧盟灾害风险管理知识中心（DRMKC）从不同国家新冠疫情的危害和暴露情况、各国社会和公共卫生管理体系的脆弱性，以及不同国家对于公共卫生事件的处理能力三方面设计指标衡量新冠疫情对各国经济社会的综合影响，联合发布了全球新冠疫情风险指数。表 8-1 分别统计了“一带一路”共建和非共建国家的新冠疫情风险平均指数。可以看出，新冠疫情的冲击具有明显的不均衡性。尽管相较于欧美发达国家，“一带一路”共建国家新冠疫情的新增确诊人数和死亡人数相对并不多，但是不少共建国家作为发展中国家对于公共卫生事件的应对和承载能力相对较差，这导致新冠疫情对共建国家的综合冲击显著超过了其他国家和地区。

表 8-1　“一带一路”共建和非共建国家新冠疫情风险平均指数及差异

“一带一路”共建国家		非“一带一路”共建国家		差异	
观测数	疫情风险指数均值	观测数	疫情风险指数均值	疫情风险指数均值差异	p 值
144	4.522	42	3.617	0.905 ***①	0.000

资料来源：中国签订的“一带一路”合作文件 .

注：本表中所统计的“一带一路”的共建国家按照各国与中国签订的“一带一路”合作文件进行认定，签订“一带一路”合作文件的相关信息来自中国一带一路网（https://www.yidaiyilu.gov.cn/xwzx/roll/77298.htm）。疫情风险指数越大，表示新冠疫情的风险越高。

①*** 表示 1% 的显著性水平。

新冠疫情对于中国企业在“一带一路”沿线国家和地区进行海外经营主要产生了以下影响：第一，新冠疫情对企业供应链造成冲击，影响企业海外业务的按期交付，提升了企业的违约风险。为了防控疫情，包括中国在内的各个国家均在不同程度上采取了海关限制、停航、停运、限制出入境、上调关税等限制性政策，并且由于不同国家疫情发展态势具有较高不确定性，上述政策持续的时间和管控程度同样具有较高的不确定性。这进一步提高了企业对外投资和海外经营的政策壁垒。例如，2022 年的上海疫情给中国建材下属企业中材国际的海外项目物流造成不少阻碍，货物出口转运困难，原有发运计划屡屡被打乱，运输时间大大增加，项目违约风险倍增。第二，新冠疫情对企业员工和企业合作伙伴工作人员的安全健康产生了直接影响，阻碍海外业务的顺利开展。例如，中国建材下属企业中材国际负责施工的印尼任抹红狮水泥有限公司的日产 8 000 吨熟料水泥的生产线在建设过程中受中国和当地疫情的影响，原计划 2020 年春节后增补的项目管理人员、施工人员、设备厂家服务人员等都无法按时到场。在当地防疫政策的指导下，厂区实施了封闭管理，又导致当地工人数量骤减，劳动力紧缺，项目面临巨大考验①。第三，“一带一路”沿线国家政体复杂多样，新冠疫情不仅对东道国经济和人民健康造成威

① 防疫情，稳生产，海外水泥工程项目提前完成计划任务. (2020-05-13). https://www.thepaper.cn/newsDetail_forward_7374470.

胁，还可能进一步影响部分国家的政局稳定，进而使企业海外经营面临更高的经营风险。第四，新冠疫情对于全球供应链和经济的冲击会进一步导致国际社会对于经济全球化的怀疑。新冠疫情暴发之初，一些媒体采用“中国病毒”等说法对中国进行造谣和抹黑，这些言论进一步增加了中国和中国企业的舆论压力。这使得中国企业在海外经营的过程中可能遭受更严重的“外来者劣势”和“来源国劣势”，进而影响企业在海外开展业务的合法性。

（二）中国建材海外社会责任履行

中国建材以“善用资源、服务建设”为核心理念，以“创新、绩效、和谐、责任”为核心价值观，在海外经营活动中长期践行“为当地经济做贡献、与当地企业合作、为当地人民服务”的社会责任原则，将企业社会责任理念落实到绿色环保、合作共赢、员工关爱、跨文化融合、企业公民等各方面的履责实践中，与东道国的政府、客户、员工、合作伙伴、社区、社会团体等利益相关方携手共创可持续发展的美好未来。对于中国建材而言，诚信经营、质量管理、风险管控、员工培养和环境保护一直是其重要的海外社会责任议题。在新冠疫情对企业海外经营造成冲击的背景下，中国建材在上述社会责任议题的基础上，还进一步突出履行了以下海外社会责任。

1. 加强供应链管理，强化供应链社会责任

新冠疫情增加了企业海外经营过程中面临的政策不确定性，增加了海外项目的原材料运输时间和成本。对此，中国建材主要通过以下三方面措施强化供应链管理，保障海外项目顺利开展。首先，中国建材通过广泛收集和整合有关信息、动态调整物流通道的方式，有效解决了物流拥堵的问题。在中国建材的子公司中材国际的海外项目中，由于疫情的影响，各个港口的通行政策具有极大的不确定性，物流部的发货计划未能按时完成，导致货物集港造成港口拥堵。中材国际的子公司中材宁锐负责多方面搜集海运时长的信息，并以此为依据为物流部门安排详细的船期计划，协调各船只在第一时间前往备选港口，极大地提高了运输效率。其次，与供应链各环节的利益相关者建立长期有效的沟通机制。在中材国际负责承建的越南龙成、龙山项目中，在发货高峰期，中材国际贸易物流部为了保障货物正常运输和装卸，在封控期间坚持主动与供应商等各方沟通协调，第一时间掌握当地政策、港口操作规程和供应商到货情况等信息，确保了物流运输工作在内外沟通、沟通有效的前提下有序进行。此外，中国建材充分发挥东道国客户的力量，通过同客户建立良好的互信关系获得客户的支持和配合。在越南的龙成、龙山项目中，由于企业和客户长期保持良好的合作关系，越南当地客户在了解到企业的物流运输困境后，主动和驻越团队报关人员沟通，通过对货物材质、用途、海关编码等关键信息反复确认以及积极联系海关并邀请其现场查看等方式，极大地缩短了陆运时间，为工程顺利完成带来了巨大帮助。

2. 营造安全工作环境，保障员工健康

中国建材在海外经营中始终秉持“授人以鱼，不如授人以渔”的理念，积极雇佣当地员工并坚持对当地员工进行知识技能培训。随着新冠疫情的暴发和全球蔓延对企业人力资源造成冲击，中国建材在海外经营过程中更加强调对于员工健康的保障和对于安全工作环境的营造。具体而言，在新冠疫情背景下，中国建材主要通过以下措施履行员工安全和健康方面的海外社会责任：首先，注重对员工日常的防疫管理。例如，在中国建材下属企业中材水泥承建和运营的赞比亚工业园中，企业通过对员工进行日常测温、防疫知识科普、防疫检查等措施营造安全的工作环境；通过对员工的工作性质和对外接触情况进行评估和分析，实施员工的分类管理；通过有效管控员工对外接触，在物理方面切断新冠疫情的传播途径，进而降低海外项目相关人员的感染率。其次，在保障员工自身安全的情况下，紧抓员工的心理健康建设，把员工的身体健康和生命安全放在第一位。中国建材赞比亚工业园通过多方面关注员工生活，了解员工的情绪和心理状态，并进行有针对性的心理疏导，保障了中国员工和当地员工在疫情下能够情绪稳定地生活和工作。中国建材的子公司中国巨石通过举办员工体能测试活动，促进员工身心健康，培养员工强健的体魄和坚强的意志。中国建材的子公司中材国际（南京）公司通过包机运送工作人员赴尼日利亚海外项目复工复产。此外，在严峻的疫情形势下，中国建材注重强化风险意识，提前做好相关的海外应急措施预案，以预防疫情可能引起的治安问题。例如，中材水泥在中国建材赞比亚工业园的疫情防控会议中强调，新冠疫情可能影响赞比亚当地的政治稳定，若有突发紧急事件，企业应启动应急预案，采取有效措施，优先保全海外企业资产和员工安全，努力做到企业损失最小化。

3. 基于主责主业支援当地抗疫

中国建材在海外经营过程中充分重视当地社区共建，在海外项目中经常为当地援建学校、医院、太阳能照明设施、供排水系统、高级公路等基础设施，改善当地民生。新冠疫情的暴发和蔓延对东道国的经济环境和社会环境造成冲击，对此，中国建材充分发挥其在材料方面的优势，利用创新技术和主责主业支援东道国疫情防控。一方面，在疫情发生后，中国建材积极响应国家号召，以优质建筑材料鼎力驰援抗疫医院建设和东道国当地医院改扩建。中国建材通过提供防水、防潮、防霉菌、隔音、无毒环保等多功能一体的新型墙体材料——发泡陶瓷隔墙板，有效地提升了东道国当地医院建设的质量。另一方面，中国建材为海外企业的工作场所无偿捐献红外测温仪，为当地员工的人身安全提供了强有效的保障。中国建材研发了以硫系玻璃为基础的红外镜头，显著提升了红外测温仪测量人体温度的准确性。同时，中国建材也为中国的疫苗研发和生产做出了重要贡献。新冠疫情暴发后，中国建材紧急研发和提供了 10 余种高新材料用于新冠疫苗的研制。其研发和生产的 5.0 中性硼硅玻璃管是疫苗等注射剂包装用玻璃瓶的直接原材料，还开发了疫苗用西林瓶与预灌封注射器等产品。截至 2021 年 12 月，中国已向“一带一路”沿线国家提供了 3.5 亿剂疫苗[①]，这充分体现出中国建材作为中央企业的海外社会责任担当。

（三）中国建材海外社会责任传播

在新冠疫情背景下，中国建材通过在“一带一路”建设中履行上述海外社会责任，有效解决了疫情带来的供应链受阻、人力资源短缺以及东道国疫情防控等问题。但是，新冠疫情进一步增加了中国企业在“一带一路”倡议背景下进行海外经营的国际舆论压力，企业的海外经营仍然面临较高的合法性威胁，这不利于企业树立良好的国际形象，并严重阻碍其海外经营活动的顺利开展。因此，企业在海外经营过程中不仅要履行好海外社会责任，还应积极传播其履行海外社会责任的信息，讲好中国企业海

① 吴纹倩 . 已提供 3.5 亿剂！中方对加入“一带一路”疫苗合作伙伴关系倡议国家提供疫苗 .（2021-08-02）.https://news.sina.com.cn/c/2021-08-02/doc-ikqcfncc0488312.shtml.

外社会责任故事。新冠疫情暴发后，中国建材于2020年开通了Facebook等一系列社交媒体账号，通过多元化的海外社会责任传播，树立了中央企业积极推进“一带一路”建设的优秀榜样。下文重点根据中国建材海外社交媒体中的社会责任信息传播，结合社会责任报告等传统传播方式，介绍中国建材海外社会责任的传播渠道、传播时机、传播语言和传播内容。

1. 传播渠道

疫情之后，中国建材社会责任的传播主要包括四个渠道。（1）正式的社会责任报告，包括中国建材的可持续发展报告以及其下属企业发布的ESG（环境、社会和公司治理）报告、海外社会责任报告等。（2）社交媒体。疫情暴发和全球蔓延之后，中国建材各海外公司相继在海外社交媒体上建立账号，用于推送企业在当地履行社会责任等信息。表8-2对中国建材海外社交媒体账号进行了统计。（3）当地主流媒体。中国建材与《赞比亚时报》《每日邮报》等东道国当地媒体加强合作，积极宣传合作共赢理念，提升中国建材品牌的海外知名度。（4）全球媒体。中国建材通过《亚洲时报》《新西兰公报》《葡萄牙全日报》等具有广泛传播力的全球媒体传播中国建材的正能量故事，增强世界对中国企业的认同感。

表 8-2　中国建材海外社交媒体账号统计

海外社交媒体账号名称	创建时间
CNBM Zambia	2020 年 7 月 2 日
CNBM Papua New Guinea	2021 年 5 月 11 日
CNBM Egypt	2021 年 7 月 15 日
CNBM Vanuatu	2022 年 4 月 7 日
CNBM News	2022 年 5 月 23 日
CNBM Nigeria	2022 年 7 月 7 日

2. 传播时机

上述不同类型的传播渠道在海外社会责任方面的传播时机不尽相同。其中企业社会责任报告等官方报告按年发布。社交媒体账号中的信息发布频率则更高，中国建材在海外社交媒体上发布相关信息的频率为平均每月 11 次。在海外社交媒体中，海外社会责任相关信息通常在相关社会责任事件发生后第一时间发布，或者在日常生活中随时发布，极大地提升了信息传播的及时性。新闻媒体的主要职责是及时播报各类重要新闻，所以当地和全球媒体对于重要海外社会责任事件的传播也具有较强的及时性。但是，正式媒体通常在应邀参观企业后发布相关新闻报道，或者在中国建材进行医疗援助等重大社会责任事件发生后发布新闻报道，其发布相关信息的频率比社交媒体相对更低。

3. 传播语言

一方面，中国建材在海外社会责任的传播中注重文字语言和图像语言的有机结合，其官方报告和社交媒体中发布的信息大多采用文字与图片相结合的方式，甚至以文字、图片和视频相结合的方式多元化传播企业履行海外社会责任实践。另一方面，在新冠疫情背景下，中国建材在传播海外社会责任相关信息时，融合了多种语言。其在企业社会责任报告和官网上传播的社会责任信息以信息话语和营销话语为主。受到体裁限制，当地媒体、全球媒体等正式媒体中关于中国建材海外社会责任的报道也以描述事件、传递信息的信息话语为主。表 8-3 以中国建材最早开通的某社交媒体账号 CNBM Zambia 为例，统计了其发布的所有海外社会责任相关推文的话语类型。可以看出，除传统传播渠道中的推销话语和信息话语以外，中国建材在推文中还运用了包括传播防疫知识等在内的教育话语，和更加感性、表达情感关怀的情感话语。在语言的选用上，中国建材的社会责任报告以中文为主，集团公司和部分下属公司的海外社会责任报告有中英文两个版本。社交媒体中的语言则包括中文、英文和东道国当地语言，充分地考虑了向东道国利益相关者以及国际社会传播海外社会责任信息的可读性。中国建材通过多渠道多类型的社会责任传播方式，以及在不同类型的渠道运用相对应的话语类型能更有针对性地表达信息，也让信息接收者更容易接受这些信息资源。

表 8-3　中国建材 CNBM Zambia 账号推文话语类型统计

话语类型	条目数	占海外社会责任类推文的比例
营销话语	97	50.79%
信息话语	144	75.39%
教育话语	25	13.09%
情感话语	88	46.07%

注：一条推文中可能包含多种话语类型，故本表第三列各百分比相加大于 100%。

4. 传播内容

中国建材社会责任报告和官方网站上的报告主要根据《关于国有企业更好履行社会责任的指导意见》、《中国企业社会责任报告指南基础框架（CASS-CSR4.0）》、《可持续发展报告指南》和《社会责任自愿行动指导标准》（ISO-2600）等相关规定的要求和框架，全面展示企业履行社会责任获得的经济和社会效益。正式媒体通常在受邀参观企业或当地领导人等重要人物对企业进行视察后发布相关的新闻，对企业在当地的经营和社会责任情况进行概括介绍。社交媒体则更善于运用日常视角展示社会责任故事或进行非正式的社会责任宣传。仍以 CNBM Zambia 账号为例，截至 2022 年 7 月 19 日，该账号发布的 296 条推文中，共有 191 条推文与海外社会责任直接相关。进一步阅读这些社会责任相关的推文内容，并按照其主要针对的东道国利益相关者和传播内容进行分类统计（见表 8-4）可以看出，中国建材在海外社交媒体中传播的海外社会责任信息涵盖东道国政府、员工、客户、合作伙伴、社区和媒体以及社会团体多个方面。其中社区和媒体、社会团体以及政府和员工是其海外社会责任传播的主要对象。在传播特定内容的海外社会责任信息时，中国建材形成了相对固定的话题和词条。例如，通过“工作日记”（work diary）话题传播员工培养相关的社会责任信息，通过“蓝色星球、绿色关怀”（blue，planet，green care）话题传播绿色生产、环境保护相关的社会责任信息，通过“中国建材在行动”（CNBM in action）话题传播社区共建、防控疫情等方面的社会责任信息，通过“不可思议的水泥”（incredible cement）和“材料的艺术”（art with materials）等话题科普材料的相关知识和技术。这使得其社交媒体中的社会责任传播更加生动形象和有针对性。

表 8-4　中国建材 CNBM Zambia 账号推文针对东道国利益相关者的主要内容统计

东道国利益相关者	主要内容	条目数	占海外社会责任类推文的比例
政府	环境保护、合规经营	78	40.84%
员工	防疫知识宣传、员工培养	71	37.17%
客户	高质量的产品、技术创新	43	22.51%
合作伙伴	广泛合作、带动产业链发展	24	12.57%
社区和媒体	防疫知识宣传、环境保护、文化交流、社区共建活动	118	61.78%
社会团体	环境保护、带动当地发展	87	45.55%

注：一条推文中的信息可能针对多个利益相关者，例如企业环境保护方面的举措被同时认定为针对东道国政府和社会团体，因此表中第四列各百分比相加大于 100%。

（四）中国建材在新冠疫情冲击下的组织韧性

前已述及，本章主要基于“结果”和“能力特质”的视角分析组织韧性，将组织韧性视为在企业受到外部冲击后仍能持续运行，并能够从外部冲击中恢复甚至反弹的特征。因此，本章借鉴现有文献（徐圆和张林玲，2019；刘慧和綦建红，2021），主要从“风险抵御”和“业绩恢复”两方面衡量中国建材在新冠疫情冲击下的组织韧性。

“风险抵御”主要关注企业在新冠疫情冲击下盈利变动的情况。表 8-5 统计了 2019—2021 年中国建材下属 A 股上市公司海外收入占总营业收入的比重。可以看出，中国巨石、中材科技、中材国际、凯盛科技和中材节能 5 家企业的海外收入均占其总营业收入的 10% 以上。由于本章旨在分析海外社会责任在提升组织韧性方面的作用，因此，本章重点关注上述 5 家企业的风险抵御水平。具体而言，本章借鉴刘慧和綦建红（2021）的研究，通过计算营业利润或净利润偏离度来反映企业在疫情冲击下的风险抵御水平。本章以疫情冲击前的 2019 年为基期，以 2020 年和 2021 年为企业应对疫情的风险抵御期，采用公式 $resume_{i,t}$=（$profit_{i,t}$-$profi_{ti,2019}$）/$profi_{ti,2019}$ 计算利润偏离度。其中，$profit_{i,t}$ 表示企业 i 在风险抵御期（即 t=2020 和 t=2021）的营业利润或净利润，$profiti_{,2019}$ 表示企业 i 在 2019 年的营业利润或净利润。偏离度越

表 8-5　2019—2021 年中国建材下属 A 股上市公司海外收入占总营业收入的比重

股票代码	股票简称	所属行业	2021 年海外收入占比	2020 年海外收入占比	2019 年海外收入占比
000877	天山股份	非金属矿物制品业	0.28%	0.25%	未披露
600449	宁夏建材	非金属矿物制品业	未披露	未披露	未披露
600720	祁连山	非金属矿物制品业	未披露	未披露	未披露
000786	北新建材	非金属矿物制品业	0.52%	0.44%	0.75%
600176	中国巨石	非金属矿物制品业	32.85%	32.58%	42.36%
002080	中材科技	非金属矿物制品业	11.02%	7.94%	15.65%
600970	中材国际	土木工程建筑业	36.92%	53.68%	69.01%
002066	瑞泰科技	非金属矿物制品业	未披露	未披露	未披露
603060	国检集团	专业技术服务业	未披露	未披露	未披露
600552	凯盛科技	计算机、通信和其他电子设备制造业	49.89%	59.65%	45.08%
600876	凯盛新能	非金属矿物制品业	5.77%	1.80%	4.01%
603126	中材节能	专业技术服务业	23.03%	10.21%	22.14%
688295	中复神鹰	化学纤维制造业	未披露	未披露	未披露

资料来源：根据 A 股上市公司 2019—2021 年年度报告整理。

注：2021 年，天山股份实施并完成了中国建材企业水泥资产的重大并购重组，故其 2019 年的海外业务收入情况和 2020 年、2021 年可能不具有可比性。中复神鹰于 2022 年 4 月 6 日在科创版上市，故该公司未在年度报告中披露 2019—2021 年海外业务收入情况。

大，表明企业利润受外部冲击的负面影响越小。本章分别计算5家中国建材下属A股上市公司的利润偏离度并将之与所属行业的平均利润偏离度[①]对比，结果如图8-1所示。可以看出，2020年，4个行业的营业利润偏离度和净利润偏离度均为负。这表明在新冠疫情的冲击下，行业整体盈利水平下降。5家中国建材下属A股上市公司的利润偏离度均高于行业平均，并且除土木工程建筑业的中材国际外，其他4家公司的平均利润偏离度均大于0，即疫情冲击下这些企业的利润水平不仅未下降，还比2019年有所提升。2021年，除非金属矿物制品业外，其他3个行业的营业利润和净利润偏离度仍然为负。同时，除非金属矿物制品业的中国巨石和中材科技的平均营业利润偏离度稍低于行业平均外，其他行业内的中国建材下属公司的利润偏离度均为正且高于行业平均。总体而言，5家海外收入占比较高的中国建材下属公司均保持了较高的盈利水平，在受到新冠疫情冲击后利润下降幅度较小甚至不降反升。这说明中国建材在风险抵御方面展现出了较强的组织韧性。

进一步使用“业绩恢复”指标观察企业收入在新冠疫情冲击下的恢复情况，本章重点关注企业的海外业务收入。图8-2统计了5家中国建材下属A股上市公司2019—2021年的海外营业收入变动趋势。可以看出，除凯盛科技2019—2021年海外营业收

① 在计算行业平均利润偏离度时，剔除了中国巨石、中材科技、中材国际、凯盛科技和中材节能5家公司，同时剔除了处于特别处理状态的上市公司。

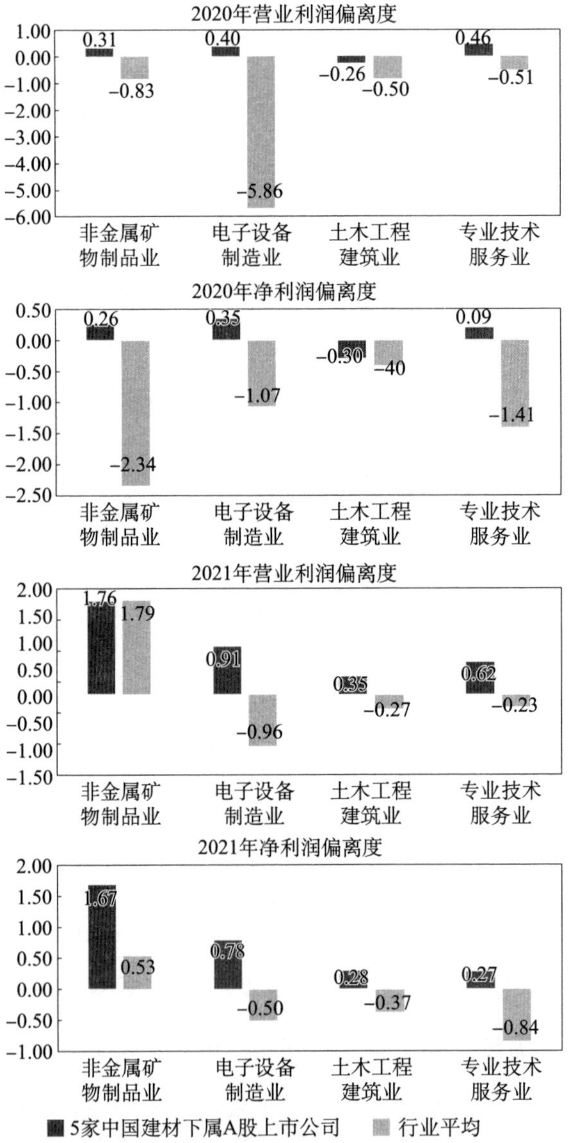

图 8-1　2020—2021 年 5 家中国建材下属 A 股上市公司利润偏离度与行业平均利润偏离度

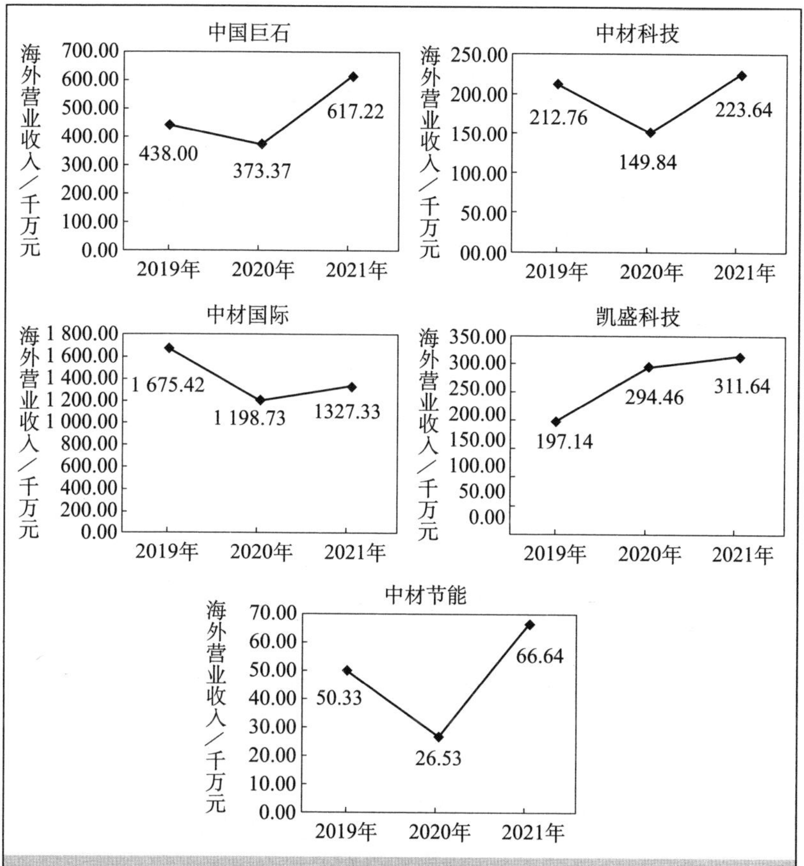

图 8-2　2019—2021 年 5 家中国建材下属 A 股上市公司海外营业收入变动趋势

入逐年上升以外，中国巨石等其他 4 家公司 2020 年海外营业收入均较 2019 年有所下降。这表明新冠疫情确实对企业的海外业务造成了负面冲击。总体而言，图 8-2 的结果表明，5 家海外收入占比较高的中国建材下属 A 股上市公司在受到疫情冲击后，其海外经营业绩均恢复较快，大多在 2021 年疫情影响未完全消除时即恢复甚至超过疫情冲击前的水平。这说明中国建材在业绩恢复方面也表现出较强的组织韧性。2020 年，中国建材保持定力，稳健生产经营，顶住疫情冲击和经营压力，全年实现营业收入 3 941.0 亿元，同比下降 1%，利润总额 306.1 亿元，同比增长 32%，净利润 201.4 亿元，同比增长 35%[①]。由此也可以看出，在疫情冲击下，中国建材整体具有较强的组织韧性。

五、理论启示

（一）新冠疫情下中国企业海外经营的外部环境特征

外部环境与企业对外投资和海外经营风险密切相关（祝继高等，2021）。作为全球性的公共卫生事件，新冠疫情对各国均造成了不同程度的负面冲击，直接影响中国企业海外经营的外部环境。通过上文的案例介绍，可以归纳出疫情冲击下，中国企业在共建“一带一路”的过程中，其海外经营的外部环境主要体现出如下特征：第一，新冠疫情使中国企业海外经营面临更高的不确定性。在面对新冠疫情的冲击时企业难以完全依靠自身行动消除该冲击所带来的负面影响，而其他行业也难以向企业提供充足的

① 中国建材集团有限公司 2020 年可持续发展报告 .（2021-11-09）.https://www.cnbm.com.cn/upload/files/2021/11/6376729635375057759839155.

资源以助力其应对危机。同时，疫情发展趋势和拐点的不确定性进一步增加了企业海外经营的政策不确定性。在东道国经济社会长期遭受冲击的情况下，新冠疫情还可能动摇部分“一带一路”沿线国家本就不甚稳固的政治基础。第二，新冠疫情增加了中国企业海外经营中的舆论压力。疫情所导致的全球供应链的高度不确定性在一定程度上加剧了各国对全球化的怀疑，进一步引发了逆全球化思潮、种族歧视和民族主义的兴起（刘志彪，2020）。疫情暴发前中国作为“世界工厂”已逐步为世界接受，而疫情初期中国制造业的停摆通过全球供应链扩散对其他国家也造成了影响。一些国家趁机通过对中国的污名化转移其自身社会矛盾，导致中国企业的海外子公司在东道国面临的舆论环境尤其严峻，合法性受到更大挑战。第三，疫情下外部环境的高度不确定性和负面舆论压力进一步引发中国企业海外经营中的信任危机（Guiso et al., 2008）。一方面，疫情增加了各国制度的不确定性，同时提升了企业海外经营中的项目违约风险。这可能进一步强化利益相关者对于企业违约的心理预期，动摇企业和利益相关者之间的信任基础。另一方面，海外经营过程中的国际信任还有赖于利益相关者之间的文化融合以及由此产生的社会认同（沈一兵，2022）。疫情对国际供应链的冲击、逆全球化思潮抬头以及关于中国负面舆论的蔓延阻碍了文化交流，加剧了各种价值观之间的冲突碰撞，进而也会直接加剧海外利益相关者对于中国企业的不信任。

上述三方面外部环境特征影响了企业和利益相关者，尤其是国际利益相关者之间社会网络的稳定。社会网络作为资源的载体，是企业获取各种知识、信息和通用资源的重要途径（Ortiz-de-Mandojana and Bansal, 2016）。当社会网络在不确定性高、信任水平低和舆论压力大的外部环境中受到负面冲击时，资源会更加稀缺，企业面临的资源约束也进一步增加。这表明，疫情背景下中国企业在海外经营过程中有效管理同利益相关者之间的关系，对于其缓解资源约束和维系社会网络，进而有效应对冲击具有重要的意义。同时，疫情背景下中国企业海外经营外部环境的新特征导致不同利益相关者的合法性、重要性和满足其诉求的紧迫性程度发生了变化。这一方面要求企业根据新的环境特征动态识别其利益相关者，另一方面也使得企业与多维利益相关者的沟通更加迫切和必要。

（二）新冠疫情与海外社会责任的动态履行

在利益相关者视角下，企业通过履行社会责任能更有效地管理利益相关者。但是，在有限的资源条件下，要求企业平等地对待所有利益相关者的需求是不现实的。特别当外部环境受到疫情冲击、资源更加稀缺的情况下，企业在面临多种利益相关者的需求和压力时，应该优先回应那些对其更重要的关键利益相关者（祝继高等，2019）。根据 Mitchell 等（1997）的理论，利益相关者对企业的影响主要体现在紧迫性（urgency）、重要性（power）以及合法性（legitimay）三个维度。其中紧迫性强调企业满足利益相关者需求的紧急性，重要性关注利益相关者能否对企业生存和发展发挥重要作用，合法性则强调企业满足利益相关者诉求对其合法性的影响。新冠疫情冲击下，随着企业在“一带一路”建设中海外经营的外部环境发生变化，不同利益相关者在上述三个维度对企业的影响程度也相应地发生了变化。基于此，为更好地进行利益相关者管理，企业的关键社会责任议题也应随之进行动态调整。通过归纳案例企业的社会责任报告可以发现，中国建材海外经营活动中的主要利益相关者均包括东道国政府、客户、合作伙伴、社区和媒体以及社会团体等。较之于疫情暴发前，疫情冲击下上述利益相关者对企业不同维度的影响以及相应的社会责任议题有所改变。首先，外部环境不确定性和企业违约风险的提升增加了供应商等合作方对企业海外经营的重要性。在合作方广泛受到疫情冲击的情境下，中国建材难以仅依靠自身消除疫情对物流渠道和供应链的阻碍。因此，在疫情背景下，中国建材在海外业务中加强了供应链管理，并且注重带动供应链上各个环节的利益相关者共同履责，使得其海外社会责任呈现出履责主体更加广泛的特点。其次，员工作为企业海外经营中重要的人力资源，始终对企业具有重要影响。但是疫情前后，员工影响企业海外经营的内容和紧迫性有所不同。疫情暴发前，中国建材在员工方面的海外社会责任主要是对于当地员工的知识和技能培训，以及助力当地员工的个人职业发展。在疫情冲击下，中国建材在员工方面的海外社会责任重点转为对员工的防疫知识科普、工作地点的疫情防控以及关爱员工的身心健康等。这些保障员工健康和营造安全工作环境方面的海外社会责任同时也能惠及当地社区居民，这使得中国建材在疫情背景下的海外社会责任更具普惠性。最后，疫情下中国企业海外经营过程中面临的信任危机使得社区共建在提升企业合法性方面发挥的作用更加重要。较之于疫情暴发前的改善当地民生等传统社区类海外社会责任，协助当地抗击疫情也更加具有紧迫性。基于此，在疫情冲击下，中国建材将海外社区共建类社会责任提升到了更加重要的地位，同时利用自身在材料方面的专业技术为当地抗击疫情做出了贡献，这使得疫情之后的海外社会责任相较于疫情暴发之前呈现出更加专业的特点。

（三）新冠疫情与海外社会责任的多元化传播

尽管企业通过识别关键利益相关者和动态地履行海外社会责任能够在一定程度上应对疫情给其海外经营带来的负面影响，但是在信任困境和舆论压力的复杂情境下，企业结合不同利益相关者的重要性、紧迫性和合法性特征，从渠道、时机、语言和内容等方面完善海外社会责任传播，讲好海外社会责任故事，对于其更好地满足利益相关者的诉求同样重要。通过归纳案例可以发现，新冠疫情冲击下，案例企业的海外社会责任传播具有如下特征。第一，中国建材及其下属企业在疫情暴发后开通了数个海外社交媒体账号用以传播其海外社会责任信息。相较于传统的社会责任报告和以当地媒体为主的正式媒体传播方式，开通社交媒体账号拓宽了中国建材海外社会责任信息的传播渠道，极大地增加了其海外社会责任信息的传播受众。通过社交媒体传播海外社会责任信息使企业海外社会责任信息的传播不局限于母国和东道国，进而使企业能够更好地回应社会团体、国际社会等利益相关者的关切，更有效地应对舆论压力。第二，相较于年度定期披露和传播的社会责任报告和披露与传播频率不完全由企业控制的媒体报道，社交媒体显著地提升了中国建材传播海外社会责任信息的及时性。随着海外社会责任信息传播及时性的提升，其信息传播的密集性也得以显著提升（邓谊和冯德正，2021），这有利于动态地回应利益相关者的诉求，并更快速有效地应对企业相关的舆情。第三，社交媒体中文字、图片和视频结合的传播方式和多种话语类型兼备的传播风格进一步丰富了企业海外社会责任信息的传播语言，不仅能够更好地满足企业多元化的交际目的，而且能够在危机背景下更好地发挥降低经济损失和提升企业形象的双重功能（邓谊和冯德正，2021）。其中，图片能在文字语言的基础上进一步提高信息的真实性和可靠性，视频则能够在动态展示和传播信息的同时，提高信息传播的密集度（邓谊和冯德正，2021）。中国建材在社交媒体中的海外社会责任信息传播中还融合了教育话语和情感话语。教育话语有助于更好地对员工和社区居民等利益相关者进行防疫知识科普和意识引导，情感话语则通过传递情绪价值引发客户、员工、合作伙伴、社区和社会团体等广泛利益相关者的情感共鸣。第四，疫情暴发后，中国建材在海外社会责任信息传播渠道、频率和传播语言上的特点进一步决定了其海外社会责任信息的传播内容更加生动和丰富。不同于社会责任报告和正式媒体报道需遵循相关的报道规定和体裁形式，社交媒体中的海外社会责任信息传播缺少统一的标准约束，传播内容多元化且以广泛的利益相关者为导向。同时，中国建材下属海外公司的社交媒体账号不仅披露和传播本公司的海外社会责任信息，还转发集团公司和其他海外公司的社会责任信息。这有利于不同的海外利益相关者更全面地了解中国建材履行海外社会责任的总体情况。

（四）海外社会责任言行与组织韧性

综合前述分析，疫情冲击下，中国建材结合外部环境特征和利益相关者紧迫性、重要性以及合法性的变化，一方面动态调整其海外社会责任，在海外社会责任履行方面体现出履责主体更多元、履责更具专业性和普惠性等特点；另一方面加强多元化的海外社会责任信息传播，在海外社会责任信息传播中表现出信息传播渠道更广泛、信息传播时机更及时、信息传播语言更丰富、信息传播内容更生动等特征。上述特征不仅有利于企业恢复和维系同原有利益相关者之间的社会网络，而且通过更普惠和专业的社会责任履行以及更加广泛和密集的社会责任信息传播，在一定程度上扩大了企业海外社会责任的受众范围和利益相关者网络。根据现有文献，利益相关者及其组成的社会网络是组织韧性重要的外部来源（李平和竺家哲，2021）。企业的生产经营和风险应对通常嵌入在各种社会网络和关系之中（Deng et al., 2020）。一方面，社会网络，有利于企业尽早发现危机，快速应对危机，从而能在一定程度上避免风险传导和危机蔓延（Van Der Vegt et al., 2015）；另一方面，在重大风险的冲击下，社会网络提供了获取各种资源、信息和知识的途径（Ortiz-de-Mandojana and Bansal, 2016）。因此，企业通过动态化的海外社会责任履行和多元化的海外社会责任信息传播维系和扩大利益相关者网络，有利于其缓解资源约束。具体而言，主要体现在两方面。一是企业通过直接满足员工、客户、供应商等与企业经营关系密切的利益相关者的诉求，获得直接的资源支持。二是来自间接互惠的更广泛的利益相关者网络的资源支持。更加普惠的、受众更广的社会责任履行和传播有助于企业获得第三方的间接资源支持与回报（贾明，2022）。这是由于企业普惠的社会责任让更广泛的利益相关者看到其更利他、更不计回报的付出后，同样愿意报以更全面的支持以助力企业渡过危机，从而同企业建立起良好的间接互惠机制（贾明，2022）。新冠疫情暴发后，中国建材接连在埃及、波兰、尼日利亚、塞内加尔、埃塞俄比亚、乌兹别克斯坦等“一带一路”沿线国家投建1亿美元以上的大规模海外项目①。其通过动态的海外社会责任履行和多元化的海外社会责任信息传播获得了当地政府、社区和智库的支持，同时也获得了当地媒体等的诸多正面报道。这些均有利于企业迅速从危机当中恢复，实现较高的组织韧性。与此同时，从上文的案例分析可知，中国建材在海外社会责任的履行和信息传播方面体现出了较高的一致性。这种“言行一致”在提升其组织韧性方面能够发挥协同作用。一方面，如果企业在履行海外社会责任时“做多说少”，则不利于更多的利益相关者全面了解企业海外社会责任的履行，进而不利于企业应对舆论压力，缓解信任危机，维护利益相关者网络；另一方面，如果企业在履行海外社会责任时“说多做少”，则会给企业带来更高的风险。在新冠疫情背景下，中国企业的海外经营本身更易受到国际社会和各方国际利益相关者的关注和监督。如果企业在社会责任的履行和信息传播方面言行相悖，则更易引起利益相关者的负面反应，影响企业自身乃至中国企业整体的国际声誉。因此，只有企业在海外社会责任方面“言行一致”，其社会责任行为和信息传播才可以相互印证，进而使得二者在提升组织韧性方面相互促进，发挥协同作用。

---

① 数据来自：中国全球投资追踪（China Global Investment Tracker, CGIT）数据库。

基于此，中央企业在新冠疫情冲击下通过海外社会责任履行和信息传播提升组织韧性的理论框架如图 8-3 所示。

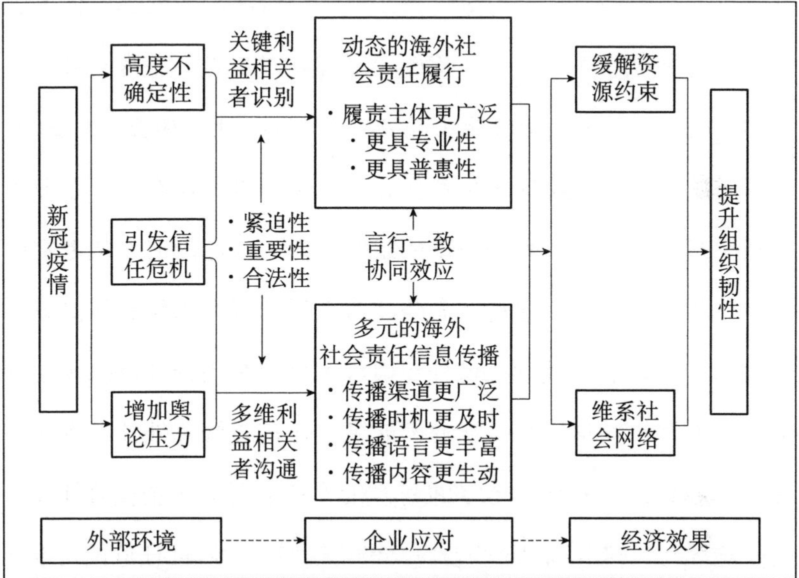

图 8-3　中央企业通过海外社会责任履行提升组织韧性的理论框架

六、研究结论与启示

本章运用单案例研究方法，分析新冠疫情背景下，中央企业如何通过在“一带一路”建设中履行海外社会责任和传播相关信息来提升组织韧性。本章首先从讨论新冠疫情对中国企业海外经营的影响出发，分析归纳了目前中国企业所面临的挑战。然后以中国建材为例，结合案例资料总结归纳企业海外社会责任履行和信息传播的整体表现，并以部分中国建材下属 A 股上市公司的利润偏离度和海外营业收入变动反映企业在疫情冲击下的组织韧性。最后结合利益相关者理论、信息传播理论和组织韧性理论归纳疫情背景下通过履行海外社会责任提升组织韧性的作用机制。本章研究发现，新冠疫情的暴发极大地提高了中国企业在“一带一路”沿线国家和地区经营环境的不确定性，增加了中国企业海外经营的舆论压力，并且容易引发利益相关者对企业的信任危机。疫情所导致的外部环境的变化进一步引起了海外利益相关者对企业影响的重要性、紧迫性和合法性的改变。这一方面要求企业结合该变化重新识别关键利益相关者和确定海外社会责任的关键议题，动态地履行海外社会责任；另一方面要求企业加强与多元利益相关者的沟通。新冠疫情下，中国企业在海外社会责任履行方面体现出履责主体更广泛、履责更具专业性和普惠性等特点；在海外社会责任传播方面体现出传播渠道更广、传播更及时、话语更丰富和内容更生动等特点。上述特点有助于企业维系甚至扩大同利益相关者之间的网络并缓解企业的资源约束，进而有助于企业提升组织韧性。同时，中国企业在海外社会责任履行和信息传播方面体现出“言行一致”的特点，使得海外社会责任的履行和信息传播在提升组织韧性方面能够发挥协同作用。

结合本章的结论和分析，我们认为疫情背景下中国企业可从以下三个方面更好地履行海外社会责任和传播相关信息，提升组织韧性。第一，企业应结合外部经营环境的变化动态识别内外部关键利益相关者。关键利益相关者不是一成不变的，随着外部环境的变化，各利益相关者对企业影响的重要性、紧迫性和合法性也会相应改变。这需要企业及时识别不同环境中的关键利益相关者，然后根据利益相关者的诉求确定社会责任关键议题，动态地履行海外社会责任，以更好地回应利益相关者的诉求。第二，在重大公共危机的冲击下，企业应履行更具专业性和普惠性的社会责任。一方面，更具普惠性的社会责任可能通过间接互惠机制获得更广泛的利益相关者的资源支持；另一方面，更具专业性的社会责任有利于将企业社会责任活动同生产经营活动密切联系，在一定程度上达到对企业高质量产品和技术创新进行宣传的目的，有助于企业经济价值和社会价值的共同创造。第三，中国企业在海外经营过程中应注重社会责任信息的多元化传播。企业在履行社会责任的同时，还需要让利益相关者切实感知到企业的社会责任。基于此，企业可以以多元化的传播方式多角度全方面提升社会责任传播的效果。企业也可以对不同类型的利益相关者采用不同的社会责任信息的传播方式，让其更容易了解企业的行为，提高国际社会对企业发展的支持度。这有利于在社会责任履行和信息传播的相互协作下，提升利益相关者对企业发展的认同感，从而增加企业面对公共危机事件时的组织韧性，帮助企业尽快从危机中恢复。

根据本章的分析和国家政策实践，国家层面可以通过出台关于社会责任的政策来支持和监督企业积极履行海外社会责任，促进中国跨国企业与东道国的社区和民众快速融合并实现合作发展。国家政策可以通过以下三个方面帮助企业积极履行海外社会责任。第一，国家应加快完善企业海外社会责任相关的法律法规。通过海外社会责任的相关规定，对企业履行海外社会责任的内容和行为进行统一管理，明确企业海外经营中需要重点关注的社会责任议题以及社会责任履行的范围。这有利于企业在履行海外社会责任时更加规范，保证企业行为的合法性。第二，建立全面的监督和评估体制，对企业履行海外社会责任的效果进行奖励或惩罚。国家应该及时对企业履行海外社会责任的情况进行监督和评估，并对企业海外社会责任履行的情况进行适当奖惩。第三，加强企业履行海外社会责任信息的披露，增强中国企业的海外影响力。目前有部分优秀企业在海外社会责任履行方面存在“做多说少”的情况，为了帮助更多企业树立良好的国际形象，可以加强企业的社会责任信息传播，做到信息的公开和透明。综上所述，国家能通过发布相关政策从多角度对企业履行海外社会责任行为进行统一管理和调节，助力企业成为具有综合实力的可持续发展企业。

参考文献

[1] 崔新健．跨国公司社会责任的概念框架．世界经济研究，2007（4）：64-68.

[2] 邓谊，冯德正．公共卫生危机中企业社会责任的多模态话语建构．外语教学，2021（5）：13-18.

[3] 陈斌．试论规模经济与企业合并．吉林省经济管理干部学院学报，1996（1）：6-9.

[4] 贾明．“一带一路”沿线中国企业海外社会责任．北京：科学出版社，2022.

[5] 李平，竺家哲．组织韧性：最新文献评述．外国经济与管理，2021，43（3）：25-41.

[6] 李祥进，杨东宁，徐敏亚，等．中国劳动密集型制造业的生产力困境：企业社会责任的视角．南开管理评论，2012（3）：122-130.

[7] 刘慧，綦建红．外需冲击下多元化策略如何影响企业出口韧性．国际经贸探索，2021（12）：4-19.

[8] 刘志彪．新冠肺炎疫情下经济全球化的新趋势与全球产业链集群重构．江苏社会科学，2020（4）：16-23.

[9] 韩炜，邓渝 . 商业生态系统研究述评与展望 . 南开管理评论，2020，23（3）：14-27.

[10] 罗肖依，孙黎 . 生生不息：破解绩效导向的悖论 . 外国经济与管理，2019，41（5）：128-140.

[11] 沈一兵 . 后疫情时代“一带一路”面临的文化风险与包容性文化共同体的建构 . 人文杂志，2022（3）：43-52.

[12] 徐圆，张林玲 . 中国城市的经济韧性及由来：产业结构多样化视角 . 财贸经济，2019（7）：110-126.

[13] 张公一，张畅，刘晚晴 . 化危为安：组织韧性研究述评与展望 . 经济管理，2020，42（10）：192-208.

[14] 祝继高，王谊，汤谷良 .“一带一路”倡议下中央企业履行社会责任研究：基于战略性社会责任和反应性社会责任的视角 . 中国工业经济，2019，36（9）：174-192.

[15] 祝继高，王谊，汤谷良 .“一带一路”倡议下的对外投资：研究述评与展望 . 外国经济与管理，2021，43（3）：119-134.

[16] Agnihotri A, Bhattacharya S. Communicating CSR practices–role of internationalization of emerging market firms. Journal of Marketing Communications, 2019, 25(4): 365-384.

[17] Bhattacharyya S S. Exploring the concept of strategic corporate social responsibility for an integrated perspective. European Business Review, 2010，22（1）：82-101.

[18] Bustinza O, Vendrell-Herrero F, Pérez-Aróstegui M, et al. Technological capabilities, resilience capabilities and organizational effectiveness. The International Journal of Human Resource Management, 2019, 30(8): 1370-1392.

[19] Deng P, Delios A, Peng M W. A geographic relational perspective on the internationalization of emerging market firms. Journal of International Business Studies, 2020, 51(1): 50-71.

[20] DesJardine M, Bansal P, Yang Y. Bouncing back: building resilience through social and environmental practices in the context of the 2008 global financial crisis. Journal of Management, 2019, 45(4): 1434-1460.

[21] Dutta S. Creating in the crucibles of nature's fury: associational diversity and local social entrepreneurship after natural disasters in California, 1991–2010. Administrative Science Quarterly, 2017, 62(3): 443-483.

[22] Eisenhardt K M. Better stories and better constructs: the case for rigor and comparative logic. Academy of Management Review, 1991, 16(3): 620-627.

[23] El Nayal O, Slangen A, Oosterhout J, et al. Towards a democratic new normal? investor reactions to interim - regime dominance during violent events. Journal of Management Studies,

2020, 57(3): 505-536.

[24] Gao C, Zuzul T, Jones G, et al. Overcoming institutional voids: a reputation - based view of long - run survival. Strategic Management Journal, 2017, 38(11): 2147-2167.

[25] Grøgaard B, Colman H L, Stensaker I G. Legitimizing, leveraging, and launching: developing dynamic capabilities in the MNE. Journal of International Business Studies, 2019(1): 1-21.

[26] Guiso L, Sapienza P, Zingales L. Trusting the stock market. The Journal of Finance, 2008, 63(6): 2557-2600.

[27] Huang H H, Kerstein J, Wang C. The impact of climate risk on firm performance and financing choices: an international comparison. Journal of International Business Studies, 2018, 49(5): 633-656.

[28] Keum D D. Cog in the wheel: resource release and the scope of interdependencies in corporate adjustment activities. Strategic Management Journal, 2020, 41(2): 175-197.

[29] Levis J. Adoption of corporate social responsibility codes by multinational companies. Journal of Asian Economics, 2006, 17(1): 50-55.

[30] Linnenluecke M K. Resilience in business and management research: a review of influential publications and a research agenda.

International Journal of Management Reviews, 2017, 19(4): 4-30.

[31] Luo X R, Wang D, Zhang J. Whose call to answer: institutional complexity and firms' CSR reporting. Academy of Management Journal, 2017, 60(1): 321-344.

[32] Ma Z, Xiao L, Yin J. Toward a dynamic model of organizational resilience. Nankai Business Review International, 2018, 9(3): 246-263.

[33] Marano V, Tashman P, Kostova T. Escaping the iron cage: liabilities of origin and CSR reporting of emerging market multinational enterprises. Journal of International Business Studies, 2017, 48(3): 386-408.

[34] Mitchell R K, Agle B R, Wood D J. Toward a theory of stakeholder identification and salience: defining the principle of who and what really counts. The Academy of Management Review, 1997, 22(4): 853-886.

[35] Ortiz - de - Mandojana N, Bansal P. The long - term benefits of organizational resilience through sustainable business practices. Strategic Management Journal, 2016, 37(8): 1615-1631.

[36] Kramer M R, Porter M E. Strategy and society: the link between competitive advantage and corporate social responsibility. Harvard Business Review, 2006, 84(12): 78-92.

［37］Rathert N. Strategies of legitimation: MNEs and the adoption of CSR in response to host-country institutions. Journal of International Business Studies, 2016, 47(7): 858-879.

［38］Reimann F, Ehrgott M, Kaufmann L, et al. Local stakeholders and local legitimacy: MNEs' social strategies in emerging economies. Journal of International Management, 2012, 18(1): 1-17.

［39］Reimann F, Rauer J, Kaufmann L. MNE subsidiaries' strategic commitment to CSR in emerging economies: the role of administrative distance, subsidiary size, and experience in the host country. Journal of Business Ethics, 2015, 132(4): 845-857.

［40］Sahebjamnia N, Torabi S A, Mansouri S A. Building organizational resilience in the face of multiple disruptions. International Journal of Production Economics, 2018, 197(9): 63-83.

［41］Stoverink A C, Kirkman B L, Mistry S, et al. Bouncing back together: toward a theoretical model of work team resilience. Academy of Management Review, 2020, 45(2): 395-422.

［42］Selmier Ⅱ W T, Newenham-Kahindi A, Oh C H. “Understanding the words of relationships”: language as an essential tool to manage CSR in communities of place. Journal of International Business Studies, 2015, 46(2): 153-179.

[43] Van Der Vegt G S, Essens P, Wahlström M, et al. Managing risk and resilience. Academy of Management Journal, 2015, 58(4): 971-980.

[44] Williams T A, Gruber D A, Sutcliffe K M, et al. Organizational response to adversity: fusing crisis management and resilience research streams. The Academy of Management Annals, 2017, 11(2): 733-769.

图书在版编目（CIP）数据

中国企业共建“一带一路”典型案例 / 祝继高等著
. -- 北京：中国人民大学出版社，2023.8
（共建“一带一路”高质量发展丛书）
ISBN 978-7-300-32008-3

Ⅰ. ①中… Ⅱ. ①祝… Ⅲ. ①“一带一路”—企业—对外经济合作—案例—中国 Ⅳ. ① F125.4 ② F279.2

中国国家版本馆 CIP 数据核字 (2023) 第 142452 号

共建“一带一路”高质量发展丛书
中国企业共建“一带一路”典型案例
祝继高　孙　玮　王稳华　等　著
Zhongguo Qiye Gongjian “Yidai Yilu” Dianxing Anli

出版发行	中国人民大学出版社		
社　　址	北京中关村大街31号	**邮政编码**	100080
电　　话	010–62511242（总编室）		010–62511770（质管部）
	010–82501766（邮购部）		010–62514148（门市部）
	010–62515195（发行公司）		010–62515275（盗版举报）
网　　址	http://www.crup.com.cn		
经　　销	新华书店		
印　　刷	涿州市星河印刷有限公司		
开　　本	720 mm × 1000 mm　1/16	**版　　次**	2023 年 8 月第 1 版
印　　张	21.75 插页 2	**印　　次**	2023 年 8 月第 1 次印刷
字　　数	200 000	**定　　价**	105.00 元

版权所有　侵权必究　　印装差错　负责调换